beck'sche reihe

bsr

Wo früher der Koffer reichte, muss heute ein *Boardcase* her. Aus *Apfelsinen* wird *Orangen*-Saft gepresst. Wer kein *Tabu* kennt, ist vielleicht ein *Barbar.* Und jeder hat schon einmal einen *geharnischten* Brief geschrieben. Worte bedeuten Welten. Manchmal *verhexen* sie uns auch.

Was wir immer schon über die deutsche Sprache wissen wollten: Kurt Schreiner entschlüsselt es in kulturgeschichtlichen Streifzügen und etymologischen Expeditionen durch den deutschen Wortschatz. Während die einen um die Reinheit der Sprache kämpfen, reden andere mit *Marx- und Engels-Zungen* oder verwandeln eine Milliardensumme in ein paar *peanuts.* Wer mehr wissen will, sollte genau aufs Wort schauen!

Kurt Schreiner hat zahlreiche Bücher zur deutschen Sprache und Grammatik veröffentlicht und ist als Autor von Kinder- und Jugendbüchern hervorgetreten. Er leitet ein Gymnasium in Baden-Württemberg.

Kurt Schreiner

Von Servicepoint bis unkaputtbar

Streifzüge durch die deutsche Sprache

Verlag C.H.Beck

Die Deutsche Bibliothek – CIP-Einheitsaufnahme

Ein Titeldatensatz für diese Publikation
ist bei Der Deutschen Bibliothek erhältlich

Originalausgabe

Gesamtherstellung: Druckerei C. H. Beck, Nördlingen
Umschlagentwurf: +malsy, Bremen
Umschlagabbildung: © Gertraud Funke
Printed in Germany
ISBN 3 406 47633 3

www.beck.de

Inhalt

Anders sprechen

Gewusst, wie!

Aufs Wort geschaut

Unsere Sprache ist ein kostbarer Besitz. Sie erleichtert das Zusammenleben der Menschen, ermöglicht uns, Gedanken und Gefühle auszudrücken und Erfahrungen dauerhaft zu speichern. Kein anderes Lebewesen verfügt über ein solches Verständigungsmittel. – Auch Tiere haben ihre «Sprachen». Diese sind mit denen des Menschen aber nicht zu vergleichen.

Die Sprecher bemühen sich um Klarheit und Eindeutigkeit. Sie wollen verstanden werden, arbeiten an sich selbst und registrieren aufmerksam die Reaktionen der Zuhörer. Wenn Missverständnisse drohen, müssen sie immer wieder von neuem anfangen, nach neuen Wörtern und Wendungen suchen, die grammatischen Zusammenhänge verfeinern und Begriffe auf ihren Hintersinn abhorchen.

Das Gespräch oder die Diskussion ist ein kompliziertes Geflecht. Freilich lässt sich im direkten Kontakt miteinander manches klären, das zunächst unklar geblieben ist. Es liegt im Wesen der Sache, dass dies bei einem geschriebenen oder gedruckten Text nicht mehr möglich ist. Das verpflichtet den Verfasser zu besonderer Sorgfalt.

Sprache schafft Klarheit! – Doch zugleich ist sie die Ursache von Unsicherheiten und Missverständnissen. Sie dient der Wahrheit und der Lüge, ist ein Mittel, das kalkuliert angewendet wird, um Menschen abhängig zu machen oder gar zu unterdrücken. Wir denken in diesem Zusammenhang an die Herrschaft totalitärer Regime. Bei genauerem Hinsehen zeigt sich aber, dass die Beeinflussung mit den Mitteln der Sprache alltäglich ist und wir alle ihr ständig ausgesetzt sind.

Der Wortschatz unserer Sprache und die dazugehörigen Verknüpfungsregeln sind in zahlreichen klugen und umfangreichen Nachschlagewerken gespeichert. Wer Rat sucht, wird ihn in der Regel hier finden. Allerdings ist Sprache etwas überaus Lebendiges und Wandlungsfähiges. Nicht nur, dass sie sich über Jahrhunderte und Jahrtausende zu dem entwickelt hat, das wir kennen. – Die Sprachgeschichte ist wichtig und interessant. – Auch heute noch vollziehen sich mehr oder weniger unbemerkt Veränderungen, die wir uns oft erst nachträglich bewusst machen. Auch sprechen nicht alle Angehörigen einer Sprachgemeinschaft gleich. Gerade deshalb ist es für den interessierten Zeitgenossen wichtig, mit offenen Augen oder – besser – mit offenen Ohren durch die Welt zu gehen.

Wer «aufs Wort» schaut, wird manche überraschende Entdeckung machen. Es liegt im Wesen der Sache, dass Ernst und Heiterkeit nahe beieinander liegen. Hier paaren sich Neugier und Forscherdrang mit der Freude an Rätsel und Spiel. Sicher wird mancher über das hinaus, was er in diesem Buch liest, eigene Überlegungen anstellen und zu eigenen reizvollen Einsichten gelangen.

Wer mit der Sprache umgeht und über ihre unterschiedlichen Erscheinungsformen nachdenkt, entgeht der Gefahr, sie allzu leichtfertig zu benutzen. Nicht immer kann und wird er das Wort auf die Goldwaage legen. Beim Sprechen und Schreiben bemüht er sich aber um Klarheit und Zuverlässigkeit. Er nützt den mehr oder weniger reichen Wortschatz, über den er verfügt, und die unterschiedlichsten Möglichkeiten, Aussagen zu formulieren, durch geeignete Ausdruckmittel abzuwandeln und zu würzen.

Das vorliegende Buch verfolgt mithin mehrere Zwecke: Es vermittelt in groben Zügen Grundwissen über die Entstehung und das Erscheinungsbild unserer Sprache. Zugleich wird der Leser auf angenehme, nicht selten heitere Art mit unterschiedlichen Gestaltungsmöglichkeiten vertraut gemacht. Wenn er klug ist, kann er das Erlesene geschickt für sich selbst nützen. Dann hat er doppelten Gewinn!

Sprache im Wandel

Vom Turmbau zu Babel

Wer Englisch, Französisch, Latein oder eine andere Fremdsprache lernen muss, kann ein Lied davon singen: Es ist außerordentlich mühsam, die vielen, vielen Vokabeln und dann auch noch die Grammatik zu lernen. Ungeahnte Schwierigkeiten bei der Aussprache kommen hinzu, unter anderem deshalb, weil die fremden Sprachen Laute kennen, die es im Deutschen nicht gibt.

Vielleicht ist der eine oder andere Schüler, auch mancher Geschäftsreisende schon einmal auf die Idee gekommen, die Vielzahl der Sprachen könnte eine Strafe Gottes sein. So ganz abwegig ist diese Überlegung nicht. Immerhin gibt es im Alten Testament die Geschichte vom Turmbau von Babel (1. Mose 11,1): «Alle Welt hatte nur eine Sprache und dieselben Laute.» Als die Menschen beschlossen, einen gewaltigen Turm zu errichten, der bis in den Himmel reichen sollte, Ausdruck von Selbstbewusstsein und Überheblichkeit, gebot ihnen der Herr Einhalt. «Lasst uns hinabsteigen! Wir wollen dort ihre Sprache verwirren, dass keiner mehr die Rede des anderen versteht!»

Längst wissen wir, dass die biblische Legende einen wahren Kern hat. Beim Turm von Babel handelte es sich wohl um ein Heiligtum des Stadtgottes Marduk, das in Babylon stand. Es war 91 Meter hoch und bedeckte eine Grundfläche von 1600 Quadratmetern.

Wie dem auch sei: Wir müssen heute mit der Verschiedenheit der Sprachen leben und das Beste daraus machen. Dolmetscher und Übersetzer verdienen daran ihr Brot. Unbestritten ist, dass die Verschiedenartigkeit der Sprachen auch ihren Reiz hat. Wer erfreut sich nicht an der nüchternen Sachlichkeit des Amerikanischen oder am Klang und an der Musikalität des Italienischen!

Wie viele verschiedene Sprachen es auf der Erde gibt, weiß niemand so recht zu sagen. Die Schätzungen gehen weit auseinander. Vielleicht sind es drei-, vielleicht sogar fünftausend. Die Grenzlinien lassen sich deshalb nicht genau ziehen, weil viele

Sprachen mehr oder weniger miteinander verwandt sind. So ist das Niederländische, das in Holland und in bestimmten Regionen Belgiens gesprochen wird, gegenüber dem Deutschen eindeutig eine selbständige Sprache. Aber wie verhält es sich zum Beispiel mit dem benachbarten Luxemburgischen?

Von Verwandtschaft war die Rede. Tatsächlich ist die deutsche Sprache Mitglied einer sehr großen Familie. Das haben viele Untersuchungen und Sprachvergleiche in den letzten zweihundert Jahren erwiesen. Sicher ist es für den unvorbereiteten Betrachter aber oft nicht möglich, die entfernten Vettern und Kusinen, die Großtanten und Urgroßväter auf Anhieb zu erkennen. Wer ahnt schon, dass das Deutsche mit dem Russischen, dem Lateinischen oder gar mit dem Altindischen verwandt ist!

Die entscheidende Erkenntnis verdankt die Wissenschaft dem englischem Kolonialbeamten William Jones, der als Oberrichter in Fort William bei Kalkutta seinen Dienst tat. Er hielt im Jahr 1786 einen Vortrag, in dem er auf die Verwandtschaft des altindischen Sanskrit mit europäischen Sprachen hinwies. Seine sensationelle Entdeckung wurde in den Jahren 1814 und 1816 durch den Dänen Rasmus Rask und den Deutschen Franz Bopp bestätigt. Damit waren die Grundsteine für die indogermanische Sprachwissenschaft gelegt.

Natürlich erhebt sich sogleich die Frage, woran die Verwandtschaft der einzelnen Sprachen zu erkennen ist. Ganz auffällige Übereinstimmungen gibt es im Wortschatz. Sie zeigen sich bei allgemein gebräuchlichen Begriffen besonders deutlich. So hat das deutsche Wort «Mutter» unter anderem folgende Entsprechungen: englisch «mother» (niederdeutsch «moder», dänisch «moder», norwegisch «mor»), lateinisch «mater» (italienisch «madre», französisch «mère»), russisch «matj», altirisch «mathir», altindisch «matar», litauisch «mote» (Ehefrau).

Ebenso wichtig ist freilich die Art und Weise, wie die einzelnen Wörter zu einer Aussage, zu einem Satz miteinander verbunden werden. Auch in der Grammatik sind enge Verwandtschaften nachweisbar. Besonders auffällig ist die Tatsache, dass die indogermanischen zu den sogenannten flektierenden Sprachen gehören. Die grammatikalischen Bindungen werden durch «Beugung», durch Deklination und Konjugation, hergestellt: Die Polizisten (der Polizist) haben den Dieb (der Dieb) gefangen (fangen).

Diese Konstruktion ist nicht selbstverständlich. So kennt zum Beispiel das Chinesische keinerlei Bildungssilben. Grammatische Zusammenhänge werden allenfalls durch die Wortstellung deutlich gemacht.

Es ist an der Zeit, den Begriff des «Indogermanischen» oder – wie man heute oft sagt – des «Indoeuropäischen» endlich mit Inhalt zu füllen. Das Verbreitungsgebiet der Sprachfamilie reichte ursprünglich von Europa mit seinem germanisch besiedelten Außenposten Island bis nach Indien. Hier wird die ganze geografische Spannweite der Verwandtschaft deutlich.

Die Aufzählung der indogermanischen Sprachen enthält eine Reihe von Überraschungen. Da sind zunächst einmal, wie nicht anders zu erwarten, die germanischen Sprachen zu nennen. Darüber später noch mehr.

Keltische Sprachen werden in Schottland, Wales und in der französischen Bretagne gesprochen. Sie haben es freilich schwer, sich gegenuber den mächtigen Konkurrenten Englisch bzw. Französisch zu behaupten. Nicht zu vergessen ist aber die Republik Irland, in der das Irische als zweite Amtssprache eingeführt und geschützt ist. Die Zukunft wird zeigen, ob es gegenüber der ersten Amtssprache und der Verkehrssprache Englisch eine dauerhafte Chance hat.

Von den italischen Sprachen ist zunächst das Latein zu nennen. Generationen von Schülern verbinden damit oft unangenehme Erinnerungen. Allerdings folgt auf jahrelange Mühe schließlich verdienter Lohn: Das Lateinische ist als Sprache der Bildung und der Wissenschaft unentbehrlich. Es erleichtert das Verständnis vieler Sachverhalte, ist wesentlicher Bestandteil von Fachsprachen und hilft beim Erlernen anderer Fremdsprachen. Beim Italienischen, Spanischen und Französischen liegt das auf der Hand. Es gilt aber auch, was viele nicht wissen, zum Beispiel für das Englische. Ein ganz erheblicher Teil seines Wortschatzes geht auf lateinische Ursprünge zurück.

Die Bedeutung des Lateins in der katholischen Kirche ist bekannt. Für die «Weltkirche» hat es den Charakter einer «Weltsprache». So werden päpstliche Verlautbarungen zunächst nicht in Englisch oder Spanisch, Chinesisch oder Russisch, sondern eben in Latein gedruckt. Aus der «toten Sprache», die mit dem Untergang des Römischen Reiches ihre politische Grundlage verlor, wird auf diese Weise wieder eine leidlich lebendige Sprache.

Jedermann erwartet, dass sich das Oberhaupt der katholischen Kirche auch zu Fragen und Problemen unserer Zeit äußert. Vergeblich würde er in einem herkömmlichen lateinischen Wörterbuch aber nach Vokabeln für Schreibmaschine oder Fernsehen, für Fußball- oder Videospiele suchen. Doch siehe da: Es gibt lateinische Wörter für all diese Sachen und Sachverhalte. Diese sogenannten Neologismen werden aus dem Lateinischen verwandten Sprachen neu gebildet und sind in der Regel verhältnismäßig leicht zu entschlüsseln.

So heißt die Schreibmaschine «machina scriptoria», das Fernsehen «televisio», das Fußballspiel «pediludium» und das Videospiel «ludus magnetoscopicus».

Das Lateinische lebt in seinen Töchtern weiter. Spätestens seit dem Zerfall des Weströmischen Reiches wandelte es sich zu einer Reihe regionaler Volkssprachen, die heute als romanische Sprachen bezeichnet werden. Die bekanntesten sind das Französische, Italienische, Spanische und Portugiesische. Aber auch das Rumänische gehört zu dieser Gruppe.

Nicht vergessen werden sollten einige Sprachen, die bei uns weniger bekannt sind. Das Rätoromanische ist nach dem Deutschen, Französischen und Italienischen die von einer Minderheit gesprochene vierte Landesprache der Schweiz. In Südfrankreich hat sich das Provenzalische erhalten, und in Spanien ist das Katalanische im Osten eine ernst zu nehmende Konkurrenz zur offiziellen Landessprache.

Über lange Zeit hatte das Griechische in der gebildeten Welt eine ähnliche Bedeutung wie Latein. Als lebendige indogermanische Sprache lebt es heute als Neugriechisch fort.

Die slawischen Sprachen bilden eine größere Gruppe im europäischen Osten und Südosten. Die größte Bedeutung kommt selbstverständlich dem Russischen zu, das in Russland gesprochen wird und auf dem Gebiet der ehemaligen Sowjetunion die weit verbreitete Verkehrssprache war. Zu nennen sind darüber hinaus das Polnische, Ukrainische, Weißrussische und Bulgarische, das Tschechische und das Slowakische sowie das Slowenische und das Serbokroatische.

Bei Letzterem gibt es eine auffällige Besonderheit: Während es in Kroatien in Antiquaschrift geschrieben wird, verwendet man in Serbien das kyrillische Alphabet – wie in Russland und Bulgarien.

Dafür gibt es geschichtlich-religiöse Gründe. Traditionell gehörte Kroatien zur römisch-katholischen Kirche, während Serbien orthodox war.

Eine slawische Sprache verdient noch erwähnt zu werden. Mitten im deutschen Sprachgebiet, in der Lausitz südlich von Berlin, vor allem im Spreewald, lebt die kleine Volksgruppe der Sorben. Im Einigungsvertrag zwischen der Bundesrepublik Deutschland und der Deutschen Demokratischen Republik von 1990 wurde die Freiheit zur Pflege und zur Bewahrung der sorbischen Sprache ausdrücklich bestätigt.

Zur großen indogermanischen Familie gehören auch die baltischen Sprachen Litauisch und Lettisch. Dagegen ist das Estnische der finnisch-ugrischen Gruppe zuzurechnen, zu der auch das Finnische und das Ungarische zählen.

Als letzte der lebenden indogermanischen Sprachen ist für Europa das Albanische zu nennen.

In Asien erinnern das Armenische sowie verschiedene iranische und indische (indoarische) Sprachen an die gemeinsame Verwandtschaft.

Germanische Verwandtschaft

Doch noch einmal zurück zum Anfang! Eine ganz bedeutende Gruppe innerhalb der indogermanischen Familie sind die germanischen Sprachen. Dazu gehören das Englische, Deutsche und Niederländische, das Schwedische, Dänische, Norwegische und Isländische. Später wird noch über weitere germanische Sprachen mit ihren Besonderheiten und Eigentümlichkeiten zu reden sein.

Das Englische hat sich über die Generationen zu einer Art «Weltverkehrssprache» entwickelt. Es gibt kaum ein Land, in dem die Schulkinder nicht mit entsprechenden Grundkenntnissen ausgestattet werden.

Selbstverständlich stellt sich die Frage, warum Gleiches nicht für das Französische oder Spanische, das Chinesische oder Russische gilt. Die Gründe sind geschichtlicher und politischer Art. Den Engländern war es über Jahrhunderte gelungen, sich ein riesiges Weltreich zu sichern. Um 1600 herum setzten sie ihren Fuß auf den nordamerikanischen Subkontinent. Im Jahr 1606 entstand Jamestown als erste dauerhafte Ansiedlung.

Bereits im Jahr 1600 hatte Königin Elisabeth I. von England die Ostindische Kompanie mit besonderen Privilegien ausgestattet. Von ihr gingen die Eroberung und der Erwerb des südasiatischen Subkontinents aus. Ein Höhepunkt dieser sich über Jahrhunderte erstreckenden Entwicklung war die Annahme des Titels «Empress of India» durch Königin Viktoria im Jahr 1876. Ein bedeutender Außenposten des britischen Weltreichs war Australien. Es wurde seit 1788 von Engländern besiedelt. Am Anfang des 19. Jahrhunderts dann entstanden auf dem fünften Kontinent mehrere Kolonien.

Es ist hier nicht möglich, Entstehung und Umfang des britischen «Empire» erschöpfend zu schildern. Die wenigen genannten Eckpunkte zeigen aber sogleich, dass sich die Engländer in vielen Teilen der Welt festsetzten und den beherrschten Völkern ihre Sprache brachten.

Bereits früher war die Rede davon, dass das germanische Englisch über einen erheblichen Anteil an Wörtern lateinischer Herkunft verfügt. Vor allem in der gesprochenen und geschriebenen Sprache der sozial höheren Schichten häuft sich der Anteil der sogenannten «hard words». Freilich ist das nicht nur eine Frage der individuellen Schulbildung. Bis heute sind die Folgen der Eroberung und Besiedlung Englands durch die Normannen, die aus Nordfrankreich kamen, spürbar. Jedermann erinnert sich an das welthistorisch wichtige Ereignis der Schlacht bei Hastings im Jahr 1066!

Lateinischen Ursprungs – in der Regel durch normannische Vermittlung – sind «kitchen» (Küche) und «cellar» (Keller), «table» (Tisch) und «fork» (Gabel), «mountain» (Berg) und «river» (Fluss). Das Gleiche gilt für zahlreiche Verben und Adjektive, z.B. «arrive» (ankommen) und «discover» (entdecken), «serious» (ernst) und «amusing» (unterhaltsam).

Selbstverständlich setzt sich das in gesteigertem Maße im Fachwortschatz der Journalisten und Politiker, der Historiker und Philosophen, der Mathematiker und Ingenieure fort. Da ist von «incompetence» (Unfähigkeit) und «majority» (Mehrheit), von «medieval» (mittelalterlich) und «linguistic instinct» (Sprachgefühl), von «circle» (Kreis) und «elevator» (Aufzug) die Rede.

Diese wenigen Zufallstreffer veranschaulichen nur unvollkommen den bemerkenswert großen Umfang des lateinisch-französischen Erbes in der englischen Sprache.

Der englische Dichter Geoffrey Chaucer (ca. 1340–1400) benutzte in seinem Werk etwa 8000 Wörter. Davon waren mehr als die Hälfte romanischen Ursprungs. Interessanterweise entspricht das dem Befund aus unserer Zeit. Der englische Wortschatz ist danach etwa jeweils zur Hälfte germanischer und romanischer Herkunft.

Es hat seinen eigenen Reiz, Synonyme unterschiedlicher Herkunft nebeneinander zu stellen. Um die feinen Bedeutungsunterschiede aufzuspüren, bedarf es freilich eines großen Wissens und eines geschärften Sprachgefühls. Wo liegt z. B. der Unterschied von «freedom» und «liberty» (Freiheit), «depth» und «profundity» (Tiefe), «love» and «charity» (Liebe)?

Die Endung -able ist romanischen Ursprungs. Doch auch sie erscheint bei germanischen und romanischen Wörtern, z. B. in «readable» und «legible». Die Ökonomie der Sprache hat bewirkt, dass die beiden Wörter Unterschiedliches bedeuten: Das Gedicht ist «lesenswert», seine Handschrift ist «leserlich».

Das Niederländische war ursprünglich ein niederfränkischer Dialekt des Deutschen. Es entwickelte sich aber zu einer eigenen Hoch- und Schriftsprache, nachdem die Niederlande in der Utrechter Union von 1579 ihre Unabhängigkeit erklärt hatten bzw. nachdem sie im Frieden von Münster im Jahr 1648 aus dem Heiligen Römischen Reich Deutscher Nation entlassen worden waren.

Das in Belgien und in einem kleinen Teil Nordfrankreichs gesprochene Flämisch ist eine Variante des Niederländischen. Im Jahr 1980 schlossen sich das Königreich der Niederlande und das Königreich Belgien zur niederländischen Sprachunion zusammen. Die gemeinsame Hochsprache heißt in beiden Ländern offiziell Niederländisch.

Die Sprache unserer Vorfahren

Es ist an der Zeit, das Deutsche genauer zu betrachten. Dass es sich um eine germanische Sprache handelt, müsste hier nicht eigens erwähnt werden. Auffällig ist ja auch, wie «Deutschland» von außen her benannt wird: Germany (englisch), Germania (italienisch, rumänisch), Germanija (russisch), Allemagne (französisch), Alemaña (spanisch), Almanya (türkisch), Saksa (finnisch). Weitere ähnliche Beispiele ließen sich rasch finden.

Die Erstgenannten sprechen für sich; Franzosen, Spanier und Türken verwenden dagegen für den Landesnamen die Bezeichnung eines germanischen Großstammes, der sich offensichtlich stark im Gedächtnis der Nachbarvölker eingeprägt hat: Es handelt sich um die Alemannen, die sich nach ihren Wanderungen in der Völkerwanderungszeit in Südwestdeutschland, in der Schweiz und im Elsass niedergelassen hatten.

Wann und wie sich das Germanische aus dem Indogermanischen herausgelöst hat, liegt weitgehend im Dunkeln. Aus der frühen Zeit gibt es keine schriftlichen Aufzeichnungen. Vermutlich handelt es sich um einen sehr langwierigen Prozess im zweiten und ersten Jahrtausend vor Christi Geburt.

Älteste sprachliche Belege für das selbständige Germanische sind Fremdwörter in anderen Sprachen, z.B. im Finnischen oder auch im Lateinischen. So findet sich bei Tacitus das Wort «glesum» für Bernstein, das mit dem deutschen Wort «Glas» verwandt ist.

Einen verhältnismäßig alten Sprachzustand spiegeln auch die germanischen Runeninschriften, obwohl das Runenalphabet erst spät aus anderen Alphabeten entstand. Die Runen dienten nicht der Kommunikation, sondern religiös-mythischen Zwecken. Daran erinnert noch heute das Wort «raunen».

Vom Indogermanischen ist das Germanische vor allem durch zwei bemerkenswerte Veränderungen unterschieden: durch die Erste oder Germanische Lautverschiebung und die Festlegung des frei beweglichen Akzents auf den Wortanfang bzw. die Stammsilbe.

Die Erste Lautverschiebung bewirkte einen auffälligen Wandel bestimmter Konsonanten(gruppen). Für uns sind heute vor allem folgende Fälle verhältnismäßig leicht nachzuvollziehen und an Beispielen überprüfbar: Die Verschlusslaute p, t und k wurden zu f, th (dem englischen th vergleichbar) und ch.

Stellvertretend für das Indogermanische mag hier die vergleichsweise alte Sprachform des Lateinischen dienen. Durch Verschiebung wurde aus «pater» das englische «father», aus «tres» «three» und aus «centum (kentum)» «hundred». Wem es Spaß macht, der kann in seinen abgegriffenen und lange nicht mehr benützten lateinischen und englischen Wörterbüchern weitere Beispiele finden.

Interessant ist, dass die verloren gegangenen Laute im Tausch wieder ersetzt wurden. So wandelten sich stimmhaftes b, d und g zu stimmlosem p, t und k. Diesmal sind die Beispiele wieder der lateinischen und der gotischen Sprache entnommen.

Über diese germanische Sprache wissen wir sehr gut Bescheid, weil uns die Bibelübersetzung des westgotischen Bischofs Wulfila («Wölfchen») aus der Zeit um 350 erhalten geblieben ist. Ein Teil der herrlichen Abschrift befindet sich in der Universitätsbibliothek von Upsala in Schweden. Der «Codex argenteus» ist vorwiegend mit silbernen, aber auch mit goldenen Buchstaben auf purpurnem Grund geschrieben.

Nun aber zu den angesprochen Veränderungen vom Indogermanischen zum Germanischen. Aus lateinisch «turba» (Menge) wurde gotisch «thaurp» (sprich thorp), das unserem Wort «Dorf» entspricht; «decem» (dekem) wandelte sich zu «taihun» (sprich techun). Die verkürzte Form findet sich im Englischen als «ten». Lateinisch «ego» heißt auf gotisch «ik». Unschwer ist hier auch die im Niederdeutschen gebräuchliche Form wiederzuerkennen.

Aus gutem Grund taugen hier hochdeutsche Beispiele nicht als Beleg. Warum das so ist, wird bald klar werden.

Von der – ursprünglichen – Verbreitung des Germanischen bzw. der germanischen Sprachen war schon die Rede. Sie umfasste weite Teile Nord-, West- und Mitteleuropas und endete an den Sprachgrenzen gegenüber den slawischen Sprachen, dem Finnischen, Ungarischen, Italienischen und Französischen. Im Zeitalter der Kolonisation und des Imperialismus begann dann der bereits geschilderte Siegeszug des Englischen über die Welt.

In diesem Zusammenhang ist noch eine weitere germanische Sprache zu nennen, von der bislang noch nicht die Rede war. Im 17. Jahrhundert landeten niederländische Seefahrer am Kap der Guten Hoffnung in Südafrika und gründeten hier einen Stützpunkt für die Schifffahrt. Aus der niederländischen Sprache dieser Zeit entwickelte sich das sogenannte Afrikaans (das Afrikanische), die Sprache der in Südafrika siedelnden «Buren» (Bauern). Durch die Trennung vom Mutterland und unter dem Einfluss afrikanischer Sprachen entwickelte sich das Afrikaans zu einer selbstständigen Sprache.

Nach der Niederlage der Burenrepubliken gegen die Engländer im Burenkrieg (1899–1902) blieb es Ausdruck der kulturellen Eigenständigkeit. Es wurde im Jahr 1925 als offizielle Sprache neben dem Englischen anerkannt und wird heute von etwa fünf Millionen Menschen gesprochen.

Das Deutsche ist eine germanische Sprache und so mit dem Englischen, Dänischen oder Niederländischen verhältnismäßig eng verwandt. Das «verhältnismäßig» sollte dabei besonders betont werden, weil es einem zwölfjährigen Schüler oder einem Touristen in Kopenhagen oder in Amsterdam so ohne weiteres nicht einleuchtet.

Irgendwann, vielleicht seit 300 vor Christi Geburt bis 700 nach Beginn unserer Zeitrechnung, vollzog sich eine Entwicklung, die das Deutsche von den übrigen germanischen Sprachen trennte. Ihr wesentliches Kennzeichen ist die Zweite oder Hochdeutsche Lautverschiebung. Wieder geht es um eine regelmäßige Veränderung bestimmter Vokale oder Vokalgruppen. So wird das germanische th durchgehend zu d: zum Beispiel englisch «three» zu deutsch «drei» oder «thin» zu «dünn».

Auffällig aber ist vor allem der Wandel von p, t und k. Je nach Stellung im Wort sind die Ergebnisse unterschiedlich. Im Anlaut werden sie zu pf, z (ts) bzw. bleiben k. So stehen sich folgende Formen gegenüber: englisch «pipe» und deutsch «Pfeife», «ten» und «zehn», aber «cold» und «kalt».

Im Inlaut entwickeln sich p, t und k zu ff(f), ss und ch: englisch «open» zu deutsch «offen», «to eat» zu «essen», «to cook» zu «kochen».

Die Zweite Lautverschiebung hat eine für die deutsche Sprachlandschaft überaus wichtige Besonderheit. Sie begann wohl im Bairischen und im Alemannischen, also ganz im Süden des heutigen deutschen Sprachgebiets, und breitete sich dann nach Norden hin aus. Anscheinend aber erlahmte ihre Kraft mit der Zeit; immer seltener wurden die Verschiebungsfälle, bis sie irgendwann einmal ganz aufhörten. So werden in Mainz z.B. die verschobenen Formen «das», «Dorf» und «machen» gesprochen, gleichzeitig aber auch die unverschobenen Formen «Pund» (Pfund) und «Appel» (Apfel).

Die nördliche Verschiebungsgrenze ist die nach einem Düsseldorfer Vorort benannte «Benrather Linie». Sie beginnt an der westlichen Sprachgrenze auf der Höhe von Köln, geht nördlich an Kassel und südlich an Magdeburg sowie nördlich an Berlin vorbei, um dann östlich der deutschen Hauptstadt auf die Sprachgrenze zu Polen zu stoßen. Einzige bemerkenswerte Abweichung ist die sogenannte ik/ich-Linie, die am Niederrhein und im deutschsprachigen Teil Belgiens etwas weiter nördlich verläuft als die Benrather Linie.

Südlich der Benrather Linie wird hochdeutsch gesprochen. Wie bereits erwähnt, gilt diese Aussage aber nur mit Einschränkungen. So gibt es zum Beispiel im «kölschen Platt» viele eigentlich unverschobene, d.h. niederdeutsche Formen, z.B. «Pääd» (Pferd) oder «hüppe» (hüpfen).

Nördlich von Düsseldorf, Magdeburg und Berlin wurde der überkommene germanische Lautstand durch die Lautverschiebung nicht verändert. Das Niederdeutsche oder Plattdeutsche blieb eine eigenständige Sprache, die bemerkenswerte Verwandtschaften mit den skandinavischen Sprachen, vor allem aber auch mit dem Englischen aufweist. Das gilt selbstverständlich auch für das Niederländische, das ja – wie bereits erwähnt – aus einem niederdeutschen (niederfränkischen) Dialekt hervorgegangen ist.

All das, was bislang gesagt wurde, gilt für die Mundarten des Deutschen. Jeder weiß, dass die hochdeutsche Schriftsprache – von gewissen regionalen Abweichungen abgesehen – im gesamten deutschen Sprachgebiet gilt – und das reicht bekanntlich vom deutsch-dänischen Grenzgebiet bis nach Südtirol, vom deutsch-polnischen Grenzgebiet bis ins Elsass, nach Luxemburg und in den deutschsprachigen Ostteil von Belgien. Dass in Österreich und in großen Teilen der Schweiz deutsch gesprochen und geschrieben wird, müsste nicht besonders erwähnt werden.

Selbstverständlich ist es notwendig, zu gegebener Zeit ausführlicher über den Rang der Mundarten und über ihr Verhältnis zur Hochsprache zu reden. Diese Frage ist für viele Menschen, z.B. für Eltern und Lehrer, von lebensnaher Wichtigkeit.

Doch zurück zur geschichtlichen Entwicklung des Deutschen, auch wenn sie hier nur sehr zusammenfassend geschildert werden kann. Die Sprachwissenschaftler unterscheiden drei große

Abschnitte: das Althochdeutsche (etwa 700 bis 1100), das Mittelhochdeutsche (1100 bis 1500) und das Neuhochdeutsche (ab 1500).

Stets waren die Übergänge fließend; immer wieder stehen ältere und neuere Formen einander gegenüber. Freilich liegt es im Wesen der Sache, dass uns Wörter und Wendungen fremder vorkommen, je älter sie sind. Auch das Mittelhochdeutsche hat seine Tücken. Hier ist es oft aber möglich, den Sinn eines Satzes auf Anhieb zu verstehen: «Ein ritter sô gelêret was / daz er an den buochen las / swaz er dar an geschriben vant: / der was Hartmann genannt.» (Hartmann von Aue: Der arme Heinrich)

Aus althochdeutscher Zeit gibt es bereits zahlreiche literarische Quellen, so dass wir sehr gut über diese Stufe unserer Sprache Bescheid wissen. Das gilt noch viel mehr für das Mittelhochdeutsche. In der Zeit der staufischen Könige und Kaiser – stellvertretend sei Kaiser Friedrich I. Barbarossa (1152–1190) genannt – blühten Kunst und Kultur. Walther von der Vogelweide schuf seine herrlichen Liebesgedichte. Jetzt entstand das Nibelungenlied, das immer wieder als Nationalepos der Deutschen bezeichnet worden ist. Annähernd gleichzeitig dichteten Hartmann von Aue, Wolfram von Eschenbach und Gottfried von Straßburg ihre großen Gedichtromane.

Die Dichter der staufischen oder mittelhochdeutschen «Klassik» bemühten sich gleichzeitig darum, dass ihre Sprache möglichst allgemein verständlich war. Dieses «allgemein» muss aber sogleich wieder eingeschränkt werden, denn es handelte sich ausschließlich um eine höfische, eine ritterliche Kultur. Die Bauern auf dem Land und die Bürger in den Städten blieben fürs Erste ausgeschlossen.

Das «gemeine Deutsch»

Für die Entwicklung des Neuhochdeutschen waren zwei Ereignisse von ganz besonderer Bedeutung. Um 1440 wurde von Johannes Gutenberg der Druck mit «beweglichen Lettern» erfunden. Nun musste nicht mehr jedes Buch einzeln mit der Hand geschrieben werden; der Drucker konnte den aus Einzeltypen zusammengesetzten Satz beliebig oft vervielfältigen. Damit sanken die Herstellungskosten für ein einzelnes Buchexemplar gewaltig. Das Gleiche galt für die Herstellungszeit.

Dass durch diese technische Neuerung eine erhebliche Nachfrage nach Gedrucktem entstand, versteht sich von selbst. So wurden für das Jahr 1518 146 deutsche Bücher ermittelt. Fünf Jahre später kamen bereits 944 Titel auf den Markt.

Für uns ist in diesem Zusammenhang interessant, dass der Anteil an lateinischen Büchern rasch zurückging.

Selbstverständlich hatten die Drucker, die in der Regel zugleich die Verleger waren, ein Interesse daran, ihre Ware möglichst oft zu verkaufen. So spricht einiges dafür, dass sie aus geschäftlichen Überlegungen heraus sehr stark mundartlich geprägte Vokabeln nach Möglichkeit vermieden und ein Deutsch druckten, das in einem größeren Umkreis verstanden wurde.

Das zweite große Ereignis, das erheblichen Einfluss auf die Entwicklung des Neuhochdeutschen hatte, war die Reformation Martin Luthers. Ernst zu nehmende Beobachter haben immer wieder betont, dass sie ohne die vorausgegangene Erfindung des Buchdrucks gar nicht stattgefunden hätte oder zumindest anders abgelaufen wäre.

Im Jahr 1517 formulierte der Augustinermönch seine 95 Thesen und schlug sie am Portal der Schlosskirche in Wittenberg an. Übrigens ist dieses Ereignis umstritten. Es blieb zunächst auch ohne Folgen, bis geschäftstüchtige Drucker auf den Gedanken kamen, die 95 Thesen als Flugschrift zu vertreiben. Den Autor hatten sie darüber nicht befragt. Mit atemberaubender Dynamik kam ein Prozess in Gang, der letzten Endes zur Spaltung der alten Kirche und zum folgenreichen Nebeneinander von Katholiken und Protestanten führte.

Sicher, Luthers theologische Schriften fanden aufmerksame Leser und blieben, auch politisch gesehen, nicht ohne Folgen. Die größte Wirkung ging aber von einem Werk aus, das der Reformator in selbstgewählter Gefangenschaft verfasste.

Man erinnere sich: Im Jahr 1521 musste sich der abtrünnige Mönch auf dem Reichstag zu Worms vor Kaiser Karl V. verteidigen. Wider Erwarten weigerte er sich, seine angebliche «Irrlehre» zu widerrufen. Unwillig ließ ihn der Kaiser ziehen, weil er ihm freies Geleit versprochen hatte. Später hat Karl V. das Entgegenkommen als den größten Fehler seiner Regierungszeit bezeichnet.

Luthers Landesherr, Friedrich der Weise von Sachsen, ahnte die Gefahr, in der sein Untertan schwebte, inszenierte zum Schein einen Überfall und ließ ihn auf die Wartburg über Eisenach bringen. Hier lebte Martin Luther unerkannt als «Junker Jörg». Er nützte die Zeit, um das Neue Testament ins Deutsche zu übersetzen.

Das Neue Testament erschien 1522 im Druck; die Gesamtbibel aus Altem und Neuem Testament war 1534 fertig. Nicht nur die theologische, sondern auch die literarische und erzieherische Wirkung der Übersetzung der Heiligen Schrift aus der Feder des Reformators war beispiellos. Tatsächlich war es dem Übersetzer gelungen, ein Deutsch zu schreiben, das voller Kraft und Leben war und in allen Schichten des Volkes verstanden wurde.

Im Zusammenhang mit der lutherschen Bibelübersetzung ist auf einen Irrtum hinweisen, der sich hartnäckig in den Köpfen der Menschen hält: Keineswegs hat Martin Luther die erste Bibelübersetzung in Deutsch geschaffen. Zu seiner Zeit gab es bereits eine Reihe vollständiger Ausgaben.

Eine kurze Textprobe erhellt, warum sie sich im Volk nicht durchsetzen konnten: «Der her regieret mich und mir geprist nichts, und an der stat der waide, da satzt er mich. Er hat mich gefüret auf dem Wasser der widerbringung, er bekeret mein sel ...» (Augsburg 1518)

Bei Luther klingt der 23. Psalm so: «Der Herr ist mein Hirte, mir wird nichts mangeln. Er weidet mich auf einer grünen Auen und führet mich zum frischen Wasser ...» (1545)

Der Reformator ist zwar nicht der Erfinder oder der Schöpfer der neuhochdeutschen Sprache. Sein Anteil an deren Gestaltung und Verbreitung bleibt aber unbestritten. Er griff, wie er selbst betont, auf bereits vorhandene Muster zurück. Ein überregionales Deutsch, das sich bewusst aus der Enge und Einseitigkeit der Mundarten löste, wurde an den kaiserlichen Kanzleien in Wien und Prag sowie an der kurfürstlich sächsischen Kanzlei in Meißen geschrieben. Es liegt nahe, dass sich Luther vor allem an das Meißener Vorbild hielt.

Im Kampf gegen die katholische Kirche hatte er die Heilige Schrift zur einzigen Grundlage des religiösen Glaubens erklärt. Nun sollte jeder mündige Christ in der Lage sein, das Wort Gottes selbst zu studieren. In Kirche und Schule wurde seine Bibel zum Lehrbuch der deutschen Sprache – und das für die folgenden

Jahrhunderte. Selbst katholische Übersetzer konnten sich ihrem Einfluss nicht entziehen.

Bislang war das Lateinische die Sprache von Bildung und Wissenschaft gewesen. Mehr und mehr verschob sich die Entwicklung aber zugunsten des Deutschen. Freilich war das nur dann möglich, wenn die Sprache über ein festes grammatisches System verfügte und wenn sie in der Lage war, komplizierte abstrakte Sachverhalte angemessen auszudrücken.

Es liegt im Wesen der Sache, dass die lateinische Schulgrammatik für die deutsche Grammatik vorbildlich wurde. Daran erinnern noch heute die zahlreichen Fachausdrücke. So lernen unsere Schüler, was man unter «Akkusativ» (lat. accusare = anklagen) oder «Praeteritum» (praeterire = vorübergehen) versteht. Philosophen und Dichtern fiel die Aufgabe zu, den Wortschatz – teilweise durch Neubildungen – zu erweitern.

Als revolutionär wurde es empfunden, dass Christian Wolff, Christian Thomasius und Kaspar Stieler in der zweiten Hälfte des 17. Jahrhunderts begannen, Universitätsvorlesungen in Deutsch zu halten. Die Erweiterung des Wortschatzes und der Geschmeidigkeit der Sprache waren vor allem auch das Verdienst viel gelesener Schriftsteller der Aufklärung und der Klassik. Hier sind vor allem Lessing, Wieland, Goethe und Schiller zu nennen.

Die wissenschaftliche Beschäftigung mit der deutschen Sprache wurde vor allem durch den Zeitgeist der Romantik um die Wende vom 18. zum 19. Jahrhundert und im frühen 19. Jahrhundert gefördert. Beispielhaft seien hier die Brüder Jacob und Wilhelm Grimm genannt, die als Begründer der Wissenschaft von der deutschen Sprache, der Germanistik, gelten können. Aus ihrer Feder stammten eine deutsche Grammatik und eine Geschichte der deutschen Sprache. Wegweisend wurde das von ihnen begonnene «Deutsche Wörterbuch», dessen erste Lieferung im Jahr 1852 erschien. Es dauerte über hundert Jahre, bis das gewaltige Werk abgeschlossen wurde. Die letzte Lieferung erschien 1960, das Quellenverzeichnis sogar erst 1971. Einem breiten Publikum sind die Gebrüder Grimm freilich durch ein anderes Werk bekannt, die von ihnen gesammelten und im Jahr 1812 erschienenen «Kinder- und Hausmärchen».

Allzu Selbstverständliches verstellt oft den Blick für eigene Fragen und Forschungen. Wir sind «Deutsche», sprechen «deutsch» und leben in «Deutschland». Sicher lohnt es sich, einmal darüber nachzudenken, was diese Wörter ursprünglich bedeutet haben. Das althochdeutsche «diot» und das mittelhochdeutsche «diet» entsprechen unserem Wort «Volk». Daraus wurden durch die bekannte Endung -isch (-isk) die Adjektive «diutisk» bzw. «tuitsch» (iu = ü) im Sinne von «zum Volk» gehörig gebildet.

Mit diesem Eigenschaftswort wurde zunächst nur die «Volkssprache», d.h. die fränkische Sprache im Reich der Karolinger, bezeichnet. Sie sollte damit vom Lateinischen, vor allem aber auch vom Romanischen oder «Welschen» abgesetzt werden.

In der Auseinandersetzung mit dem Westfrankenreich (Frankreich) wurde das Wort «deutsch» schließlich für die germanischen Sprachen des Ostfrankenreichs (Deutschland) insgesamt verwendet. Langsam bildete sich – vor allem mittels der gemeinsamen Sprache – so etwas wie eine nationale Identität heraus; die Deutschen fühlten sich als ein Volk.

Die Aufspaltung des europäischen Großreichs Karls des Großen spiegelt sich in den sogenannten «Straßburger Eiden» von 842. Hier beschworen die Heere Ludwigs des Deutschen und Karls des Kahlen das gemeinsame Bündnis. Die Westfranken bedienten sich der romanischen, die Ostfranken der althochdeutschen Sprache. Im Gegensatz dazu verwendeten die Könige die jeweilige Sprache ihres Bündnispartners.

Allerdings erfolgte die Übertragung des Wortes «deutsch» auf Land und Leute erst im 11. Jahrhundert.

Richtig schreiben und sprechen

Wie mühevoll ist es, nach dem Sprechen das Schreiben zu lernen! Sicher erinnert sich mancher an langweilige Schulstunden, an schlechte Noten im Diktat oder an verzweifelte Eltern.

Heute ist die Notwendigkeit einer einheitlichen Rechtschreibung im Allgemeinen unbestritten. Die heftigen Diskussionen nach 1968, in denen das Schuldeutsch einschließlich der Rechtschreibung als Ausdruck bürgerlich-kapitalistischer Repression gebrandmarkt wurde, sind verstummt.

Wie allerdings geschrieben werden sollte, bleibt umstritten. Dass sich hier tiefe, nahezu unüberwindliche Gräben durch die

Gesellschaft ziehen, hat der Versuch der Neuordnung der deutschen Orthografie in unserer Zeit bewiesen.

Ich denke, es lohnt sich, einen Blick auf die Geschichte der deutschen Rechtschreibung zu werfen. An anderer Stelle wurde bereits von Vereinheitlichungsbemühungen gesprochen. Schon die Dichter des hohen Mittelalters waren daran interessiert, ein möglichst allgemein verständliches Deutsch zu singen oder zu schreiben. Von vornherein war Luthers neuhochdeutsche Schriftsprache auf weite Verbreitung angelegt. Aus geschäftlichem Interesse forderten Drucker und Verleger ein einheitliches Deutsch und eine einheitliche Orthografie.

Aus dem 18. Jahrhundert werden mehrere Versuche zur Vereinheitlichung der Rechtschreibung berichtet. Sie konnten sich vor allem deshalb nicht durchsetzen, weil eine für alle verbindliche politische Autorität fehlte. Nach der durch Napoleon erzwungenen Selbstauflösung des Heiligen Römischen Reiches Deutscher Nation im Jahr 1806 gab es in Deutschland 34 Fürstentümer und 4 freie Reichsstädte. Alle waren souverän.

Die Unsicherheit darüber, wie man zu schreiben habe, betraf vor allem die Schulen und das Verlagswesen. So machte man aus der Not eine Tugend und schuf in einzelnen Territorien Deutschlands eigene Regelbücher.

Die politische Situation änderte sich grundlegend, als im Jahr 1871 das von Bismarck begründete neue Deutsche Reich entstand. Im Jahr 1880 erschien ein preußisches Regelbuch. Im gleichen Jahr veröffentlichte der Gymnasialdirektor Konrad Duden aus Bad Hersfeld in Übereinstimmung damit sein «Orthographisches Wörterbuch der deutschen Sprache». Der erste «Duden» wurde zu einem wichtigen Schritt auf dem Weg zum angestrebten Ziel.

Entscheidend für die Vereinheitlichung der deutschen Rechtschreibung wurde dann die Zweite Orthographische Konferenz, die im Jahr 1901 in Berlin stattfand. An ihr nahmen die im Reich zusammengeschlossenen Länder sowie Österreich und die Schweiz, aber auch Vertreter des Buchhandels und des Druckereigewerbes teil. Die neue Rechtschreibung ging in das «Orthographische Wörterbuch» Konrad Dudens von 1902 ein und wurde ab 1903 für die Schulen und den amtlichen Gebrauch verbindlich. Von nun an schrieb man «Tor» statt «Thor» oder «Zitrone» statt «Citrone». Gelegentliche Doppelformen wurden getilgt: «Hülfe/Hilfe» wurde zu «Hilfe», «Sylbe/Silbe» zu «Silbe».

Allerdings gab es keine verbindlichen Regelungen für die Zeichensetzung. Duden veröffentlichte seine Vorschläge 1903 im sogenannten «Buchdruckerduden». Im allgemeinen Duden wurden erstmals 1915 Zeichensetzungsregeln aufgenommen. Die Autorität des im Rechtschreibteil längst verbindlichen Werkes verhalf auch diesen Regeln zu allgemeiner Gültigkeit.

Der «Duden» war laut Beschluss der Kultusministerkonferenz seit 1955 für alle Schulen in der Bundesrepublik Deutschland verbindlich.

Mit der Regelung von 1901 war die Vereinheitlichung der deutschen Rechtschreibung verwirklicht worden. Allerdings erwies sich das Regelwerk als außerordentlich kompliziert. Immer wieder wurden Stimmen laut, die eine benutzer-, vor allem schülerfreundliche Vereinfachung forderten. Niemand konnte so recht einsehen, dass in den Schulen gelegentlich Spitzfindigkeiten über die Diktatnote Lebensschicksale entschieden.

Auf den Widersinn einer allzu pedantischen Orthographie hat Dieter E. Zimmer im Jahr 1989 in einem Artikel der ZEIT (Nr. 45) hingewiesen. Er ließ einen eigens aus fehlerträchtigen Sätzen zusammengestellten, insgesamt nicht zu umfangreichen Text mehrfach diktieren und anschließend bewerten.

Er schrieb dazu: «Jene Versuchskaninchen, die nicht von Berufs wegen mit Texten umgehen, machten im Durchschnitt 44 Fehler; Deutschlehrer 39; und Korrektoren auch noch 16.» Der Autor testete sich aber auch selbst. Als er sich den Mustertext nach einigen Wochen diktieren ließ, schrieb er immerhin noch 11 Fehler!

In den Fünfzigerjahren gingen die Reformbemühungen in eine ganz bestimmte Richtung: Wesentliche Erleichterungen erhofften viele ihrer Verfechter von der Einführung der gemäßigten Kleinschreibung. Sie wollten damit dem Beispiel der Niederlande oder Dänemarks folgen.

Das Ergebnis war eine heftige weltanschauliche Polarisierung zwischen den Befürwortern der Kleinschreibung und den Verteidigern der herkömmlichen Großschreibung. Die beiden Lager wurden unglücklicherweise mit der politischen Linken und der politischen Rechten identifiziert. Während die einen Emanzipation und Vereinfachung forderten, schrieben die anderen die Bewahrung überkommener kultureller Werte auf ihr Banner.

Neue Reformvorschläge stießen erwartungsgemäß auf heftigen Widerstand. Erst ein Urteil des Bundesverfassungsgerichts schuf Klarheit. Es wies die Anträge der Reformgegner ab und ermöglichte die termingerechte Einführung des neuen Regelwerks zum 1. August 1998. Übrigens sollte die seitherige Rechtschreibung bis zum Jahr 2005 zulässig bleiben.

Der ganze Streit endete – vorläufig – mit einem Kuriosum: In einer Volksabstimmung brachte die Bevölkerung von Schleswig-Holstein die Reform zu Fall. Bis auf weiteres durfte, nein, musste dort, zumindest in den Schulen und Amtsstuben, nach den alten Regeln geschrieben werden. Im Zeitalter der europäischen Einheit und fortschreitender Globalisierung bliebt den Fans ein überschaubares «Orthographie-Museum» erhalten! Allerdings ist inzwischen in Schleswig-Holstein die Rechtschreibreform auch vollzogen.

Über die grundsätzliche Notwendigkeit, die Rechtschreibung verbindlich festzulegen, gibt es heute keinen Streit mehr. Gelegentlich wird aber vergessen, dass das gesprochene Wort ursprünglicher ist als das geschriebene. Folgerichtig müsste man sich zunächst einmal bemühen, die Aussprache des Deutschen für den gesamten Sprachraum zu vereinheitlichen.

Tatsächlich gab es dazu schon sehr früh erste Ansätze. Doch insgesamt waren die zentrifugalen Kräfte stärker. Bis zum heutigen Tage erscheint es schwierig, ja unmöglich, alle, die Deutsch als Muttersprache sprechen, auf eine verbindliche Aussprachenorm zu verpflichten.

Bei Österreichern und Schweizern ist die Neigung, sich aufgezwungenen Regeln zu unterwerfen, verständlicherweise besonders gering. Ähnliches gilt aber auch für Teile Deutschlands. Undenkbar ist, dass man Bayern oder Schwaben, Sachsen oder Berliner auf eine ihnen fremd erscheinende Sprachweise verpflichtet.

Die Schulen sind hier in einer recht schwierigen Lage. Einerseits sollen sie die Kinder da abholen, wo sie sie antreffen. Die zumeist mundartlich geprägte Muttersprache vermittelt Geborgenheit und Vertrauen. Andererseits haben sie aber die Aufgabe, Sprachkompetenz über den lokalen und regionalen Raum hinaus zu vermitteln. So verwundert es nicht, dass selbst Lehrer, um den Schülern näher zu sein, eine landschaftlich geprägte Umgangssprache verwenden.

Dass das Hochdeutsche von den Schülern oft als «Fremdsprache» empfunden wird, zeigt folgende Anekdote: Eine aus Norddeutschland stammende Lehrerin sprach im Unterricht aus Pflicht und Neigung stets hochdeutsch. Selbstverständlich verlangte sie auch von ihren Schülern, «nach der Schrift» zu sprechen. Eines Tages wurde sie von einem kleinen Mädchen in breiter Mundart gefragt: «Sagen Sie mal, Frau R.: Müssen Sie auch nachmittags hochdeutsch sprechen?»

Immerhin, die Forderung nach einer Vereinheitlichung der Aussprache bleibt. Es ist nicht verwunderlich, dass die Schauspieler auf diesem Weg vorangingen. Sie hatten an vielen Orten zu spielen und bemühten sich deshalb, mundartliche Eigenarten nach Möglichkeit zu vermeiden.

Als besonders vorbildlich galt die norddeutsche Aussprache. Das hat einen einleuchtenden Grund. Da die Menschen jenseits der Benrather Linie mit ihren niederdeutschen Mundarten aufgewachsen waren, versuchten sie, wenn sie hochdeutsch sprechen wollten oder sprechen mussten, besonders sorgfältig «nach der Schrift» zu reden. Genauestens wurden p, t, k und b, d, g unterschieden. Das gleiche galt für die Umlaute ä und ü sowie den Diphthong eu im Vergleich mit e, i und ei. Man erinnere sich: Der Frankfurter Johann Wolfgang von Goethe hatte noch gereimt: Zweifel/Teufel. Und bei Friedrich von Schiller, dem Schwaben aus Marbach am Neckar, hieß es: Höhn/gehn.

Eine Ausnahme sind freilich st oder sp im Anlaut, gesprochen scht und schp, die aus dem Hochdeutschen kommen und sich längst allgemein gegenüber den niederdeutschen Formen («der s-pitze S-tein») durchgesetzt haben.

Im Jahr 1898 veröffentlichte Theodor Siebs sein Wörterbuch «Deutsche Bühnenaussprache». Inzwischen ist der Titel in «Deutsche Aussprache» abgeändert worden. Das Werk wurde den Bedürfnissen unserer Zeit angepasst. Als wichtige Hilfsmittel auf dem Weg zur Vereinheitlichung der deutschen Aussprache sind darüber hinaus das «Duden-Aussprachewörterbuch» (seit 1962) und das seinerzeit in der DDR erschienene «Große Wörterbuch der deutschen Aussprache» (seit 1964) zu nennen.

Nicht vergessen werden sollte die normierende Kraft der Massenmedien. Das begann in den zwanziger Jahren mit dem Rundfunk und dem Tonfilm. Heute hat das Fernsehen eine nicht zu überschätzende Breitenwirkung.

Von Wort zu Wort

Wunderbare Vielfalt

Was ein Mensch so alles lernen muss! Um sich mit anderen angemessen unterhalten zu können, benötigt er einen Wortschatz von Tausenden von Wörtern. Damit allein ist es nicht getan: Er muss auch wissen, wie die einzelnen Vokabeln grammatisch miteinander zu verknüpfen sind.

Eigenartigerweise geschieht der Lernprozess in aller Regel recht harmonisch, nicht selten sogar unbewusst. Das Kind lernt die «Muttersprache» von seiner Mutter, in zunehmendem Maße auch vom Vater, von den Geschwistern, Verwandten und Freunden.

Mit Sicherheit beherrscht es am Ende der Entwicklung weniger als 115 000 Wörter. Diese Zahl wird deshalb hier erwähnt, weil das bekannteste Wörterbuch der deutschen Sprache, der Rechtschreibduden, so viele Stichwörter umfasst. Wer muss schon wissen, was eine «Brachse» (Fischart) ist oder was der Begriff «Sphragistik» (Siegelkunde) bedeutet! Die meisten Sachverhalte sind mit einigen tausend Wörtern erfassbar. Falls uns eine Vokabel fehlt, versuchen wir sie mehr oder weniger gewandt mit anderen Wörtern zu umschreiben: Der Vogel hat schwarz-weiße Flügel und einen ganz langen schwarzen Schwanz. Der Leser merkt, dass die Elster gemeint ist.

Übrigens gilt das Gleiche auch beim Erlernen von Fremdsprachen. Das Fassungsvermögen eines Schülers ist begrenzt – entsprechend laut oft das Stöhnen, wenn er von einem Tag auf den anderen fünfundzwanzig oder dreißig englische, französische oder lateinische Wörter auswendig lernen muss. Die Verfasser von Sprachlehrbüchern versuchen dieser Tatsache Rechnung zu tragen. Sie benützen vor allem die Wörter, die auf Grund einer statistischen Untersuchung als besonders häufig ermittelt worden sind.

Ein erster Blick auf den deutschen Wortschatz zeigt, dass viele Begriffe doppelt, dreifach oder noch häufiger belegt sind. Die

Wörter «Apfelsine» und «Orange» bezeichnen dieselbe Frucht. Das gilt auch für die «Blaubeere», die «Heidelbeere», die «Bickbeere», die «Waldbeere», die «Schwarzbeere», die «Zechbeere» oder die «Mollbeere».

Bei dem letztgenannten Beispiel fallen die landschaftlichen Verschiedenheiten ins Auge. Es macht eben einen Unterschied, ob ich die begehrte Waldfrucht in der holsteinischen Geest oder im österreichischen Gebirgswald pflücke.

Der Name der vitaminreichen südländischen Frucht ist auf zwei verschiedenen Wegen in die deutsche Sprache gelangt: Nach Deutschland kam sie um 1700 über den niederländischen Hafen Amsterdam. Hier wurde sie ursprünglich «appelsina», d.h. Apfel aus China, genannt (heute sinaasappel). Das Wort «Orange» entspricht dem Französischen. Die ursprüngliche Wurzel liegt im Arabischen und verbreitete sich über Spanien weiter nach Norden.

In den genannten Fällen haben die unterschiedlichen Wörter exakt die gleiche Bedeutung. Das kommt vor, ist aber eigentlich nicht die Regel. Häufiger dürfte ein anderer Fall sein: Die verschiedenen Vokabeln haben annähernd die gleiche Bedeutung; sie sind sinnverwandt. Im einfühlsamen Gebrauch zeigt sich dann sehr rasch, dass sie eben nicht austauschbar sind. Gleichbedeutende oder sinnverwandte Wörter heißen Synonyme.

Das Wort «Haus» ist gegebenenfalls durch zahlreiche Synonyme zu ersetzen: Schloss, Burg, Wohnturm, Palast, Landhaus, Villa, Hütte, Kate, Gebäude, Behausung, Eigenheim, Mietshaus, Einfamilienhaus, Mehrfamilienhaus, Herrenhaus, Krankenhaus, Lagerhaus, Wirtshaus, Freudenhaus, Backhaus, Hochhaus, Wolkenkratzer, Herrenhaus, Baracke, Schuppen, Scheune, Kaserne, Bungalow, Blockhaus, Wigwam, Iglu, Jurte.

Und nun die Einsetzproben: Herr Müller ist stets gut gelaunt. Er wohnt in einem Freudenhaus (einer Baracke, einem Iglu – einem Einfamilienhaus, einer Villa).

Die oben notierte Liste wirkt ungeordnet. Die einzelnen Vokabeln sind mehr oder weniger zufällig zusammengekommen; weitere Nennungen wären mit Sicherheit möglich.

Sicher ist es unterhaltsam und aufschlussreich zugleich, die einzelnen Wörter in Gruppen zu ordnen, z.B.

– Häuser, die einem bestimmten Zweck dienen: Wohnhaus, Backhaus, Lagerhaus ...

– Häuser, bei denen die Besitzverhältnisse benannt werden: Eigenheim, Mietshaus …
– Häuser bei fremden Völkern: Iglu, Wigwam …

usw. usw.

Die Vielfalt unterschiedlicher Möglichkeiten sei noch an einem anderen Beispiel gezeigt. Das Wort «gehen» hat unter anderem folgende Synonyme: hasten, hatschen, hinken, humpeln, kriechen, latschen, laufen (im Sinne von gehen), marschieren, pilgern, schlappen, schleichen, schlurfen, schreiten, stapfen, stelzen, stiefeln, stöckeln, stolzieren, streunen, tänzeln, tappen, tippeln, trippeln, trotten, wallen, wandeln, wandern, waten, watscheln.

Synonyme finden sich auch in umgangssprachlichen Redewendungen, z.B. «sich die Beine vertreten» oder «sich auf die Socken machen». Man kann auch «auf Schusters Rappen» oder «per pedes apostolorum», d.h. zu Fuß, von A nach B kommen.

Hier ist nur eine Fortbewegungsart berücksichtigt, nämlich das Gehen. Viele andere Verben ließen sich ergänzen. Die Unterschiede hat König Friedrich II. von Preußen gelegentlich einmal in einer seinen bissigen Randbemerkung thematisiert: Ein Landgeistlicher forderte von seiner Gemeinde Futter für ein Pferd, weil er sonst den weiten Weg zu Fuß gehen müsse. Der König kommentierte das Gesuch mit der Bemerkung: «Es heißt nicht: Reitet in alle Welt, sondern gehet in alle Welt und predigt allen Völkern.»

Auch hier zeigt ein erster Blick, wie viele unterschiedliche Ausdrucksmöglichkeiten die Sprache anbietet. Der Sprecher und Schreiber ist klug, wenn er sich darauf einlässt und das eintönige «gehen» situationsgerecht verändert: Peter und ich gingen eilig zum Bahnhof. / Peter und ich hasteten zum Bahnhof. – Die Wanderer gingen durch den knietiefen Morast. / Die Wanderer wateten durch den knietiefen Morast. – Onkel Fritz meinte: «Bevor das Abendessen aufgetischt wird, sollten wir uns noch ein wenig die Beine vertreten.»

Die Notwendigkeit, die sprachliche Vielfalt zu nützen, wird zum Beispiel dann unübersehbar, wenn sich das farblose Allerweltswort «machen» nach vorne drängt: Wir machen heute Linsen und Saitenwürste. – Was machst du am Sonntag? – Mach bitte endlich das Radio aus! – Sollen wir das Feuer anmachen? – So was macht man nicht! – Ihr macht mich noch verrückt. – Die Korbflechter machen das seit Jahrhunderten in der gleichen Weise. – Die Druckerei macht Faltkartons. – Das macht nichts. – Am Nachmittag machen wir eine Schnitzeljagd.

Wie anders klingen solche Wendungen: Wir kochen heute Linsen und Saitenwürste. – Sollen wir das Feuer anzünden?

Eine Möglichkeit, den Wortschatz zu erweitern, wurde bereits – unausgesprochen – vorgeführt. Durch Zusammensetzungen der unterschiedlichsten Art lässt sich das «Wortmaterial» verhältnismäßig einfach vermehren und in seiner Bedeutung abtönen oder verändern.

Nehmen wir das einfache Verb «brechen»: Das Eis bricht.

Eine ganze Reihe von Zusammensetzungen mit Vorsilben ist denkbar: abbrechen, anbrechen, aufbrechen, ausbrechen, durchbrechen, einbrechen, entbrechen, erbrechen, unterbrechen, verbrechen, zerbrechen. In der Regel sind die Bedeutungsunterschiede für den muttersprachlichen Sprecher ohne Schwierigkeiten erfassbar: Wir werden morgen früh um sechs Uhr zum Feldberg aufbrechen. – Ihre Ehe war bereits nach wenigen Jahren zerbrochen.

Mag sein, dass einmal eine Vokabel auftaucht, die selten geworden ist oder heute recht verstaubt klingt: Die Gäste konnten der Empfehlung des Wirts nicht entbrechen. Einzelne Wörter sind auch nur in ganz bestimmten grammatikalischen Zusammenhängen verwendbar: Was habe ich denn verbrochen?

Bisher war von Vorsilben die Rede. Selbstverständlich lassen sich Wörter auch durch Nachsilben neu gewinnen oder verändern. So können Adjektive zu Substantiven erweitert werden: Fähigkeit, Faulheit, Grobheit, Reinheit – oder Einigkeit, Freigebigkeit, Seligkeit, Tätigkeit. Der ein wenig künstliche Charakter der Wörter schimmert immer noch durch. Sie bezeichnen nicht irgendetwas, das sich mit Händen fassen lässt, sondern nur gedachte, abstrakte Sachverhalte. Welche Energie musste über die Jahre und Jahrhunderte aufgewandt werden, um so etwas überhaupt in Worte fassen zu können!

Aber noch sind wir ja gar nicht am Ende der Liste. Weitere Beispiele wären Eigentum, Irrtum und Reichtum. Auch Ärgernis, Ereignis, Zeugnis oder Bildung, Erwartung und Zähmung gehören dazu, selbst wenn sie aus anderen Bestandteilen zusammengesetzt worden sind.

Dass der Begriff «Zeugnis» durchaus zweierlei bedeuten kann, leuchtet rasch ein. «Du sollst gegen deinen Nächsten kein falsches Zeugnis abgeben.» So lautet eines der Zehn Gebote. Wenn ein Schüler, nicht selten mit gequältem Gesichtsausdruck, vom Zeugnis spricht, dann meint er in aller Regel ein Blatt oder ein schmales Heft, in dem Erfolg oder Misserfolg eines Schuljahres getreulich verbucht werden: «Mathematik gut, Französisch mangelhaft, Chor teilgenommen.»

Die Vorsilben sind bisweilen selbstständige Wörter. Das gilt z.B. für die Präpositionen (Verhältniswörter) an, bei, vor und zu. Klar, dass sie das neue Wort in ihrem Sinne mitbestimmen: Die Schnitter binden Garben. – Du musst den Hund (am Gartenzaun) anbinden. / Binde den Hund bitte an.

Freilich gibt es auch Vor- und Nachsilben, die nicht allein stehen können: verführen, versäumen, vertrinken, verzählen. Bei genauerem Hinsehen schimmert durch, warum der Sprecher diese und gerade diese Silbe wählt. Da trinkt jemand einen kühlen Schoppen, wogegen ja wohl wenig zu sagen ist. Da er aber nicht rechtzeitig innehält, ist am Ende sein ganzes Geld weg. Er hat es ver-trunken. Der Wirt zählt anschließend seine Einnahmen. Weil ihm immer wieder einmal die dralle Magd über den Weg läuft, lässt er sich ablenken und ver-zählt sich, d.h. er zählt falsch.

Ähnliches gilt für die Vorsilbe ent-: entfernen, entsorgen, enttarnen, entziehen. – Der Spion, der unerkannt bleiben wollte, wurde ent-tarnt, d.h. die Tarnung war weg, und der Geheimdienst ermittelte seinen Namen und seinen Aufenthaltsort. Weil er gewarnt war, konnte er sich aber rechtzeitig ent-fernen, also in die unbekannte Ferne wegbegeben. – Zu unserer Ent-lastung gebe ich Ihnen das umfangreiche Prospektmaterial zurück. Wir können die hohe finanzielle Be-lastung durch die neue Rotationsmaschine zur Zeit nicht auffangen.

Das sind wiederum nur einige Möglichkeiten. Spieltrieb und Kreativität haben viel miteinander zu tun. Der einfallsreiche Mensch verlässt immer wieder einmal ausgetretene Pfade und versucht sich selbst mit der Sprache. Großzügig verzeiht man ihm, wenn er sich bei seltenen Ausnahmefällen gelegentlich vergreift.

Unausschöpflich ist auch der Vorrat an Wörtern, der durch Zusammensetzung von selbstständigen Substantiven, Adjektiven und Verben gebildet werden kann. Jeder versteht, was eine Haustür oder ein Buchtitel ist. Zu den Grundwörtern «Tür» und «Titel» kommen erläuternde, aber auch einschränkende Bestimmungswörter hinzu: die Tür des Hauses oder der Titel des Buches. Ohne ein wenig Grammatik geht es nicht. Tatsächlich handelt es sich hier um versteckte Genitivattribute.

Doch wie ist es bei Begriffen wie Kupferrohr oder Wasserglas, Schmerzmittel oder Marmorkuchen? Sicher kommt man mit angepauktem Tabellenwissen nur schwer voran. Besser ist es, das Wort einfach unbefangen auf seinen Sinn zu befragen. Und bald stellt sich heraus, wie es zu verstehen ist: Es handelt sich nicht um «ein Rohr des Kupfers», sondern um ein Rohr aus Kupfer, ein Glas für Wasser, ein Mittel gegen den Schmerz und schließlich einen Kuchen, der aussieht wie Marmor, einen Kuchen wie Marmor. Die Verbindung zwischen dem Grundwort und dem Bestimmungswort geschieht also – unausgesprochen – durch ein Verhältniswort, eine Präposition.

Hier wurden zwei Hauptwörter miteinander kombiniert. Drei oder vier sind auch denkbar: Motorradfahrer. Wenn man diese Vokabel zerlegt, dann fällt der Blick naturgemäß zunächst auf das Grundwort «Fahrer». Er ist der Fahrer eines Motorrades. Dieses wiederum ist ein Rad mit Motor. In einem Wort sind folglich Genitivattribut und präpositionales Attribut vereint.

Nun aber erst einmal Schluss mit so komplizierten grammatischen Überlegungen, auch wenn Bandwurmwörter dazu verführen. Die berühmte Donaudampfschifffahrtsgesellschaft oder der Donaudampfschifffahrtsgesellschaftskapitän lassen grüßen!

Bevor wir das Thema ganz verlassen, sollten freilich noch andersartige Zusammensetzungen erwähnt werden: Die Adjektive erscheinen ausgesprochen vital und zeugungskräftig: Nicht selten steht ein Neuwagen vor einem Altbau; vom Hochhaus aus kann man das Niedrigwasser sehen; im Weißdorn sitzt eine Schwarzdrossel. Gut, das sind Sprachspielereien. Sie zeigen aber, wie leicht Eigenschaftswörter und Hauptwörter zu verbinden sind.

Umgekehrt ist es nicht anders. Diesmal soll ein Adjektiv Grundwort sein: taghell und rabenschwarz, federleicht und tonnenschwer, haushoch und abgrundtief.

Auch mit den Verben lässt sich manches Neue zusammenbringen. Wenn man allerdings bei der Orthografie ganz genau hinschaut, dann kommen Zweifel: Heißt es eigentlich radfahren oder

Rad fahren, rechthaben oder Recht haben? Offensichtlich sind die Verbindungen doch nicht so fest, wie sie unserem Ohr beim ersten Mal erschienen. Gelegentlich hilft uns aber das eben noch als unsicher erkannte Gehör: Petra kann gut schreiben. / Ich lasse mir die Zinsen gutschreiben. – Dieses Schlafmittel kann man frei kaufen. / Cäsar ließ die schöne Sklavin freikaufen. Die Betonung auf dem Eigenschaftswort zeigt, dass hier ein neuer Begriff entstanden ist.

Von Wortverwandtschaften war mehrfach die Rede. Sie entstehen zum Beispiel durch inhaltliche Bezüge, wie wir es beim Wort «gehen» gesehen haben. Wer die Allee entlang schlendert, hat Zeit und Lust zum Genießen. Wer aber zum Bahnhof hastet, muss rechtzeitig dort sein, um einen bestimmten Zug zu erwischen. Dass Synonyme verwandt sind, bedarf keiner weiteren Rechtfertigung.

Besonders deutlich freilich wird die Verwandtschaft, wenn die Brüder und Schwestern, die Töchter und Söhne, die Nichten und Neffen aus dem gleichen Stamm gebildet sind. Augenblicklich leuchtet ein, dass «bauen» und «Bauer», «voll» und «Fülle» irgendwie zusammengehören.

Nehmen wir einmal das Substantiv «Sinn», das gleichzeitig die Wortwurzel für alle möglichen Zusammensetzungen bildet. Mit Hauptwörtern und Eigenschaftswörtern ergeben sich unter anderem folgende Kombinationen:

Blödsinn, Schwachsinn, Tastsinn, Trübsinn, Wahnsinn.

Oder: Sinnbild, Sinngedicht, Sinnkrise, Sinnenlust, Sinnverlust, sinnlos, sinnvoll.

Auch einige Verben lassen sich bilden: sinnen, besinnen, (sich) entsinnen, ersinnen. Diese liefern wiederum das Material für neue Substantive und Adjektive: sinnig – unsinnig, widersinnig, der Unsinn, der Widersinn; sinnlich – die Sinnlichkeit, die Besinnung – besinnlich, besinnungslos, Besinnlichkeit, Besinnungslosigkeit; die Gesinnung – der Gesinnungswandel; versonnen, Versonnenheit.

Noch sind nicht alle Möglichkeiten genannt. Hinzu kommt, dass aus der Situation heraus immer wieder neue Vokabeln entstehen: Die Gesinnungsschnüffelei ist mir verhasst. – Die beiden Strophen des Gedichtes bilden eine Sinneinheit.

Selbstverständlich ließen sich zahlreiche andere Wortfamilien nennen: Haus und hausen, Fluss, Floß und fließen, gelb und vergilben (gelb werden), können und Kunst. Das sind nur einzelne Beispiele. Für jedes der genannten Wörter ließe sich eine umfangreichere Liste zusammenstellen.

Verwandt oder nicht?

Verwandtschaft oder nicht – das ist hier eine durchaus berechtigte Frage: Ich habe mir gestern ein Schloss gekauft. – Ich trank den besten Tee in einem Zug.

Vielleicht merkt man beim ersten Lesen noch gar nicht, worum es geht. Bei genauerem Hinsehen erweist sich aber, dass die Sätze missverständlich sind:

Ich habe mir gestern (von meinem Lottogewinn) ein (altes) Schloss (an der Mosel) gekauft. Oder: Ich habe mir gestern ein (Fahrrad-)Schloss gekauft.

Ich trank den besten Tee in einem Zug (d.h. ohne die Tasse abzusetzen). Oder: Ich trank den besten Tee in einem (Schnell-)Zug (zwischen Moskau und Sankt Petersburg).

Zugegeben, solche Missverständnisse dürften selten sein. Hier ist aber festzustellen, dass manche Wörter mehrere Bedeutungen haben und dass man gut daran tut, genau hinzuhören und den Sinn eines Satzes richtig zu erfassen.

Wichtige Beispiele sind in den folgenden Sätzen enthalten:

Dieses Band ist aus reiner Seide. – Mir fehlt der dritte Band der Goethe-Ausgabe.

Diese Bank ist frisch gestrichen. – Die Bank vermittelt günstige Kredite.

Der Bauer pflügt das Feld. – Der Stieglitz sitzt im Bauer.

Der Erbe wurde vom Amtsgericht benachrichtigt. – Er kann das Erbe in wenigen Wochen in Empfang nehmen.

Der Gehalt an Alkohol ist sehr gering. – Mein Gehalt wurde um zweihundert Euro aufgebessert.

Der Heide ließ sich von Bonifatius taufen. – Auf der Heide blühn die letzten Rosen.

Dein Hut hängt noch am Haken. – Wir sind in sicherer Hut.

Die Kiefer liefert wertvolles Bauholz. – Der Kiefer war durch die Wucht des Aufpralls gebrochen.

Der Kunde ist König. – Die Kunde von der Ankunft der Fremden verbreitete sich in Blitzesschnelle.

Die Leiter steht in der Scheune. – Der Leiter hielt eine kurze Ansprache.

Der Mast ragt in den Himmel. – Die Mast dauert ein halbes Jahr.

Meine Mutter stammt aus Hannover. – Die Schraube löste sich, weil die Mutter nicht richtig festgezogen worden war.

Der Reis wächst in Oberitalien. – Das Reis treibt im feuchten Boden Wurzeln.

Auf dem Schild stand «Umleitung nach Bedorf». – Der Schild war mit zwei silbernen Leoparden bemalt.

Diesen Strauß schenke ich dir zum Namenstag. – Der Strauß streckt seinen langen Hals durch den Gitterzaun.

Die Wanderer lagerten am See. – Im Sommer treffen wir uns an der See.

Am Steuer des Wagens saß ein erst sechzehnjähriger Jugendlicher. – Diese Steuer wird vierteljährig abgebucht.

In winzig kleinen Tröpfchen hing der Tau an den Zweigen. – Wir banden das Boot mit einem Tau an den Landungssteg.

Beim nächsten Ton des Zeitzeichens ist es sieben Uhr. – Diese Vase ist aus Ton geformt.

Die Händler warteten vor dem Tor. – Ein Tor ist, wer Böses denkt.

Von meinem monatlichen Verdienst bleibt nichts übrig. – Die Aufklärung des Verbrechens ist das Verdienst von Kommissar Kleiber.

Der Weise schweigt. – Diese Weise erinnert an ein altes Volkslied.

Das war eine lange, aber keineswegs vollständige Liste. Auch hier gibt es noch eine Menge anderer Beispiele.

Bleiben wir aber noch einen Augenblick bei den Wörtern mit doppelter, vielleicht sogar dreifacher Bedeutung. Zu der alten kommt eine neue Tücke hinzu, die zur Aufmerksamkeit zwingt. Erbe ist eben nicht gleich Erbe: *Der* Erbe beansprucht *das* Erbe. Hier unterscheiden sich die beiden Begriffe durch ihr grammatisches Geschlecht. Das gibt es auch bei der Band/das Band, der Bund/das Bund, der Flur/die Flur, der Gehalt/das Gehalt, der Verdienst/das Verdienst usw. usw. Manchmal ist es ganz gut, wenn man sich in einem Wörterbuch Sicherheit sucht: Der Bund (maskulin) widmet sich dem Naturschutz. – Das Bund Rettiche (neutrum) kostet zwei Euro.

Noch andere Unterschiede fallen auf: Die Bänder flattern im Wind. – Die Bände stehen im Bücherregal.

Hier gibt es auffällig unterschiedliche Pluralformen. So auch bei: die Bänke/die Banken, die Gehälter/die Gehalte, die Kiefern/die Kiefer, die Leitern/die Leiter, die Schilder/die Schilde, die Sträuße/die Strauße, die Tore/die Toren.

Das Kind hat eine Mutter. Die Kinder haben verschiedene Mütter. – Zu dieser Schraube fehlt die passende Mutter. Wir können aber einige andere Muttern ausprobieren. – Um das Durcheinander vollständig zu machen, hier noch ein ergänzender Satz: Rechtsanwalt Unverzagt wird von seiner Haushälterin bemuttert.

Bei Substantiven fällt die sogenannte Polysemie, die Mehrdeutigkeit von Wörtern, besonders ins Auge. Allerdings bleibt die Erscheinung nicht auf diese Wortart beschränkt. So hat das Verb «aufheben» drei verschiedene Bedeutungen: 1. in die Höhe heben: Du musst die Bananenschale aufheben; 2. aufbewahren: Dieses Schreiben sollten Sie aufheben; und 3. beseitigen: Die Regierung wird die Einreisebeschränkungen aufheben.

Wir alle kennen die Redewendung «die Tafel aufheben». Missverständnisse gibt es hier nicht. Wenn alle Gäste satt sind, werden die Speisen, Teller und Getränke abgeräumt. Die Formulierung wurde ursprünglich aber durchaus wörtlich verstanden: Auf Böcken aufgelegte Bretter oder Platten, Tafeln, wurden aufgehoben und weggetragen, z.B. um Platz für den Tanz zu schaffen.

Einen tiefen Sinn hat das Wort «aufheben» in der Philosophie von Georg Wilhelm Friedrich Hegel (1770–1831). Durch ein Wortspiel veranschaulicht er den dialektischen Prozess: These und Antithese vereinigen sich auf einer höheren Stufe zu einer neuen These. Sie sind damit aufgehoben, bleiben allerdings im Neuen enthalten. Gleichzeitig wird also das Vorhandene emporgehoben, beseitigt und doch aufbewahrt. Alle drei Bedeutungen des Verbs kommen in diesem Prozess zur Geltung.

Doppeldeutungen entstehen freilich sehr oft, wenn Verben im übertragenen Sinn, als Metaphern, verwendet werden: Im Sturm brachen die Fichtenstämme wie Strohhalme. / Du hast nicht zum ersten Mal dein Wort gebrochen. – Die Feinde schießen bereits ins Dorf. / Die Fitnessstudios schießen wie Pilze aus dem Boden. –

Die Spinne spinnt ein feines Netz, um Insekten zu fangen. / Manuela spinnt.

Auch hier hilft die Grammatik gelegentlich zu unterscheiden: Der Zug bewegte sich langsam voran. / Ich bewog meinen Nachbarn, die Klage zurückzunehmen. – Die Fahne hing auf halbmast. / Die Cowboys hängten den Pferdedieb. – Wir schafften die Arbeit in drei Stunden. / Am Anfang schuf Gott den Himmel und die Erde.

Die Ersatzprobe zeigt immer wieder, dass die Verbformen nicht austauschbar sind. Hier sind Sprachgefühl und Sprachwissen gleichermaßen gefragt: Wir schufen die Arbeit in drei Stunden. Am Anfang schaffte Gott den Himmel und die Erde. Brrr!

Noch war von den Adjektiven nicht die Rede. Aber auch hier gibt es die bereits beobachtete Eigenschaft der Mehrdeutigkeit: Dieser Salat ist ganz frisch. / Von Westen her wehte ein frischer Wind. – Dieses Päckchen ist sehr leicht. / Diese Rechenaufgabe ist zu leicht. – Vorsicht, das Messer ist scharf! / Die roten Peperoni sind besonders scharf. / Ich muss Ihnen leider eine scharfe Rüge erteilen!

Dass die unterschiedlichen Bedeutungen der Adjektive in einem inneren Zusammenhang stehen, ist ohne Zweifel. Aber wieder einmal wird deutlich, wie die Sprache ihre Ausdrucksmöglichkeiten mit vorhandenem Material erweitert: Etwas ist faul im Staate Dänemark! – Susi ist ganz schön hell! – Seine Freundin ist scharf wie ein Rasiermesser. – Der Beweis ist sonnenklar! – Peter ist stocksauer! – Trockene Weine sind gut verträglich. – Leider ist dieses Foto unscharf.

Für Kinder, die sich langweilen, gibt es ein munteres Spiel: Irgendjemand nennt ein Wort, und die anderen suchen das dazugehörige Gegenteil. Schon kann's losgehen: kalt – warm, lang – kurz, Arm – Bein, Zucker – Salz, schön – hässlich, Sonne – Mond, Leben – Tod, fahren – gehen, Fluss – See, Regen – Sonnenschein, voll – leer, weiß – schwarz …

Die Sache geht so lange gut, bis einer von den Mitspielern aus Einsicht oder weil er sich falsch behandelt fühlt, den Finger hebt: Das stimmt doch gar nicht. Ich sehe nicht ein, weshalb Arm und Bein, Sonne und Mond Gegensätze sein sollen!

Und eigentlich hat er damit Recht. Arme und Beine sind verschiedene Teile des menschlichen Körpers. Sie dienen unterschiedlichen Zwecken. Doch damit sind sie noch lange keine Gegensätze.

Das Gleiche gilt für Sonne und Mond. Die Sonne ist das Zentrum unseres astronomischen Systems, das deshalb zu Recht als heliozentrisches bezeichnet wird. Der Mond dagegen umkreist als vergleichsweise kleiner Trabant unsere Erde. Wo ist der unmittelbare Gegensatz?

Dennoch liegt das Kind, das dieses Beispiel gewählt hat, nicht ganz falsch. Für uns stehen Sonne und Mond symbolisch für Tag und Nacht, für Licht und Dunkel, für Wärme und Kühle.

Immerhin: echt Gegensätze müssen sich auf einen bestimmten Maßstab, ein tertium comparationis beziehen: Über kalt und warm entscheidet die Quecksilbersäule des Thermometers; über kurz und lang der Meterstab. Hell und dunkel lassen sich mit einem Belichtungsmesser feststellen. Schwierig wird's freilich bei schön und hässlich, weil hier unser ästhetischer Sinn gefordert ist – und dafür gibt's leider keine geeichte Messlatte.

Selbstverständlich lässt sich Ähnliches auch über Substantive, die einen Gegensatz bezeichnen, sagen. Der Sommer ist die Jahreszeit, in der statistisch gesehen die höchsten Temperaturen herrschen; im Winter ist es umgekehrt. Am Morgen fängt der Tag an; am Abend endet er.

Sicher ist, dass sich unser Denken sehr stark in Gegensätzen vollzieht. Selbstverständlich gründet das auf Erfahrungen, die wir im Umgang mit der Wirklichkeit gewonnen haben. Die Sprache kennt viele Beispiele, die dies belegen. Zu Mann und Frau gehören die Begriffe Junge und Mädchen oder Bruder und Schwester. Das Leben ist ein ständiges Auf und Ab. Hier begegnen sich Arm und Reich. Die Menschen säen und ernten, lachen und weinen. Vorsicht: Dennoch sollte man sich vor einer Schwarzweißmalerei hüten.

Gelegentlich werden Begriffspaare nicht benützt um Gegensätzliches, sondern um Vollständigkeit auszudrücken: Das habe ich dir doch lang und breit erklärt! Gründlicher gehts wohl nicht mehr. – In der Tundra sucht man Bäume und Sträucher vergebens. – Alt und Jung tummelten sich auf dem Festplatz. – Wer den Mörder dem Gericht tot oder lebendig übergibt, erhält ein Kopfgeld von 300 Dollar.

Werbefachleute wissen von der Einprägsamkeit und suggestiven Wirkung von Gegensatzpaaren: So werden fremde Länder in

Wort und Bild vorgestellt und neue Projekte mit Herz und Hand begonnen. Besucher kommen aus Stadt und Land, von nah und fern. Ein bekanntes Komikerpaar des Films heißt Dick und Doof. Freilich muss man die beiden Kerle anschauen, um zu begreifen, worin der Gegensatz besteht.

Die Literatur hat den Gegensatz von allem Anbeginn als willkommenes und einprägsames Stilmittel verwendet. So heißt es in Schillers Prolog zum «Wallenstein»: «Ernst ist das Leben, heiter die Kunst.» Und Heinrich Heine schreibt in einem berühmten Gedicht aus «Deutschland, ein Wintermärchen»:

«Ich kenne die Weise, ich kenne den Text,
Ich kenn auch die Herren Verfasser;
Ich weiß, sie tranken heimlich Wein
Und predigten öffentlich Wasser.»

Der russische Realist Maxim Gorki benützt das Gegensatzpaar «höher» / «niedriger» in seinem Roman «Die Mutter», um dem Leser eine wichtige Interpretationshilfe zu geben: «Über ihnen erhob sich die gleich der Fabrik dunkelrote Kirche, deren Glockenturm niedriger war als die Fabrikschornsteine.» Für die soziale Wirklichkeit sind nicht mehr die Kirchen, sondern die Fabriken bestimmend.

Ein gedachter und damit sprachlich verdeckter Gegensatz findet sich zum Beispiel auch in einem Romantitel von Ernest Hemingway: «Schnee auf dem Kilimandscharo». Kaum jemand würde auf den Gedanken kommen, einen Roman unter dem Titel «Schnee auf dem Matterhorn» zu schreiben. Aber in Afrika ist ein weißer Berggipfel etwas ungeheuer Beeindruckendes.

Durchaus hintersinnig klingt der Titel, den Heinz Schwitzke vor vielen Jahren seiner Hörspielsammlung gegeben hat: «Sprich, damit ich dich sehe». Diese Aussage ist paradox – und doch ungemein treffend: Im Bewusstsein des Radiohörers entsteht eine innere Bühne. Er hört die drei, vier, fünf Personen des Stücks mit wohl unterschiedenen Stimmen sprechen, sieht sie und sieht, in welcher Umgebung sie sich bewegen.

Immer wieder einmal werden Gegensätze zu einem Paradoxon aneinandergebunden – und ergeben doch einen erkennbaren Sinn: Der weiße Rabe kann ein Albino sein, dessen Gefieder tatsächlich dem einer Möwe gleicht. Im übertragenen Sinn bezeichnet die

Redewendung einen Menschen, der anders ist als andere, der sich abends unaufgefordert die Zähne putzt, der nicht auf dem Klo raucht, der keine Bananenschalen auf den Gehweg wirft ...

Man kann «tief stapeln», «schwarz malen» oder eine Straße «rückbauen». Vielleicht – o je – ist jemand ein «eingefleischter Vegetarier».

Gelegentlich bietet man den ungeliebten Zeitgenossen aus Ärger und mit Spott «das Fahrgeld zum Heimlaufen» an.

Das Null-Wachstum ist ein Wachstum, das gar nicht stattfindet; dem Trockenschwimmer fehlt das Wasser, und Sommerski ist doch auch wohl irgendwo ein Widerspruch in sich selbst.

Das beredte Schweigen verrät, warum jemand auf eine Frage nicht antwortet. Er hat etwas zu verheimlichen.

In dem berühmten Schauspiel «König Ödipus» des athenischen Dichters Sophokles tritt ein blinder Seher auf. Bäume und Häuser rings umher vermag er nicht zu erkennen. Da der Gott aus ihm spricht, ist er aber in der Lage, dem sehend blinden König seine schreckliche Zukunft vorauszusagen.

Der Verfasser hofft, dass nun «alles klar wie dicke Tinte» ist. Wann sich ein Gegensatzpaar für Rede und Schrift eignet, vielleicht sogar ein Paradoxon, verrät das Sprachgefühl – und dies ist nur durch lange und bewusste Übung zu erwerben. Irgendwann darf dann der Sprecher und Schreiber mit leichtem Spott feststellen: In Kleinigkeiten bin ich ganz groß!

Früher und heute

Wörter haben eine bestimmte Bedeutung. Sie kann im Zweifelsfall in einem Wörterbuch nachgelesen werden. Allerdings macht der Benutzer dabei immer wieder überraschende Entdeckungen. Viele der Erklärungen sind keineswegs eindeutig. Möglicherweise schaffen sie da, wo Klarheit erwünscht ist, geradezu Verwirrung.

Da sagt jemand: «Ich komme gleich zurück.» Die Sache kann ärgerlich werden, weil der Sprecher den Satz anders gemeint hat als der Hörer. Der Erstere meinte: Ich komme bald zurück, sobald ich meine Angelegenheiten erledigt habe. Der Angesprochene erwartet aber, dass der andere sofort zurückkommt.

In älteren Texten gibt es vielerlei Anlässe zu Missverständnissen. Beispielhaft seien hier zwei Belege aus Goethes «Faust» zitiert. Faust hat Gretchen gesehen und sich augenblicklich in sie verliebt. Jetzt gibt er seinem neuen Gefährten Mephistopheles den Auftrag: «Hör, du musst mir die Dirne schaffen!»

Gelegentlich wird diese Stelle von jugendlichen Lesern mit prustendem Lachen registriert. Die Aufmerksameren erkennen aber sogleich, dass das fromme und aufopferungsbereite Mädchen alles andere als eine «Dirne» ist.

Tatsächlich hat das Wort über die Zeit eine dramatische Bedeutungsveränderung durchgemacht. Es bezeichnete ursprünglich die Jungfrau bzw. das Mädchen. Früh entwickelte sich dann die Bedeutung «Hure».

Allerdings haben einzelne Mundarten bekanntlich den freundlicheren Sinn des Wortes bewahrt. Liebevoll sagt der Norddeutsche «min seute (süße) Deern», der Bayer oder Österreicher «mei Dirndl». Diese Bezeichnung wurde schließlich auf ein Trachtenkleid für Mädchen und Frauen übertragen.

Noch eine andere Wendung aus Goethes Trauerspiel stimmt nachdenklich: Da sagt Faust: «Mein schönes Fräulein, darf ich wagen, / Meinen Arm und Geleit Ihr anzutragen?»

Darauf antwortet Margarete: «Bin weder Fräulein, weder schön, / Kann ungeleitet nach Hause gehn.»

Die Antwort Gretchens wird erst verständlich, wenn man nach der ursprünglichen Bedeutung des Wortes «Fräulein» fragt. Es geht auf das alte deutsche Wort «fro» zurück, das so viel wie «der Erste», «der Herr» bedeutet. Es ist heute noch in «Frondienst» (Herrendienst) oder «Fronleichnam» (Leichnam, Leib des Herrn) enthalten.

Die weibliche Form des Wortes lautete einst «fro(u)we». Folgerichtig wäre es mit «Herrin» zu übersetzen. Das Wort «fro(u)welin», also eine Verkleinerungsform, bezog sich auf die unverheiratete adelige Dame. Klar, dass Gretchen die Übertreibung des liebeshungrigen Charmeurs zurückweisen musste!

Seit dem 17. Jahrhundert wurde das Wort «Frau» in seiner ständischen Bedeutung durch «Dame» ersetzt. Doch auch da hat sich so manches geändert. Das ist wohl vor allem dadurch erklärbar, dass das besitzende, zu Selbstbewusstsein gelangte Bürgertum immer wieder versuchte, den Lebensstil der Adeligen zu kopieren.

Man baute sich schlossartige Villen und ließ sich ein Familienwappen stechen; man traf sich in Ascot oder Iffezheim und schickte seine Söhne auf erlesene Internate.

Natürlich, noch immer enthält das Wort «Dame» ein Werturteil, aber es bleibt nicht auf den Adel beschränkt. «Sehr geehrte Damen und Herren» – niemand würde eine Festversammlung mit «sehr geehrte Frauen und Männer» anreden. Man ist einer «vornehmen Dame» begegnet, kleidet sich wie eine Dame, d. h. «damenhaft», besucht einen «Damensalon» oder ein «Damenkränzchen».

Der Begriff «Frau» ist wertneutral. Im Gegensatz zu «Mann» wird hier nur herausgehoben, dass es sich um ein weibliches Wesen handelt. Das spiegeln Wörter wie «fraulich» oder «Frauenarzt», «Garderobenfrau» oder «Frauenanteil».

Nicht selten sind Wörter und Wendungen aber nicht frei von einem ideologischen Nebensinn. Da gibt es die «Frauenfrage» – nicht «Damenfrage» – und die «Frauenrechtlerin», das «Frauenhaus» und die «Fraueninitiative», das «Frauenwahlrecht» und die «Frauen-Power». Der Begriff «Frauenemanzipation» schimmert durch. Viele Frauen fühlen sich in unserer Gesellschaft benachteiligt oder gar unterdrückt und möchten nun ihre Rechte gegenüber der übermächtigen Männerschar geltend machen.

Ursprünglich hatte das Wort «Weib» (wîp) die gleiche Bedeutung wie heute «Frau». So dichtete Walther von der Vogelweide um 1200: «Wîp muoz iemer sîn der wîbe hôhste name, / und tiuret baz dan frouwe, als ichs erkenne.» («Weib» wird stets die höchste Bezeichnung für die Frau sein. Sie klingt ehrenvoller als das Wort «Herrin».)

Mit dem – wie man sagen möchte – gesellschaftlichen Abstieg des Wortes «Frau» sank auch das andere ab, erhielt einen unangenehmen Beigeschmack: «Dieses Weib macht mich rasend!» Wörter wie «Weiberwirtschaft» oder «Flintenweib», «Weibsbild» oder «weibisch» belegen das Gesagte.

Als Gegenbeweis kann allenfalls das Eigenschaftswort «weiblich» dienen. Da spricht man von «weiblichen Formen» oder von «weiblicher Anmut»; man hat jemanden in «weiblicher Begleitung» gesehen oder spottet, dass ihm nichts «Weibliches fremd» sei.

Übrigens zeigt sich hier wieder einmal ein auffälliger Unterschied zwischen der Hochsprache und der Mundart. Ein knorriger Schwabe kann sehr zärtlich von seinem «Weib» sprechen. Da ist keine Spur von Spott oder gar hinterwäldlerischem Machismus.

Was ein «Bein» ist, weiß jeder. Bei Menschen und Tieren handelt es sich um die Gliedmaßen, die das Gehen und Laufen ermöglichen. «Ich bin seit dem frühen Morgen auf den Beinen.» Oder: «Ich werde dir Beine machen!» Mag sein, dass gelegentlich in Mundart und Umgangssprache nicht ganz klar ist, wo das Bein aufhört und der Fuß anfängt. Das schwäbische «Steckelesfieß» (Füße wie Stecken) z.B. kann sich nur auf die Beine beziehen. Sonst ergibt es keinen Sinn.

Gelegentlich schimmert allerdings noch eine andere Bedeutung durch. Das Wort «Bein» stand für «Knochen». So wird es heute freilich nicht mehr verwendet.

Allerdings hat sich die alte Bedeutung in einer Reihe von Ableitungen und Redewendungen erhalten. Da gibt es das «Jochbein» und das «Schlüsselbein». Beide sind Teile unseres Skeletts, unseres Knochengerüsts. Im «Beinhaus» werden Schädel und «Gebeine» von Verstorbenen zusammengetragen. Das Wort «Elfenbein» bedeutet nichts anderes als «Elefantenknochen».

Ein Schrei geht «durch Mark und Bein»; jemand «schwört Stein und Bein». Das Messer hat einen «beinernen» Griff. Immer wieder einmal taucht auch die Berufsbezeichnung «Beinhauer» als Familienname auf. Anscheinend gab es Gründe, den Knochenhauer vom Fleischhauer zu unterscheiden.

Am Rande sei bemerkt, dass sich der alte Sprachstand auch hier im Mundartlichen erhalten hat. Das gilt z.B. für das Österreichische: «Mir tun alle Beiner weh!» Das «Beinfleisch» wird gemeinsam mit dem zugehörigen Knochen serviert.

Unser Wort «Märchen» ist auch das Produkt eines Bedeutungswandels. Einst bedeutete die «Mär» so viel wie «Nachricht» oder «Kunde». Allerdings schlich sich irgendwann einmal Zweifel ein: «Uns ist in alten maeren wunders vil geseit / von helden lobebaeren, von grôzer arebeit ...» In der berühmten Übersetzung von Karl Simrock heißt das dann: «Viel Wunderdinge melden die Mären alter Zeit / Von preiswerten Helden, von großer Kühnheit.» Hier ist nicht ganz sicher erkennbar, wie der Begriff verstanden werden soll.

Deutlicher wird das, wenn jemand die «Mär» vom Klapperstorch erzählt. Die wird allenfalls von kleinen, sehr kleinen Kindern geglaubt.

Der heutige Begriff Märchen bezeichnet stets eine erfundene, fantastische Geschichte oder gar eine Lüge. «Kennst du das Märchen vom Däumling?» Oder: «Dieses Märchen kannst du einem anderen erzählen!»

Von dem Bedeutungsunterschied zwischen althochdeutsch «quena» (Frau) und englisch «queen» (Königin) ist an anderer Stelle die Rede. Vergleichbar sind das deutsche Wort «Knecht» und das englische Wort «knight».

Ersteres bezeichnet in aller Regel eine untergeordnete Tätigkeit. Auf dem Bauernhof arbeiten Knecht und Magd; der «Pferdeknecht» kümmert sich um die Zugtiere. Die «Kriegsknechte» oder «Landsknechte» rückten unter Anführung durch ihre Offiziere ins Feld.

Früher lebte so mancher in «Knechtschaft», und heute müssen junge Leute gelegentlich «knechten», d.h. ungewohnte (körperliche) Arbeit verrichten. – Das Wort «Stiefelknecht» verweist vielleicht auf eine ältere Bedeutung, nämlich «Knüppel» oder «Klotz». Man erinnert sich an die eher unfreundlichen Charakterisierungen, die im Umlauf sind: «So ein Bengel!» – «Dieser Flegel!» Im Wort «Dreschflegel» ist die gemeinte Bedeutung bis heute gegenwärtig.

Da hat sich das englische Wort ganz schön gemausert. Von der ursprünglichen Bedeutung, die der im Deutschen entsprach, veränderte es sich zu «Ritter». Das Verb «to knight» bedeutet «zum Ritter schlagen».

Eine ähnliche Entwicklung ist beim Wort «Marschall» nachzuvollziehen. Zunächst bedeutete es nichts anderes als «Pferdeknecht». Von der Bedeutung des Wortes «Mähre» war bereits die Rede.

Die alte Bedeutung des Wortes «Schalk» ist noch in Goethes «Faust» erkennbar: Im «Prolog im Himmel» sagt der Herr: «Von allen Geistern, die verneinen, / Ist mir der Schalk am wenigsten zur Last.» Vielleicht schimmert auch hier schon die heutige Bedeutung, nämlich «listiger Spaßmacher», durch. Der Sinn bleibt in der Schwebe, wenn man nicht ohnehin an den Eulenspiegel denkt.

Nochmals zurück zum «Marschall»: Der Stallmeister wurde zum Aufseher über das fürstliche bzw. königliche Gesinde und zum Verantwortlichen für die außerordentlich aufwändige Reisetätigkeit. Bei der Kaiserkrönung Ottos des Großen hat er eines der vier Hofämter (Truchsess, Mundschenk, Kämmerer, Marschalk) inne und damit bereits einen besonders hohen Rang.

In der Neuzeit wurde der Marschall zum Oberbefehlshaber der Reiterei und schließlich zum Inhaber des höchsten militärischen Ranges. Dabei nahm das Wort den Umweg über das Französische: Statt «Marschalk» heißt es eben «Marschall» (maréchal) bzw. «Feldmarschall». Eine weitere Steigerungsform beinhaltet der militärische Rang des «Generalfeldmarschalls». In Brandenburg wurde dieser Titel erstmals im Jahr 1657 verliehen, und zwar an Otto Christoph von Sparr.

Aus anderen Sprachen

Am Fremdwort scheiden sich die Geister. Die einen schmücken ihre Rede mit Wörtern lateinischer oder französischer, englischer oder spanischer Herkunft. Vielleicht können sie bestimmte Sachverhalte so genauer ausdrücken; vielleicht geht es ihnen aber auch nur darum, vor anderen mit ihrer Bildung und Weltläufigkeit zu prahlen.

Andere vermeiden Fremdwörter, wo immer es möglich ist. Mag sein, dass sie in der Auswahl der richtigen Vokabel unsicher sind. Vielen Zeitgenossen geht es aber um mehr: Sie möchten die deutsche Sprache vor der «Überfremdung» schützen und den in vielen Jahrhunderten gewachsenen eigentümlichen Wortschatz verteidigen. «Es ist wirklich sehr traurig», schreibt eine Dame aus Südtirol, «wie unsere schöne deutsche Sprache immer mehr verhunzt wird, teils wohl durch Unkenntnis, teils durch Gedankenlosigkeit und allgemeine Schlamperei.» (Dolomiten, Bozen, 6.6.1995)

Ein gerechtes Urteil ist wohl nur dann möglich, wenn man sich eingehender mit der Geschichte unserer Sprache und damit auch der Geschichte des Fremdworts befasst. Aber auch dann bleibt für den Sprecher und Schreiber noch ein erheblicher Ermessensspielraum übrig.

Die Begriffsbestimmung erscheint zunächst recht einleuchtend: «Fremdwort – aus einer fremden Sprache übernommenes Wort» (DUDEN Bedeutungswörterbuch). Es ist oft an der Aussprache oder der Schreibung, nicht selten auch an der unerwarteten Art der Wortbildung zu erkennen: cool, Internet, Jobsharing, Talkshow – blanchieren (abbrühen), Courage, Matinee, süperb – Autonomie, Dilettantismus, Pogrom.

Bei näherem Hinschauen kommen Zweifel. Zu Recht fragt sich mancher, ob Sport oder Streik, Frisör oder Balkon überhaupt noch als Fremdwörter zu betrachten sind. Sicher, sie stammen aus dem Englischen und dem Französischen, werden allgemein aber als unverzichtbarer Teil unserer Sprache angesehen.

Mit anderen Worten: Hier muss es nachvollziehbare Übergänge geben. Unter gewissen Voraussetzungen und über einen längeren Zeitraum werden Wörter der deutschen Sprache angepasst und einverleibt. Sie sind dann keine Fremdwörter mehr, sondern Lehnwörter.

Dass dieser Prozess ständig abläuft und auch in unserer Zeit wirkt, lässt sich an Beispielen rasch erweisen: In zunehmendem Maße werden Wörter fremder Herkunft orthografisch angepasst. Statt «Liqueur» schreibt man bereits seit langem «Likör». Nun hat «Frisör» die ältere, bislang aber noch immer zulässige Schreibung «Friseur» verdrängt.

Das Wort «Keks» gibt es schon lange im Deutschen. Wer erinnert sich beim Essen noch daran, dass diese Vokal auf englisch «cakes» (Kuchen) zurückgeht? Interessant erscheint in diesem Zusammenhang auch das Wort «Jazz», das aus dem Amerikanischen stammt. Es kann englisch oder deutsch (Jatz) ausgesprochen werden. Allerdings vermerkt das DUDEN-Aussprachewörterbuch (1974) dazu: «abschätzig»: «Ich kann die ewige Jatzmusik im Radio nicht mehr hören!»

Am Anfang wurden erste Gründe genannt, die einen Sprecher oder Schreiber dazu bewegen, Fremdwörter zu benutzen. In vielen Fällen gehorchen sie einfach einer gerade herrschenden Modeströmung. Vor allem junge Leute sind an Neuem stets interessiert. Begierig saugen sie fremde Wörter und Wendungen auf und schmücken damit ihren Jargon: Coole Typen fordern Action. – Ein Mathe-Freak powert in der Penne. – In der Disco haben Ausgeflippte ein ganz besonderes Feeling. – Schon früher hatten Yuppies trouble mit ihren Alten.

Sehr oft kommen Wörter aber mit neuen Sachen und Sachverhalten in die Sprache. Das zeigt sich heute besonders drastisch in der sich explosionsartig entwickelnden Informationstechnologie.

Da die USA gegenüber Europa und Deutschland offensichtlich einen Entwicklungsvorsprung haben, kommen viele Fachausdrücke aus dem Amerikanischen. Das fängt mit dem Wort «Computer» an. Zur Datenverarbeitung gehören die «Hardware» und die «Software», der «Monitor» und das «Keyboard», die «CD-Box», der «Scanner» und der «Organizer», das «Mousepad» und der «High-Density-Stecker». Der Anwender «surft» im «Internet», bedient sich dabei des «World Wide Web» (WWW) oder sendet eine «E-Mail». Ein «Computer-Freak» wird sich mit einer so kurzen Aufzählung nicht zufrieden geben.

Die Versuche, die informationstechnische Fachsprache einzudeutschen, haben bisher nur bescheidene Erfolge erzielt. Vornehme Leute sagen «Rechner» oder «mein Rechner» statt Computer; beim Wort «Monitor» wird auf das amerikanisch rollende r verzichtet, und die «mouse» heißt inzwischen allgemein die «Maus» mit eindeutig stimmlosem s am Wortende.

Alles, was hier gesagt wurde, könnte freilich auch in dem Kapitel über die Fachsprachen stehen. Allerdings ist der Umgang mit dem Computer inzwischen zu einem Volkssport und Volksfrust geworden. Schon entstehen metaphorische Bildungen, die sich auf den rasch nachwachsenden Wortschatz beziehen. Ein vergesslicher Zeitgenosse stellt fest, dass ein bestimmter Sachverhalt noch nicht auf der «Festplatte (d.h. im Gedächtnis) gespeichert» wurde. Erhard Eppler wagt die Neubildung «Infotainment» aus «Information» und «Entertainment». Ich denke, dass damit der Umgang vieler jungen Leute mit dem Computer treffend erfasst wurde.

Ähnliches ließe sich auch an anderen Bereichen zeigen. Vielleicht, dass hier die Entwicklung nicht so atemberaubend schnell und zahlenmäßig so ergiebig erfolgt.

Ein Blick in die Geschichte zeigt, dass schon vor langer Zeit Wörter aus fremden Sprachen aufgenommen wurden. Wir vergessen das oft, weil sie in der Regel längst eingedeutscht sind.

In dieser Hinsicht war der Einfluss der Römer in Deutschland besonders fruchtbar. Über viele Generationen standen der Süden und der Westen des Landes unter der Herrschaft der römischen Eroberer. Sie hielten von Süden her das Gebiet bis zur Donau, von Westen her bis zum Rhein besetzt. Zwischen den beiden

Strömen, die eine natürliche Grenze bildeten, schoben sie ihre Verteidigungslinie weit nach Germanien hinein vor, verkürzten sie auf diese Weise und befestigten sie durch den «Limes».

Die römische Sachkultur war der germanischen deutlich überlegen. Das zeigte sich zum Beispiel beim Bauwesen. Mit dem Steinbau kamen zahlreiche lateinische Ausdrücke ins Land. Die Wörter «murus» und «calx» sind unschwer zu entziffern. Doch damit ist es nicht genug. Nun bürgerten sich auch «Mörtel» (mortarium) und «Pflaster» (plastrum), «Kammer» (camera) und «Keller» (cellarium), «Pforte» (porta) und «Fenster» (fenestra) ein.

Bei Letzterem ist wohl die verglaste Wandöffnung gemeint. Dagegen hat sich z.B. im Englischen «window» und im Norwegischen «vindu» (Windauge) erhalten, das ursprünglich ein Loch in Wand und Decke bezeichnete, durch das Licht und frische Luft ins Haus strömen und der Herdrauch nach außen abziehen konnte.

Noch nicht erwähnt wurde das Wort «Ziegel», das sich aus lateinisch «tegula» gebildet hat. Bekanntlich wurde das t in der zweiten Lautverschiebung regelmäßig zu z verschoben.

Handel und Verkehr kamen erst durch die Römer so richtig in Schwung. Auch hier wurden neue Begriffe üblich. Unser Wort «Straße» leitet sich von «(via) strata» (gepflasterter Weg) her. Die Römer maßen die Entfernungen in «Meilen» (milia passuum = tausend Doppelschritte).

Das Gewicht der Waren wurde unter anderem in «Pfund» (pondus) angegeben. Man transportierte sie in «Kisten» (cista) oder «Säcken» (saccus). Bezahlt wurde mit «Münzen» (moneta).

Durch die Römer kam der Wein (vinum) nach Germanien. Unsere Vorfahren übernahmen eine Reihe von Begriffen, die damit zu tun hatten. Dazu gehören «Most» (mustum) und «Essig» (acetum). Mundartlich ist der Begriff «Torkel» für Weinpresse gebräuchlich. Er ist von dem lateinischen Wort «torquere» (drehen) abgeleitet. Wer zu viel Wein getrunken hat, «torkelt». Vielleicht hat er sich beim «Törggelen» übernommen. So heißt in Südtirol die Verkostung des neuen Weins. Übrigens geht der Begriff «Tortur» auf das gleiche Grundwort zurück. Der Delinquent wurde oft ja dadurch gequält, dass man seine Gliedmaßen verdrehte.

Nicht nur die Rebe kam auf dem Umweg über die Römer zu uns. Das zeigen die Bezeichnungen für andere Obstsorten. Schon der Sammelbegriff «Früchte» ist lateinischen Ursprungs (fructum). Gleiches gilt für die Pflaume (prunum), die Kirsche (cerasum), den Pfirsich (malum persicum = persischer Apfel), die Birne (pirum) und die Feige (ficum). Ursprünglich germanisch ist nur das Wort für «Apfel».

Was für das Obst galt, traf auch für bestimmte Gemüsesorten zu. Lateinischen Ursprungs sind z.B. «Kohl» (caulis), «Rettich» (radix = Wurzel) und «Kürbis» (cucurbita). Auch die Bezeichnung für den kostbaren Pfeffer stammt von den Römern (piper). Das galt auch für den Oberbegriff «Pflanze» und die mit dem Gartenbau verbundene Tätigkeit des «Pflanzens» (planta, plantare).

Soweit zur römischen Sachkultur. Noch einmal sei gesagt, dass alle genannten Wörter längst Teil unseres Sprachschatzes geworden sind. Das Deutsche hat sich das fremde Wortgut in Form von Lehnwörtern angepasst. Mag sein, dass in den Mundarten gelegentlich noch ältere Formen auftauchen. Bekanntlich wurde die hochdeutsche Lautverschiebung ja nicht überall angewendet. In den rheinischen Mundarten heißt es so «Pooz» (Pforte, Tür), «Prumm» oder «Prümm» (Pflaume) und «Peffer» (Pfeffer).

Die Übernahme des Christentums durch die Germanen brachte neue sprachliche Probleme. Für vieles, das die Missionare ins Land trugen, gab es kein germanisches oder deutsches Wort. So gehen zahlreiche Ausdrücke, die die Kirchenorganisation, den Glauben und das durch das Christentum geprägte Alltagsleben betreffen, auf griechische oder lateinische Bezeichnungen zurück.

Das gilt z.B. für «Kirche» (griech. Herrenhaus) oder «Bischof» (griech. Aufseher), «Engel» (griech. Bote) und «Teufel» (lat. diabolus). Die Liste lässt sich fortsetzen mit «Messe» (lat. missa) und «Kreuz» (lat. crux), «predigen» (lat. praedicare) und «segnen» (lat. signare = mit dem Kreuz bezeichnen).

Bei all diesen Beispielen kam das jeweilige Wort als Fremdwort in die germanischen Sprachen. Missionare, Pfarrer und Mönche besannen sich aber auch auf eine andere Methode, vielleicht weil sie hofften, bei ihren Schäfchen leichter Anklang zu finden. Sie versuchten fremd klingende Wörter, so gut es ging, ins Germanische und Deutsche zu übersetzen. Dass es sich hier oft um abstrakte Sachverhalte handelt, mag als zusätzliche Begründung gelten.

Aus dem lateinischen communio (com-mun-io) wurde «gemeinida» (gi-mein-ida). Für das «Gewissen» gab es bei unseren Vorfahren kein Wort. Hier wurde lateinisch «con-scientia» stückweise übersetzt. Aus dem «com-pater» entstand die Bezeichnung «Ge-vatter» im Sinne von «Mitvater». Der Pate übernahm neben den Eltern Mitverantwortung für den christlichen Lebenswandel des Täuflings.

Die Übernahme des Christentums war eine der großen geistigen Revolutionen in der Geschichte unseres Volkes. Uns fällt es heute schwer, die Tragweite dieses Ereignisses richtig zu erfassen. Auch wenn wir nicht kirchenfromm sind, vielleicht sogar die Glaubensinhalte des Christentums ablehnen oder verspotten, sind wir durch Denkweisen dieser Revolution stärker geprägt, als wir es ahnen – auch in unserem Sprachgebrauch.

Andere Entwicklungen, Zeiterscheinungen und Moden kamen und hinterließen ihre Spuren. Im Hochmittelalter wurden die Ritter zur beherrschenden gesellschaftlichen Schicht. Zahlreiche Ausdrücke aus dem Französischen, aus der Provence oder aus der Normandie, drangen in den ständischen Sprachgebrauch ein.

Es lag im Wesen der Sache, dass viele davon mit dem Abstieg des Rittertums am Ende der Stauferzeit wieder verschwanden. Allerdings wurden nun vielfach französische Endsilben zur Bildung neuer Wörter verwendet: Das ie findet sich z.B. in Jägerei (jegerie), Fresserei oder Zauberei. Sehr populär wurde auch die Endung -ieren: turnieren, parlieren oder parieren. Bis zum heutigen Tag erweist sie als Wortbildungselement ihre zeugende Kraft: hofieren und poussieren, frittieren und panieren, blamieren und frustrieren. Die Liste ließe sich noch verlängern.

Schon im Hochmittelalter entwickelte sich in den oberitalienischen Städten eine frühkapitalistische Geldwirtschaft. Konflikte mit dem feudalen Norden, unter anderem mit Kaiser Friedrich Barbarossa, der seinen Herrschaftsanspruch auf Italien nicht aufgeben wollte, konnten nicht ausbleiben.

Freilich war die Entwicklung nicht aufzuhalten. So verwundert es nicht, dass in den folgenden Jahrhunderten eine Fachsprache der Handels- und Bankleute entstand, die sich bald auch über die Grenzen Italiens hinaus ausbreitete.

Zunächst war von der Ware die Rede, die «netto» (rein) oder «brutto» (roh), d.h. mit dem Gewicht der Verpackung («Tara») berechnet wurde. Die Händler benötigten für ihre Geschäfte ein gewisses «Kapital» (lat. caput = Kopf, Hauptsumme). Nicht selten mussten sie dazu einen «Kredit» (credito = Leihwürdigkeit) aufnehmen und ein erhebliches «Risiko» tragen. Am Ende des Geschäftsjahres zogen sie «Bilanz» (bilancio = Gleichgewicht der Waage) und verglichen dabei Soll und Haben. Es war gut, wenn die «Kasse» von Gold und Silber überquoll.

Den Geldumtausch übernahm die «Bank». Hier ist ganz sinnfällig an eine Bank oder an einen Tisch zu denken, auf dem die verschiedenen Münzsorten aufgereiht lagen. Wenn der Wechsler nicht mehr zahlungsfähig war, kam es zum «Bankrott» (banca rotta = zerbrochener Tisch). Allerdings wurde der Geldtisch wohl nicht wirklich zerschlagen; vielmehr ist die drastische Formulierung wohl im übertragenen Sinne zu verstehen.

Natürlich hatte auch die Seefahrt mit dem hochentwickelten Warenaustausch zu tun. Aus dem Italienischen stammen Wörter wie «Kompass» (Zirkel) oder «Kapitan» bzw. «Kapitän» (lat. caput = Kopf). Das letztgenannte Wort erhielt eine französische Endung. Hierher gehören auch «Golf» (Meeresbucht) oder «Galeere».

Bereits mit Mittelalter hatte das Französische Spuren in der deutschen Sprache hinterlassen. Vieles von dem, was damals galt, verschwand aber wieder mit der Zeit. Das Rittertum, das einst Träger von politisch-militärischer Macht und hohem Ethos gewesen war, erlebte einen steilen Fall.

Seit dem Ende des 16. Jahrhunderts wuchs das Interesse am Französischen. In der Zeit Ludwigs XIV., der sich und seine Herrschaft mit der Sonne verglich, wurde der französische Lebensstil in Europa beispielgebend. Die Adeligen in Deutschland oder Polen, in England oder Italien ahmten die Architektur, das Mobiliar und die Mode, nicht zuletzt auch den höfischen Zeitvertreib nach und übernahmen damit eine Reihe fremder Vokabeln.

Das aufstrebende Bürgertum orientierte sich seinerseits am gesellschaftlich höhergestellten Adel. Warum sollte man nicht ähnlich leben wie die Fürsten und Barone, wenn man die Mittel dazu besaß, sich ein schönes Haus, kostbare Kleider und anspruchsvolle Freunde leisten zu können!

Mit einem Mal galt das Deutsche als Sprache der Ungebildeten, der Bauern und Kleinbürger. Verächtlich schaute man auf die «Tölpel» hinab. Das ursprüngliche «Törfel» bezeichnete wohl den ungebildeten und ungeschlachten Dorfbewohner. Für den französischen Philosophen Voltaire war das Deutsche eine Sprache für

Soldaten und Pferde. Man beachte, dass zwischen 1750 und 1780 etwa ein Zehntel aller in Deutschland erschienenen Bücher in französischer Sprache gedruckt worden war. Es wurde Mode, sich französisch, zum Beispiel mit Monsieur, Madame oder Mademoiselle, anzureden. Die mehr oder weniger engen Verwandten hießen nun Maman oder Papa, Onkel (oncle) oder Tante (tante), Cousine oder Cousin.

Im gesellschaftlichen Umgang zeigte sich der Kavalier (chevalier = Ritter). Einer Dame gegenüber verhielt er sich galant, vielleicht auch gegenüber einer «Maitresse» (Herrin). Moralische Skrupel schienen fehl am Platz, zumal der König in Versailles ja mit allerbestem Beispiel voranging.

Der verfeinerte Luxus schuf ständig neue Bedürfnisse. Man speiste Bouillon oder Fricassee, ließ sich ein Ragout oder Kotelett servieren, rundete das reichhaltige Mal mit einem Kompott oder einer Torte ab.

Die Garderobe war so, wie wir sie von zeitgenössischen Bildern oder aus Kostümfilmen kennen: Die Herren trugen eine erlesene Garderobe und lange Perücken. Dazu gehörten Kostüme und Spitzenhemden mit feinen Manschetten.

Die Damen wölbten kunstvolle Frisuren auf ihre Köpfe. Zeitweise wurde das Haar mit Puder aufgehellt. Parfüms und Pomaden verbreiteten einen verführerischen Duft. Edel war der Teint; die Taille wurde eingeschnürt, um die weibliche Grazie zu unterstreichen.

In Paris und in Versailles standen die Muster französischer Baukunst. Die Architekten schmückten ihre Palais mit Balkonen und Galerien, schufen helle Korridore und ausladende Terrassen.

Das Wort «Mansarde» geht auf den französischen Architekten Mansart zurück. Bis heute sind die Dachgeschosszimmer mit ihren kunstvoll geformten Gewänden ein Qualitätsmerkmal des französischen Barocks und seiner Nachahmungen.

Im Park durchschnitten kerzengerade Alleen die Rabatten. Da gab es Bassins und schlanke Fontänen; die Damen und Herren von Welt vergnügten sich zwischen Spalieren und in geometrisch gebildeten Rondells.

Die Zeit Ludwigs XIV. war eine Zeit skurriler Lustbarkeiten. Das galt freilich fast ausschließlich für den Adel. Aber es bleibt noch eine andere Seite zu erwähnen: Der Sonnenkönig brach einen Raubkrieg nach dem anderen vom Zaune, um die Macht Frankreichs zu mehren. Er konnte sich dabei auf sein «stehendes Heer» verlassen, auf Soldaten, die das ganze Jahr über zur Verfügung standen und die bestens trainiert waren.

Auch auf militärischem Gebiet wurde Frankreich tonangebend. Von hier aus gelangten viele französische Vokabeln in andere Sprachen. Im Deutschen finden sich unter anderem die Bezeichnungen «Leutnant» (lat. locum tenens = Statthalter) oder «General» (lat. generalis = allgemein), «Infanterie» (Fußtruppe) oder «Kavallerie» (ital. cavaliere = Reiter), «Artillerie» (artillier = mit Kriegsgerät ausrüsten) oder «Pionier» (ursprünglich Fußsoldat).

Eine «Armee» ist in «Bataillone» (bataille = Schlacht), «Kompanien» (compagnie = Gesellschaft) oder «Divisionen» (Abteilung) gegliedert.

Das «Bajonett» war nach der südfranzösischen Stadt Bayonne benannt, in der es erstmalig hergestellt wurde.

Die Liste ist unvollständig und ließe sich ohne allzu großen Aufwand erweitern.

Ohne Zweifel waren die Wörter fremder Herkunft oft eine Bereicherung für das Deutsche. Fürs Erste kam niemand auf den Gedanken, sie zwanghaft zu übersetzen.

Allerdings gab es aus verschiedenen Gründen schon sehr früh eine Gegenströmung. Im Hochmittelalter hatte das Rittertum eine bemerkenswert reife Literatur geschaffen. Jeder erinnert sich an die ergreifenden Gedichte Walthers von der Vogelweide oder die Romanepen Gottfrieds von Straßburg oder Wolframs von Eschenbach. In dieser Zeit entstand auch das deutsche «Nationalepos», das gewaltige Romanwerk um den hürnenen Siegfried und den Untergang der Burgunden.

Die deutsche Sprache der Zeit, das klassische Mittelhochdeutsch, zeigt einen reich entwickelten Wortschatz und vielfältige Ausdrucksmöglichkeiten. Es löste sich von den engen mundartlichen und regionalen Bindungen.

Nun waren die Voraussetzungen geschaffen, um das in Literatur, Wissenschaft und Politik weithin beherrschende Latein nach und nach aus seiner Führungsrolle zu verdrängen.

Die Kanzlei Kaiser Ludwigs des Bayern verwendete um 1300 mehr und mehr die deutsche Sprache. Sicher lag ein Grund auch im Streit mit dem Papst.

Übrigens geschah Ähnliches auch in anderen Ländern. Länger schon wurden Urkunden in Französisch oder Provenzalisch ausgefertigt. Dante Alighieri wurde unter anderem durch seine Schrift «Über die Volkssprache» (1305) zum Mitbegründer des Italienischen.

Kampf um die Reinheit der Sprache

Schon vor dem Dreißigjährigen Krieg, aber dann auch in dessen Verlauf wurde die deutsche Sprache mit lateinischen, spanischen, französischen und italienischen Wörtern gespickt.

Viele einsichtige Männer, Gelehrte und Dichter, versuchten diese Entwicklung aufzuhalten oder gar rückgängig zu machen. Sie schlossen sich in Sprachgesellschaften zusammen, um ihrem Wirken eine breitere Grundlage zu geben. Bekannt ist die «Fruchtbringende Gesellschaft», die im Jahr 1617 in Weimar entstand.

Ganz im Sinne dieser Bemühungen stand ein um 1638 verfasstes «Klaglied ... wider alle Sprachverderber». Eine Strophe lautet:

Fast jeder Schneider / will jetzund leider
Der Sprach erfahren sein / und redt Latein,
Welsch und Französisch / halb Japonesisch,
Wenn er ist toll und voll, / der grobe Knoll.
Der Knecht Matthies / spricht bonae dies,
Wenn er gut Morgen sagt / und grüßt die Magd.
Die wendt den Kragen, tut ihm Dank sagen,
Spricht Deo gratias, / Herr Hippocras. (Pferdelenker)

Die Sprachreiniger oder «Puristen» (lat. purus = rein) blieben nicht beim allgemeinen «Lamento» über den Zustand des Deutschen stehen; sie bereicherten die Auseinandersetzung durch eine große Zahl von Gegenvorschlägen, mit denen sie das fremde Wortgut zurückzudrängen hofften.

Manche dieser Übersetzungen und Neuschöpfungen wirken heute ausgesprochen erheiternd. Da hieß das Fenster «Tagleuchter» und die Grotte «Lusthöhle». Das Nonnenkloster wurde zum «Jungfernzwinger» und die Urne zum «Leichentopf». Statt Natur schrieb man nun «Zeugemutter» und statt Fieber «Zitterweh».

Pistole und Revolver sollten fortan «Reit-» oder «Meuchelpuffer» genannt werden.

Bei unserer verächtlichen Kritik an den eifernden Sprachreinigern vergessen wir allzu leicht, dass sich viele ihrer Vorschläge durchsetzen konnten. Kein Mensch erkennt sie auf Anhieb als Neuschöpfungen des 17. Jahrhunderts.

Justus Georg Schottel fand neue Begriffe für die Fachausdrücke der Grammatik. Diese hieß nun «Sprachlehre». Das Verb wurde zum «Zeitwort», das Numerale zum «Zahlwort». Neu entstanden auch die Wörter «Fragezeichen» (signum interrogationis) und «Strichpunkt» (Semikolon).

Es gehört zur List der Geschichte, dass unsere Knirpse heute wieder mehr die herkömmlichen Fachausdrücke der (lateinischen) Schulgrammatik lernen: Subjekt und Objekt, Verb und Adjektiv, Präfix und Morphem, Deklination und Konjugation. Selbstverständlich sind sie nicht Teil der Umgangssprache, sondern einer – in der Regel – unzweideutigen, international gültigen Fachsprache.

Aber noch einmal zurück zu den eindeutschenden Neuschöpfungen der Barockzeit. Von Georg Philipp Harsdörffer stammen u.a. diese Wörter: «beobachten» (observieren), «Briefwechsel» (Korrespondenz), «Fernglas» (Teleskop), «Gewissensfreiheit» (liberté de conscience), «Mundart» (Dialekt), «Trauerspiel» (Tragödie) und «Verfasser» (Autor). Philipp von Zesen steuerte «Anschrift» (Adresse), «Augenblick» (Moment), «Grundstein» (Fundament) und «Nachruf» (Nekrolog) bei.

Das gewachsene Selbstbewusstsein der Deutschen äußerte sich auch darin, dass sie in nehmendem Maße ihre Sprache zur Sprache der Wissenschaft machten. Das bis dahin herrschende Lateinische wurde mehr und mehr zurückgedrängt. Unerhörtes geschah: So hielt der Philosoph und Jurist Christian Thomasius im Jahr 1687 an der Universität Leipzig eine Vorlesung in deutscher Sprache. Vermutlich war er aber nicht der Erste, der einen solchen Versuch unternahm. Anscheinend hatte es bereits etwa ein Jahrzehnt zuvor Ähnliches in Jena gegeben.

In diesem Zusammenhang ist auch der berühmte Philosoph Christian Wolff zu nennen. Der Wortschatz der Philosophie ist ohne ihn nicht zu denken. Er prägte die heute immer noch gebräuchlichen Begriffe «Aufmerksamkeit» und «Bewusstsein», «Beweggrund» und «Verständnis».

Ungeheuer viel hatte die deutsche Hochsprache dem schöpferischen Talent der Schriftsteller und Dichter zu verdanken. Hier sind vor allem die bekannten Vorklassiker und Klassiker zu nennen. Von Wieland, Lessing und Klopstock ist die Rede, vor allem aber auch von Goethe und Schiller. Sie folgten dem Zeitgeist, indem sie in ihren Werken Fremdwörter – zumindest teilweise – bei Neuauflagen zu tilgen versuchten. Dabei gingen sie nicht so weit wie ihr Zeitgenosse Joachim Heinrich Campe, der angeblich die Sprache mit «Lauge und Sand» säuberte.

Immerhin – viele Neubildungen, die Campe vorschlug, sind uns heute völlig vertraut. Dazu gehören «Fallbeil» (Guillotine) oder «Stelldichein» (Rendevouz), «Freistaat» (Republik) und «Bittsteller» (Supplikant), «Festland» (Kontinent) und «betonen» (akzentuieren). Auch das in diesem Buch so oft genannte Wort «Umgangssprache» wurde von ihm vorgeschlagen.

Englisches und Amerikanisches

Schon im 18. Jahrhundert waren vereinzelt englische Fremdwörter in die deutsche Sprache aufgenommen worden. Dazu gehörten Vokabeln wie «Humor» (engl. Scherz, Spaß) und «Spleen» (engl. Milz, üble Laune), «Mob» und «Klub».

Im 19. und im 20. Jahrhundert verstärkten sich die Tendenzen außerordentlich. Sie erreichten einen neuen Höhepunkt, als ein großer Teil Deutschlands nach dem Zweiten Weltkrieg von Amerikanern und Engländern besetzt wurde. Vielen jungen Menschen vermittelten die Amerikaner ein ganz neues Lebensgefühl; für viele wurden die USA zu einem ersehnten Musterland.

Fürs Erste aber noch einmal zurück in die Vergangenheit: Kaufmanns- und Seemannssprache lieferten viele englische Ausdrücke. Dazu gehörten z.B. «Scheck» (to check = überprüfen) und «Banknote», «Pier» (Hafendamm) und «Steward» (Verwalter). Vergessen wir nicht, dass die Seefahrt in Deutschland gegen Ende des 19. Jahrhunderts und am Anfang des 20. Jahrhunderts eine ungeheure Popularität genoss. Sie war des Kaisers große Leidenschaft. Hinzu kommt, dass Wilhelm II. familiär mit der Seefahrernation England verbunden war.

Aber auch andere Lebensbereiche hinterließen ihre Spuren.

Sicher wäre als Nächstes der Sport zu nennen: Dieses Wort selbst entstammt dem Englischen und bedeutet ursprünglich «Zeitvertreib» oder «Spiel». Dass hier etwas anderes gemeint ist als beim «Turnen», leuchtet unmittelbar ein.

Inzwischen gibt es englische Fachausdrücke ohne Zahl. Da spielt man «Tennis» und «Hockey», «Volleyball» und «Baseball». Zum Spiel gehören der «Trainer» und der «Coach», der «Champion» und der «Outsider». Allein oder im «Team» «startet» und «sprintet», «boxt» und «paddelt» man. «Fairness» ist ein hohes Gebot.

Einigen Wörtern merkt man es gar nicht mehr an, dass sie dem Englischen entlehnt sind. Das gilt z. B. für «Fußball» (football) und «Halbzeit» (half-time). Dagegen konnte sich das englische «referee» nicht durchsetzen. An seine Stelle trat das uralte deutsche «Schiedsrichter».

Hier wäre noch eine Reihe anderer Lebensbereiche zu nennen, die für unsere Sprache Fremdwörter beigesteuert haben. Einige wenige Beispiel mögen genügen. Zur Technik gehören «Lift» (to lift = hochheben) und «Koks» (coke). Das Verb «liften» wird heute verhältnismäßig ungeniert in unserer Umgangssprache verwendet, vielleicht deshalb, weil es ganz ähnlich ist wie das alte «lüften». Früher «lüftete man den Hut», heute liftet man die allzu schlaffen Gesichtsmuskeln. Lehrer «liften» einen Schüler oder eine Zeugnisnote, damit er gerade noch die Versetzung schafft.

Über die zahlreichen neuen Vokabeln, die im Zusammenhang mit der «zweiten industriellen Revolution» in unsere Sprache eingedrungen sind, ist an anderer Stelle zu lesen.

Da gibt es Beispiele aus dem geselligen Leben wie «Gentleman» (vornehmer Herr) oder «Dandy» (vielleicht Koseform zu Andreas/Andy). Mode und Kochkunst dürfen nicht fehlen: «Pullover» (Überzieher) und «Ulster» (nach der gleichnamigen nordirischen Provinz), «Pudding» und «Keks» (engl. cakes).

Mancher trinkt sicher gern ein Glas «Bowle» zum Essen. Wer kommt auf den Gedanken, dass dieses Wort auf englisch «bowl» (Schüssel) zurückgeht. Das Fremdwort mit der eigenartigen Aussprache ist fast zum Lehnwort gediehen. Niemand verlangt «Boul»; alle wollen «Bohle».

Von Fremdwörtern aus dem Lateinischen und Italienischen, dem Französischen und Englischen war die Rede. Hier lassen sich ganz besonders viele Beispiele nennen; die Gründe sind bekannt.

Das Englische bzw. das Amerikanische hat seine Zeugungskraft noch nicht verloren. In den Zeitungen, im Rundfunk und im Fernsehen wimmelt es von Wörtern angelsächsischer Herkunft. Wer seine Rede mit solchen Vokabeln mischt, ist auf der Höhe der Zeit; er ist «in».

Natürlich ist die Neigung, fremde Wörter aufzunehmen, individuell sehr verschieden. Ältere Leute verhalten sich eher zurückhaltend, nicht selten deshalb, weil ihnen die neuen Vokabeln schlicht und einfach unbekannt sind. Vielleicht haben sie auch in ihrer Schulzeit eine andere Aussprache gelernt oder sind nicht in der Lage, bestimmte Laute (modisch) korrekt zu artikulieren. Früher trug man noch einen «Kött» (Cut) oder besichtigte den «Böckinghäm»-Palace in London.

Junge Leute nehmen englisch-amerikanische Wörter als Ausdruck eines neuen Lebensgefühls geradezu begierig auf. Sie wollen «action» und «drive» erleben und sich ganz bewusst von der langweiligen, wohl-, allzu wohlgeordneten Welt der Erwachsenen, des «establishments», unterscheiden.

Man ist «king» oder «champion», «winner» oder «looser»; man fühlt sich «high», «in» oder «out». Gemeinsam trifft man sich auf «Partys» oder unternimmt einen kurzen «Trip» irgendwohin. Mit «T-Shirts», «Jeans» oder «Moon-boots» kleidet man sich mehr oder weniger konform. Man isst «Cheeseburger» oder «MacNuggets» und trinkt «Coke» oder «Ice-tea». Draußen ist man mit «Inlineskates» oder «Mountainbike» unterwegs.

Wen wundert es da, wenn sich die Werbung bei der konsumfreudigen und nicht selten bereits verhältnismäßig kaufkräftigen Jugend oder bei jungen Erwachsenen anbiedert! Für das erste Auto braucht man gewiss ein «Cockpit-Spray», vielleicht sogar ein «Carport», damit der Lack nicht allzu sehr leidet. Wo früher der Koffer reichte, muss heute ein «Boarding Case» her. Schließlich möchte man ja auch einmal mit dem Flugzeug in die Ferne «jetten» (jet = Feuer- oder Wasserstrahl). Wer hier Geld sparen will, bucht eine «Last-Minute-Reise» oder besonders beliebte «Sommer-Specials».

Die Personenwaage wird zum «Body Mass Tester», wobei wirklich manchmal Massen zu wiegen sind. Ähnliches gilt für den

«Body Fat Monitor». Aber – Gott sei Dank – gibt es ja immer noch das «Beauty-Stübchen».

Wer sich allzu sehr langweilt, sei auf das «Pay-TV» verwiesen. Vielleicht interessiert er sich auch für «Live-Gespräche» am Sex-Telefon, wo er – für teures Geld – mit «hot girls» oder den «phoneboys» tuscheln kann.

Wer sich in das Getümmel des Wirtschafts- und Berufslebens stürzt, ist auf Informationen angewiesen – und die gibt es umfassend und kundengerecht beim «Servicepoint». Hier erfährt man alles Wissenswerte über Hard- und Software, über Bahn und Busverbindungen, über die «Highlights» am Wochenende oder über attraktive Ferienziele.

Und im Beruf? Da will man ja nicht mehr so altmodische Tätigkeiten ausüben, wie das früher einmal der Fall war. Was ist schon ein «Schlosser» oder «Dachdecker», ein «Maurer» oder ein «Omnibusfahrer»!

«Floristin» oder «Mechatroniker», «Marketingleiter» oder «Project-Manager». «Team-Assistentin» oder «Web-Master» klingt vielversprechend und lukrativ. Der Ehrlichkeit halber sei aber gesagt, dass solche Kunstwörter eher die Ausnahme sind. Es ist doch gar nicht so schlecht, wenn ein Hauptschüler, Realschüler oder Gymnasiast, der sich am Ende seiner Schulzeit eine Arbeitsstelle sucht, versteht, was gemeint ist: Bauzeichner, Chemielaborantin, Industriemechaniker, Kanalbauer, Kauffrau für Bürokommunikation und Offsetdrucker.

Verständlicherweise sind die Übernahmen aus anderen Sprachen als dem Lateinischen, Englischen, Französischen und Italienischen verhältnismäßig selten. Aus dem Niederländischen stammen Begriffe wie «Küste» (kust) und «kreuzen» (kruisen), «Börse» (beurs), «Aktie» (aktie) und «Apfelsine» (appelsien = Apfel aus China). Das Wort «Hai» wurde dem Isländischen entnommen: «Ski» kam um 1900 mit der neuen Sportart aus Norwegen.

Das Westslawische lieferte «Grenze» (poln. granica), das Tschechische «Tornister» (tanistra), das Russische «Droschke» (droshki = leichter Wagen).

Aus dem magyarischen Ungarn kamen «Gulasch» (gulyas) und «Tollpatsch» (ungar. tolpas = breitfüßig).

Im Zeitalter der Entdeckungsreisen und der Kolonisation überseeischer Länder kamen Wörter aus entfernten Teilen der Welt nach Europa und nach Deutschland. Aus Amerika stammen «Tomate», «Mais» und «Schokolade», «Tabak» und «Zigarre». Die «Zigarette» ist, wie die französische Endung zeigt, eine «kleine Zigarre».

Aus China stammt das Wort «Tee», aus Japan «Bonze», das zunächst «buddhistischer Priester» bedeutet. Erst in unserer Zeit wurde es abwertend für politische Funktionäre, «Parteibonzen», umgedeutet. Aus dem Malaysischen kommt «tätowieren», das Polynesische «Taboo» wurde bei uns zu «tabu». Dieses möglicherweise einzige Fremdwort aus der fernen Inselwelt des Pazifischen Ozeans bedeutet so viel wie «heilig, unantastbar».

An anderer Stelle wird über sogenannte «Tabuwörter» zu sprechen sein, die man ungern in den Mund nimmt – eben weil der Sachverhalt, z.B. die Sexualität, «tabu» ist. Freilich kann man auch aus Unbedachtheit oder mit Absicht «ein Tabu brechen» und damit vielleicht eine bewusst verschwiegene Angelegenheit ans Licht bringen.

Das war ein kurzer Spaziergang durch die Verwandtschaftsgeschichte der deutschen Sprache. Wer auf weitere Forschungen drängt, sollte sich unbedingt ein Herkunfts- oder etymologisches Wörterbuch zulegen. Da kann er so etwas wie Spruch-Archäologie betreiben. Dass er etwas findet, ist sicher, sicherer als in Mykene oder Knossos, in Hissarlik oder Theben.

Um es klar zu sagen: Hier ist nicht von den Fachsprachen die Rede. Sie haben ihren eigenen Wortschatz, der sehr oft zu einem erheblichen Teil aus Fremdwörtern besteht. Man denke nur an den Arzt, der sein Vokabular vor allem dem Griechischen und Lateinischen verdankt, oder den Informatiker, dessen Wortschatz vor allem englisch-amerikanisch ist.

Wie bereits gesagt, dienen Wörter aus fremden Sprachen oft der Bereicherung unserer Ausdrucksmöglichkeiten. Aus diesem Grund wäre es unklug, grundsätzlich auf sie verzichten zu wollen.

Sicher wird man sich immer wieder fragen, ob das Fremdwort benutzt werden muss, ob es zum Stil des Gesamttextes passt. In vielen Fällen ist gewiss ein deutsches Wort vorzuziehen: Ihr Angebot ist mir suspekt. – Es erscheint mir verdächtig; ich misstraue ihrem Vorschlag. – Wir wohnen an der Peripherie der Stadt. – Wir wohnen am Stadtrand. – Meine Gesundheit hat sich stabilisiert. – Mir geht es wieder besser; mein gesundheitlicher Zustand hat sich gefestigt.

Klar, dass der Fremdwörtergebrauch – auch in der Umgangssprache – von einer Reihe von Voraussetzungen abhängt. Dazu gehören z. B. die Schulbildung oder auch die alltägliche Berufsarbeit. Wir wissen auch, dass der Sprachgebrauch zumindest teilweise schichtbezogen erfolgt. Auch darüber wird an anderer Stelle gesprochen.

Ein Grundsatz gilt freilich ohne Einschränkung: Man sollte Fremdwörter nur dann gebrauchen, wenn man sich ihrer Bedeutung ganz sicher ist. Die falsche Aussprache oder die sinnwidrige Verwendung wirken peinlich und tragen nicht gerade dazu bei, das eigene «Renommee» zu verbessern.

Vorsicht bei Wörtern wie «identifizieren», «Intellektueller» und «Pogrom»! Allzu leicht unterliegt man hier einem gefährlichen Analogieschluss und spricht eben fälschlicherweise ‹indentifizieren›, ‹Interlektueller› oder ‹Progrom›. Das letztgenannte Wort entstammt eben nicht dem Lateinischen, sondern dem Russischen und bedeutet «Ausschreitung, Hetze». Immer wieder einmal findet man es in der Zusammensetzung «Reichspogromnacht», das oft an Stelle des zynisch klingenden «Reichskristallnacht» verwendet wird.

Deutsche Wörter in fremden Sprachen

Bisher war von fremdem Wortgut die Rede, das im Deutschen Aufnahme gefunden hat. Aber es gibt auch den umgekehrten Weg. Hie und da finden sich deutsche Wörter im Englischen oder Französischen, in den nordischen Sprachen oder im Russischen. Zugegeben, allzu häufig sind sie nicht.

Der deutsche Tourist in den USA hat es heute in der Regel leicht, etwas Bekanntes zu finden und kulinarischen Abenteuern aus dem Weg zu gehen. Da gibt es «hamburger» (Brötchen mit Frikadelle) und «frankfurter» (Würstchen), «schnitzel» und «sauerkraut», «noodles» und «smear-case» (Schmierkäse). Das Wort «beer» wurde nicht aus dem Deutschen übernommen, wie mancher voller Stolz vielleicht meint. Im Westgermanischen war das labende Getränk einschließlich seiner Bezeichnung offensichtlich allgemein sehr früh bekannt.

Der Vollständigkeit halber sei hier angemerkt, dass aber italienisch «birra» und französisch «bière» aus dem Deutschen bzw. Niederländischen stammen. Das ursprüngliche lateinische Wort «cervisia» wurde hier nicht übernommen. –

Das Wort «schnapps» ist wieder deutschen Ursprungs – einschließlich einiger anderer Wörter, die auf feuchtfröhlichen, vorwiegend männlichen Zeitvertreib schließen lassen: «schoppen», «seidel» und «katzenjammer». Merry Old Heidelberg lässt grüßen! Nicht ohne weiteres zuzuordnen ist das Wort «rucksack».

Deutsches lässt sich auch im französischen Wortschatz finden. Das hat selbst die jahrhundertelange «Erbfeindschaft» nicht verhindern können. Freilich muss man genau hinschauen, um die entsprechenden Ausdrücke zu entdecken und zu entschlüsseln. Von der Speisekarte kennt man «choucroute» (Sauerkraut), vielleicht auch «nouilles» (Nudeln). Für andere Wörter braucht man die Lupe: «havre-sac» (Hafersack) oder «vasistas» (Was ist das? – Schiebefenster), «képi» (Käppi) oder «bivouac» (Beiwache, Biwak). Einen geschichtlichen Bezug hat das von den Franzosen übernommene Wort «Blitzkrieg». Es wird auf dem Hintergrund der Kriegsereignisse von 1939 bis 1945 so richtig verständlich.

Besonders deutliche Spuren hat das Deutsche in den slawischen Sprachen hinterlassen. Hier waren vor allem Siedler aus dem Westen, die von den Zaren, Königen und Fürsten ins Land gerufen worden waren, die Vermittler. Vergessen werden darf auch nicht, dass in einem breiten Übergangsbereich zwischen Preußen bzw. Deutschland und Polen die deutsche und die polnische Bevölkerung Haus an Haus wohnte.

Angeblich enthielt der Wortschatz des durchschnittlich gebildeten Polen zeitweise 16 Prozent deutsche Wörter.

Im Russischen finden sich u.a. folgende Vokabeln deutschen Ursprungs: «buchgalter» (Buchhalter), «burgmistr» (Bürgermeister), «efrejtor» (Gefreiter), «fejerwerk» (Feuerwerk), «feldwebel», «jarmarka» (Jahrmarkt, Messe), «kramar» (Krämer), «slesar» (Schlosser) und «soldat».

Das deutscher Wort «Kindergarten» hat auf seine Weise Sprachgeschichte gemacht. Im Jahr 1840 gründete Friedrich Fröbel in Blankenburg in Thüringen die erste Einrichtung mit der genannten Bezeichnung.

Anscheinend hatte er damit etwas revolutionär Neues geschaffen. Jedenfalls ging der Begriff unverändert ins Englische und Amerikanische über: «kindergarten».

Wer in Wörterbüchern anderer Sprachen forscht, ist zunächst vielleicht enttäuscht. Doch dann macht er eine interessante Entdeckung. Immer wieder finden sich Lehnübersetzungen. Die fremden Sprachen haben sich das schwierig auszusprechende deutsche Wort mundgerecht gemacht. So sagen die Franzosen «jardin d'enfants», die Italiener «giardino d'infanzia» und die Spanier «jardin de infancia». Bei den Russen heißt die segensreiche Einrichtung «detskij sad», also wiederum Kindergarten. Die Dänen führen den Suchenden zunächst auf die falsche Spur: «börnehave». Aber siehe da: «have» heißt «Garten»!

Wieder zeigt sich der dialektische Charakter des Umgangs mit Fremdwörtern. Der eine oder andere Zeitgenosse kann beruhigt feststellen, dass hier ein Geben und Nehmen geschieht. Verärgerung und Freude kommen gleichermaßen zu ihrem Recht.

Technische Neuerungen

Bei Eisenbahn und Auto ist deutlich geworden, wie sehr technische Neuerungen unser Leben beeinflusst haben und beeinflussen. So verwundert es nicht, dass sich dafür viele Belege im Wortschatz und unter den Redewendungen finden. Ihre Herkunft ist in der Regel leicht zu durchschauen.

Selbstverständlich gibt es noch zahllose andere Ausdrücke, die im Lauf von zwei Jahrhunderten durch Technik und Industrie in unseren Wortschatz gelangt sind und sich hier verselbständigt haben. Manchmal ist die Herkunft noch immer leicht zu erkennen; bei anderen Beispielen helfen nur Nachdenken und Forschen.

Die Entdeckung und Nutzung der Elektrizität ist hier besonders zu erwähnen. Bis ins 16. Jahrhundert hinein wurden die geheimnisvollen Kräfte der Anziehung und der Abstoßung nur beim Bernstein, bei fossilem Harz, beobachtet. So verwundert es nicht, dass diese Erscheinung nach dem griechischen Wort «elektron» bzw. dem lateinischen Wort «electrum» benannt wurde. Wer denkt heute noch daran, wenn er die Bezeichnungen «Elektrizität» oder «elektrisch», «Elektrotechnik» oder «elektronisch» verwendet?

Klar ist, dass die sich entwickelnde Technik einen hohen Bedarf an neuen Wörtern hatte. Was lag näher, als zunächst den vorhandenen Wortschatz auszubeuten: Die «Birne» hatte tatsächlich die Form der bekannten Frucht. «Spannung» und «Stromstärke», «Leitung» und «Sicherung» ließen sich leicht verstehen. Der «Widerstand» hieß so, weil er den Strom unerwünschter oder auch erwünschter Weise nicht uneingeschränkt durchließ. Der «Zähler» zeigte über Zahlenräder die verbrauchten Kilowattstunden an.

Nicht immer reichte das verfügbare Wortmaterial aus, und so kamen neue, künstlich gebildete Ausdrücke hinzu. Der Dynamo (griech. dynamis = Kraft) erzeugt Strom; der Transformator (lateinisch «Umformer») verwandelt Spannung und Stromstärke; der Kondensator (lateinisch «Verdichter») speichert Elektrizität; der Isolator (lateinisch «zur Insel machen», «abtrennen») sorgt dafür, dass der Strom keinen Schaden anrichtet.

So weit einige Anmerkungen zum fachsprachlichen Vokabular der Elektrotechnik, das teilweise in die Umgangssprache übergegangen ist: Jeder Junge weiß, wozu der Dynamo an seinem Fahrrad dient. Wer allzu isoliert – wie auf einer Insel (lat. isola) – lebt, fühlt sich einsam.

Wie in diesem Beispiel ist der Zusammenhang zur Elektrotechnik oft in Vergessenheit geraten. Mancher versteht nichts, weil er eine «lange Leitung» hat. Andere schalten blitzschnell, wenn der Funke überspringt. Zu gegebener Zeit können sie aber auch umschalten oder abschalten.

Die «Gleichschaltung» bezeichnete die weltanschauliche und organisatorische Vereinheitlichung aller Lebensbereiche zur Zeit des Nationalsozialismus. Da wurden die einzelnen Reichsländer und vielfältigen Verbände, die Kirchen und die Gewerkschaften gleichgeschaltet: Leben im Gleichschritt, der Marschrhythmus im Sinne des Führers als bestimmendes Zeitmaß.

Kluge Zeitgenossen legen Wert auf gute Kontakte oder auf einen direkten Draht zu einflussreichen Persönlichkeiten. Wer unter zu großer Spannung steht, dem brennt wohl auch einmal die

Sicherung durch. Mag sein, dass ein unbeteiligter Beobachter dann dasteht wie vom (Strom-)Schlag getroffen. –

Seit den Zwanzigerjahren gewann der Rundfunk ständig wachsende Bedeutung für die Menschen in Deutschland; in den Fünfzigerjahren kam das Fernsehen hinzu. Sicher ist es nicht übertrieben, wenn man unterstellt, dass unsere Lebensverhältnisse und unser Bild vom Leben unverhältnismäßig stark davon beeinflusst oder gar bestimmt werden. Es vermittelt Realität, freilich «aus zweiter Hand», und versetzt die Zuschauer zugleich in eine Scheinwelt von unwiderstehlicher Suggestion.

Das Wort «Radio» geht auf das englische «radiotelegraphy» zurück. Dieses wiederum ist aus dem bekannten mathematischen Begriff «Radius» entstanden. Ein Sender strahlt elektromagnetische Wellen aus, die dann durch eine Antenne aufgenommen und in Sprache oder Musik zurückverwandelt werden.

Zwei Menschen, die sich gut verstehen, haben «die gleiche Wellenlänge». Wer für bestimmte Sachverhalte ein besonders geschärftes Gespür entwickelt, besitzt «die richtige Antenne». Wenn zwei Freunde oder ein Ehepaar in Streit geraten, dann «funkt» es. Anschließend herrscht für einige Zeit «Funkstille».

Das Wort «Fernsehen» wurde bereits am Ende des 19. Jahrhunderts geprägt. In die Umgangssprache gelangte es freilich erst, als der Siegeszug der neuen, ungeheuer begehrten Technik begann. Andere Sprachen verwendeten zumeist den griechisch-lateinischen Begriff «television», der im Grunde das Gleiche bedeutet. Gelegentlich waren Anpassungen an die jeweilige Grammatik und Wortbildung erforderlich. So sagen die Niederländer z.B. «televisie» oder die Tschechen «televize». Sicher handelt es sich hier um eine Analogiebildung zu «Telefon» und «Fernsprecher».

Der Benützer des neuen Geräts ist der «Fernseher». Dieses wurde ganz folgerichtig gewählt und gehört damit in die gleiche Gruppe wie «Maurer» und «Anstreicher», «Radfahrer» und «Gefängniswärter». Allerdings hat der genannte Begriff ja noch eine zweite Bedeutung. Er bezeichnet nämlich auch das Gerät: Ich habe mir einen Farbfernseher gekauft. – Unser Fernseher ist kaputt.

Hier hat – wie so manches Mal – wieder die Bequemlichkeit gesiegt: Aus «Fernsehapparat» oder «Fernsehgerät» wurde die viel handlichere, allerdings für manchen Zeitgenossen immer noch fremd klingende Kurzform.

Begriffe der Fernsehtechnik sind kaum in die Umgangssprache übernommen worden. Vielleicht hängt das damit zusammen, dass hier der Blick in das Innenleben und eigenes Experimentieren – anders als in den Zwanziger- und Dreißigerjahren beim Rundfunk – nahezu ausgeschlossen sind. Das Fernsehgerät wird vom Fachmann geliefert, angeschlossen und programmiert.

So sind es vor allem Begriffe aus der Aufnahmetechnik und aus dem Programmangebot, die beim Gespräch auf dem Schulhof, am Arbeitsplatz, am Kaffee- oder am Stammtisch immer wieder auftauchen.

Das Repertoire der Begriff reicht von «Aufzeichnung» zu «Livesendung», von «Blue Box» zu «Mischpult». Zugegeben, die meisten dieser Vokabeln sind nur für Fachleute interessant und damit Teil der Fachsprache. Aber es macht schon einen Unterschied für das Millionenpublikum, ob das Fußballspiel zweier populärer Konkurrenten live oder als Aufzeichnung zeitversetzt übertragen wird.

Andere Begriffe erlauben Rückschlüsse auf Form und Inhalt von Sendungen. Selbstverständlich gibt es hier auch herkömmliche Bezeichnungen wie «Krimi», «(Fernseh-)Magazin», «(Fernseh)Journal» oder «Fernsehspiel». – Letztere ist in Anlehnung an das Wort «Hörspiel» geprägt worden. –

Dann aber kommen neue Vokabeln: Die «Talkshow» ermöglicht es dem Zuschauer, Prominente aus der Nähe zu beobachten und ihre Schlagfertigkeit zu testen. Nicht selten gewährt das Gespräch unter dem Diktat der «Einschaltquoten» auch Einblicke in den Intimbereich. Der «Videoclip» präsentiert als Kurzfilm eine Musikgruppe in passendem Milieu.

«Comedy» ist ein schillerndes Wort für alles Lustige, Klamaukhafte und Satirische. Mit dem herkömmlichen Begriff der Komödie deckt er sich nicht. Der «Fernsehspot» (englisch spot = Fleck) bezeichnet eine nur Sekunden dauernde Einschaltung in das übrige Programm, vor allem zum Zweck der Werbung. Das «Feature» (lat. factura) schließlich ist ein aus Reportagen, Kommentaren und Anderem zusammengesetzter Dokumentarbericht.

Bei der Fülle des Fernsehangebots müssen die öffentlich-rechtlichen und die privaten Sendeanstalten, die Programmzeitschriften und Tageszeitungen dem Leser Orientierungshilfen anbieten. Bei der Kennzeichnung als «Serie» weiß er rasch, woran er ist.

Ähnliches gilt auch beim Natur-, Heimat-, Liebes-, Sex-, Erotik-, Katastrophen- oder Fantasyfilm. Die Liste ließe sich ohne weiteres noch verlängern.

Wer sehnt sich angesichts der gebotenen Fülle nicht gelegentlich nach dem alten «Dampfradio», das unterhält und belehrt, aber nicht so zeitraubend an die Couch oder den Polstersessel fesselt!

Von der Eisenbahn zum Auto

Das Auto ist aus unserem Leben nicht mehr wegzudenken. Es wäre absurd, wenn das unentbehrliche Fortbewegungsmittel keine Spuren in unserer Sprache hinterlassen hätte. Sicher gibt es inzwischen viele Eltern, die bestätigen können, in welcher Reihenfolge ihre Kinder die ersten Wörter der Muttersprache gelernt haben: Mama – Papa – Auto.

In Deutschland konnte sich die Motorisierung – anders als in den USA – so recht erst nach dem Zweiten Weltkrieg und mit dem sogenannten Wirtschaftswunder durchsetzen. Zuvor war die Eisenbahn wichtiges Verkehrs- und Transportmittel. Im Jahr 1835 verkehrte der erste Zug zwischen Nürnberg und Fürth. In den folgenden Jahrzehnten wurde Deutschland von einem immer dichter werdenden Schienen- und Eisenbahnnetz überzogen. Selbstverständlich fand diese Entwicklung auch ihren Niederschlag in der Sprache.

«Eisenbahn» hieß das Ganze. Die Wortbildung erinnert an die Grubenbahnen zur Beförderung von Erz oder Kohle. Diese liefen zunächst auf hölzernen, dann auf eisernen «Geleisen».

Verständlicherweise wurde das Wort in zahllosen Zusammensetzungen übernommen. Die Beschäftigten hießen fortan Eisenbahner. Das Gebäude, in dem man seine Fahrkarte kaufte und auf den nächsten Zug wartete, wurde zum «Eisenbahnhof».

Es konnte nicht ausbleiben, dass die Sprecher und Schreiber im Lauf der Zeit auf kürzere Formen sannen. Selbstverständlich spricht heute jedermann vom «Bahnhof», vom Bahnbeamten, vom Bahngleis oder von der Bahnverbindung.

Das Wort «Lokomotive» wurde künstlich von dem englischen Ingenieur George Stephenson gebildet. Das englische «locomotive engine» ist vom Lateinischen abgeleitet (locus = Ort, movere = bewegen) und bezeichnet eine Maschine, die sich von der Stelle bewegt – und das mit eigener Kraft.

Heute wird oft die verkürzte Form «Lok» verwendet. Sie ist auch in Zusammensetzungen häufig anzutreffen, z. B. in Lokführer und Lokschuppen. Ein besonders publikumswirksamer Politiker gilt dagegen – unverkürzt – als «Wahllokomotive», d. h. er ist in der Lage, viele Stimmen für sich und seine Partei zu sammeln.

Das war ein erstes Beispiel für die übertragene Verwendung von Wörtern und Wendungen, die mit der Eisenbahn zu tun haben. Gelegentlich sagt jemand, «es ist höchste Eisenbahn», und will damit ausdrücken, dass die Zeit außerordentlich drängt.

Die Formulierung zeigt beispielhaft, wie unser Zeitbewusstsein von technischen Neuerungen beeinflusst wurde. Wer nicht zu spät kommen will, muss rechtzeitig «abdampfen». Er erreicht das Ziel ohne Hindernisse, wenn die Weichen richtig gestellt sind. So gerät er auch nicht auf ein falsches Gleis.

Wer sich geärgert hat, muss wohl auch einmal «Dampf ablassen» können. Schließlich möchte niemand Prellbock für die anderen sein oder als Puffer zwischen sie geraten.

Wer sich als Bremsklotz betätigt, steht einer Veränderung im Weg. Mag sein, dass er als «Schmalspurtechniker» seiner Aufgabe nicht gewachsen ist. Dann geht es ihm wie dem Bummelzug oder der Bimmelbahn, dem Schnauferl oder dem Entenmörder, die sich mehr oder weniger zärtliche, mehr oder weniger herbe Kritik gefallen lassen müssen. Bei einem TEE (Trans-Europa-Express) oder bei einem ICE (Intercity-Express) brauchte man nicht ausdrücklich zu verordnen, dass Blumenpflücken während der Fahrt verboten sei.

Doch zurück zum Auto, dem Verkehrsmittel unserer Zeit. Eigentlich sollte es «Automobil» heißen. Dieses Kunstwort kam am Ende des 19. Jahrhunderts auf und ist aus griechisch «autos» (selbst) und lateinisch «mobilis» (beweglich») zusammengesetzt. Das gleichbedeutende Wort «Kraftwagen» konnte sich auf Dauer nicht recht durchsetzen, allenfalls in seiner Kurzform «Wagen». So gibt es heute Last- und Rennwagen, Wagenheber und Wagentüren.

Für das Motorrad wurde das inzwischen längst vergessene Synonym «Kraftrad» verwendet. Militärisch kurz hieß es dann

«Krad» und wanderte so in die Soldatensprache. Der eine oder andere wird die Zusammensetzungen «Kradmelder» oder «Kradschütze» noch im Ohr haben. –

Wenn Kleinkinder sehr früh das Wort «Auto» lernen, dann spricht Sympathie aus dieser Tatsache. Liebevoll werden Autos ja auch von Erwachsenen mit Namen belegt und belebt: Max und Mausi, Alexander und Robby. Sie ähneln damit Schiffen, die «Lore» und «Elvira» oder «Bremen» und «Kaiser Wilhelm» heißen.

Autos faszinieren durch die Freiheit, die sie gewähren, und durch die Geschwindigkeit, von der unsere Vorfahren nur träumen konnten. Das englische Verb «to start» wird in aller Regel auf irgendwelche Kraftfahrzeuge, z. B. auf Personenwagen, Motorräder oder Rennwagen, bezogen. Heute startet man freilich auch zu einer Wanderung, oder man startet ein ehrgeiziges Projekt. Nicht immer sind die Startbedingungen günstig. Wenn man Glück hat, kann man aber auf eine Starthilfe hoffen und so einen Fehlstart vermeiden. Bei allem, was man tut, sollte man Gas geben – und wäre es nur beim Biertrinken!

Bevor die Fahrt mit dem Auto beginnt, muss man Treibstoff tanken. Im übertragenen Sinne kann man heute auch Kraft oder Sonne tanken. Wer zu viel getankt hat, sollte seinen Autoschlüssel tunlichst daheim lassen.

Der rasante Fahrer möchte nicht das Schlusslicht sein und fährt deshalb gern auf der Überholspur. Das lässt sich leicht auf andere Gegebenheiten übertragen: Wer möchte schon in der Schule Schlusslicht sein? Manche Autos scheinen über eine eingebaute Vorfahrt zu verfügen. Geschäftsführer sehen es sehr gern, wenn sich ihr Unternehmen auf der Überholspur befindet, wenn es also die Konkurrenten nicht links, sondern rechts liegen lässt.

Zugegeben: nicht selten fahren Angestellte «mit angezogener Bremse», d.h. sie leisten nicht das, was man von ihnen erhofft hatte, und sind nur «das fünfte Rad am Wagen». Vielleicht nehmen sie als Trittbrettfahrer an dem Erfolg teil, den andere erarbeitet haben.

Immer wieder werden bestimmte Situationen oder menschliche Verhaltensweisen durch Ausdrücke aus dem Straßenverkehr verdeutlicht. Einige Beispiele wurden bereits zitiert. So haben kluge Köpfe die Opposition im demokratischen Staatswesen als «Motor und Bremse zugleich» charakterisiert. Sie habe die Entwicklung voranzubringen, wenn es der Regierung an Kraft und Einsicht mangelt, Fehlentwicklungen zu verhindern.

Klar, dass auf das Auto bezogene Begriffe immer wieder mit der Geschwindigkeit zu tun haben. Man kann irgendwo anhalten, vielleicht um etwas Interessantes anzuschauen, oder seine Gangart beschleunigen. Wer sich geärgert hat und cholerisch reagiert, sollte nach Möglichkeit «die Bremse anziehen».

Schlimmer dran ist der Schüler, der wegen seiner schlechten Noten in Französisch und Mathematik für ein Jahr «parken» muss. Bei ihm hat der Funke eben nicht gezündet.

Um etwas anzuschieben oder anzukurbeln, d.h. in Gang zu bringen, ist nicht selten eine «Anschubfinanzierung» nötig.

Gelegentlich guckt einmal irgendjemand «wie ein Auto». Ganz offensichtlich hat er keinen besonders intelligenten Gesichtsausdruck.

Seine Zeitgenossen gewinnen den Eindruck, dass er seinen Führerschein «im Lotto gewonnen» hat. Er fährt so schlecht, dass er unmöglich eine Fahrschule besucht und die strenge staatlich überwachte Prüfung abgelegt haben kann.

Verschlagen wirkt, wer «links blinkt und rechts fährt». Schlimmer noch ergeht es dem Zeitgenossen, über den sich folgende witzige Redensart lustig macht: Es gibt blöde und saublöde Menschen und solche, die den Berg hinauf bremsen.

Junge Menschen, die sich über Autos unterhalten, sind ausgesprochen sprachschöpferisch. Ihr Vokabular schwankt zwischen einfühlsamer und auf Beobachtung beruhender Charakteristik und maßloser Übertreibung: Die Chausseewanze gehört zum Wortschatz vergangener Zeiten, wohl auch die Rostlaube. Ein schlecht erhaltenes, unsicheres Altauto heißt heute «Gurke». Man brettert mit heißen Öfen durch die Landschaft. Der Trabant wird – ironischerweise – zum Boliden, also zu einem schweren und schnellen Rennwagen. Wer möchte nicht einmal Caracciola oder Fangio, Lauda oder Schumacher sein!

In jüngster Zeit sind ganz neue Bildungen in der Umgangssprache aufgetaucht. Wer um seine Gesundheit und Leistungsfähigkeit fürchtet, geht zum «TÜV» (Technischer Überwachungsverein) und lässt sich «durchchecken». Sollte am Ende der Kundendienst hier besser sein als bei den praktischen Ärzten und bei den Fachärzten? Oder haben die Patienten etwas zu verbergen: Ich war beim Arzt? In meinem Alter ist das hin und wieder nötig!

Der Begriff «Datenautobahn» veranschaulicht die Vernetzung und die Geschwindigkeit der elektronischen Informationsübertragung. Die jungen Leute «brettern» aber nicht durchs Internet, sondern sie surfen lustvoll wie auf den haushohen Wellenkämmen im Pazifischen Ozeans.

Vielleicht denkt der eine oder andere nostalgisch an die Zeiten zurück, als es noch keine ratternden und stinkenden «Benzinkutschen» auf unseren Straßen gab. Der Wagen wurde vom «Hafermotor», dem Pferd, bewegt. Mit seiner Hilfe konnte man das Ding schon deichseln – gegebenenfalls auch den Karren aus dem Dreck ziehen.

Nun ja, die Entwicklung lässt sich nicht zurückdrehen. Wer bisher versäumt hat mitzumachen, muss nun auf den bereits fahrenden Wagen aufspringen.

Die Sprache der Politik

Ursprünglich waren Macht und Herrschaft den Regierenden allein vorbehalten. Gottähnliche Könige leiteten die Geschicke ihrer Völker. Mitsprache und Mitbestimmung gab es allenfalls für diejenigen, die ihnen nahe standen, oder die ihre Gunst geschickt auszunutzen verstanden.

Vor zweieinhalbtausend Jahren vollzog sich in Athen ein entscheidender Wandel: Regierung und Staatsverwaltung wurden zur Sache aller Bürger. Es versteht sich fast von selbst, dass in dieser Zeit Frauen und Sklaven davon ausgenommen waren.

An den entscheidenden Wandel erinnert noch heute unser Wort «Politik». Es geht auf griechisch «polis» zurück, das so viel wie «Stadt» oder «Staat» bedeutet. Tatsächlich war Athen ja – wie viele andere griechische Gemeinwesen – ein Stadtstaat.

Mit einer gewissen Folgerichtigkeit entwickelte sich Athen über Generationen zur Demokratie. Unter der Herrschaft des Volksmannes Perikles erreichte die Stadt im 5. Jahrhundert vor Christi Geburt ihre höchste Blüte.

Noch heute erinnern zahlreiche Ausdrücke der politischen Fachsprache an diese Zeit. Das gilt u.a. für die Liste der Herrschaftsformen, die wir dem athenischen Philosophen Aristoteles verdanken. Gut sind die Monarchie (Einherrschaft eines Königs), die Aristokratie (Herrschaft der Vornehmsten, des überkommenen Adels) und die Politeia (Bürgerherrschaft).

Wenn sie entarten, entstehen verwerfliche Herrschaftsformen, nämlich die Tyrannis (widerrechtlich angeeignete Einherrschaft), die Oligarchie (Herrschaft einer egoistischen Minderheit) und die Demokratie (Volksherrschaft). Dieser Begriff hat bei Aristoteles noch eine negative Bedeutung. Im Gegensatz zur Politeia bezeichnet er die Herrschaft des Mobs, der von Eigennutz bewegten wankelmütigen Masse.

Bekanntlich nahm die römische Geschichte einen völlig anderen Verlauf als die Griechenlands. Über Jahrhunderte schufen die Römer einen mächtigen Staat, der schließlich den gesamten Mittelmeerraum und weit ins Binnenland hineinragende Gebiete beherrschte.

Die durch wechselnde Siege und Niederlagen gekennzeichnete Geschichte forderte eine konsequente militärische und staatliche Organisation, die durch «Autorität» und «Disziplin» gekennzeichnet war. Beide Ausdrücke stammen aus dem Lateinischen und sind uns bis heute bestens vertraut.

Der römische Staat war nach der Vertreibung der Könige die «res publica», die allgemeine und öffentliche Angelegenheit. Allerdings muss man sich vor einem weitverbreiteten Irrtum hüten: Der Begriff «Republik» ist nicht mit dem der Demokratie identisch. Zu keinem Zeitpunkt war Rom ein echter «Volksstaat».

Für Krisenzeiten war bereits in der altrömischen Verfassung die Diktatur vorgesehen. Sie verselbständigte sich schließlich und wurde am Ende der Republik zu einer dauerhaften Einrichtung. Machterwerb und Machterhaltung ließen sich nicht mehr voneinander trennen.

Das berühmteste Beispiel dieser Art war der überaus erfolgreiche und volkstümliche Kriegsmann Julius Cäsar (100–44 v. Chr.), der in jahrelangen Kämpfen die Provinz Gallien erobert hatte. Vermutlich erstrebte er den Königstitel; vermutlich war das der Grund dafür, dass er von entschiedenen Republikanern im Jahr 44 vor Christi Geburt ermordet wurde.

List der Geschichte: Sein Name wurde zum Titel und bezeichnete die höchste Machtstellung, die es auf Erden gab. Das deutsche Wort Kaiser und das slawische Wort Zar gehen unmittelbar auf den Namen Cäsar zurück.

Die politischen Strukturen des Mittelalters sind uns weitgehend fremd geworden. So verwundert es nicht, dass aus dieser Zeit kaum politologische Fachbegriffe stammen. Wieder beschränkten sich Regierung und Machtausübung auf einen ganz engen Kreis. Einen breiten Diskurs darüber, was recht und billig war, gab es nicht.

In der Zeit des Absolutismus blieb es bei der Herrschaft Einzelner oder eines Einzelnen. Das bekannteste Beispiel war Ludwig XIV. von Frankreich, der «Sonnenkönig», der wie das leuchtende Zentralgestirn über seinen Untertanen thronte. Dass diese Stellung nicht von vornherein unangefochten war, zeigt sich daran, dass sie nun ideologisch begründet werden musste. Der Begriff «Absolutismus» kam in Mode.

Im Zentrum dieser Herrschaftsform stand der «Roi absolu», der von allen Beschränkungen durch seine Untertanen oder weltliche Gesetze losgelöste Monarch. In diesem Gedankengebäude spielte die «Souveränität» eine tragende Rolle. Das Wort geht auf lateinisch «super» zurück und bedeutet damit die Überlegenheit und Herausgehobenheit seines Trägers.

Jahrhunderte lang verteidigten die Regierenden ihr Recht mit Zähnen und Klauen; Jahrhunderte lang kämpften andere um politische Teilhabe oder gar Gleichberechtigung. Politik wurde zur Sache aller. Nun berichteten Zeitungen, was auf der Welt geschah, und in Debattierklubs oder Vereinen, selbst in privatem Kreis wurden die Ereignisse kommentiert.

Das große Repertoire politologischer Begriffe, über das wir heute verfügen, entstand zu einem nicht unerheblichen Teil in dieser Zeit. Charles de Montesquieu forderte die Trennung von Legislative (gesetzgebende Gewalt), Exekutive (ausführende Gewalt) und Jurisdiktion (Rechtsprechung).

Erste Parlamente gab es schon. Das Wort geht auf französisch «parler» (sprechen) zurück. Tatsächlich spielt der Meinungsaustausch im politischen Tageskampf ja eine tragende Rolle. Hier geht es darum, Argumente auszutauschen und aneinander zu messen. Aus französisch «debattre» (schlagen, mit Worten schlagen) entstand unser Wort «Debatte».

Die ersten Parteien (lat. pars = der Teil) entstanden, und in den

Vertretungskörperschaften bildeten sich Fraktionen (lat. fractio = der Bruch, das Bruchstück).

Gruppendynamische Vorgänge, die längst bekannt waren, erhielten nun ihre Namen: Der Liberalismus (lat. liber = frei) kämpfte für die Freiheit des Einzelnen und der Gesellschaft gegenüber den Machtansprüchen des Monarchen oder des Staates. Der Konservativismus (lat. conservare = bewahren) bemühte sich im Gegensatz dazu, bestehende Zustände, vielleicht auch Privilegien zu erhalten.

Schon im 18. Jahrhundert kamen der Kommunismus (lat. communis = allen gemeinsam) und der Sozialismus (lat. socialis = die Gemeinschaft betreffend) hinzu, auch wenn diese Bezeichnungen erst etwas später gebräuchlich wurden. Zum zentralen Begriff entwickelte sich hier das Wort «Proletarier». Er sollte – zumindest nach Karl Marx und Friedrich Engels – seine geschichtliche Aufgabe erkennen und in einer Revolution die Umgestaltung der menschlichen Gesellschaft vollziehen.

Das Wort «proles» bedeutete in römischer Zeit soviel wie «Nachkomme, Sprössling». Der besitzlose «proletarius» nützte dem Stadt nur dadurch, dass er für eine Reihe von Nachkommen sorgte. So gab es wenigstens genug junge Männer für den Militärdienst draußen in den Provinzen.

Die Skala politischer Strömungen muss für Deutschland noch um einen weiteren Begriff erweitert werden. Seit der Revolution von 1848/49 organisierte sich der politische Katholizismus. In diesem Zusammenhang ist das Zentrum, eine katholische Volkspartei, zu nennen, die in der Zeit seit 1871 und dann in der Weimarer Republik eine wichtige Rolle spielte. – Das Zentrum saß für gewöhnlich – so in der Frankfurter Paulskirche in den Jahren 1848 und 1849 – in der «Mitte» (lat. centrum) des Parlaments.

Inzwischen ist eine ganze Reihe von «Ismen» – Liberalismus, Konservatismus, Sozialismus, Kommunismus und Katholizismus – zusammengekommen. Über den Bolschewismus und den Nationalsozialismus wird noch zu sprechen sein. Weitere nach dem gleichen Muster gebildete Begriffe entstanden gleichzeitig oder später. Vermutlich werden findige Politiker, Politologen und Journalisten die Liste nach und nach noch erweitern.

In den Neubildungen zeigt sich eine doppelte Tendenz: Politische Bestrebungen werden gedanklich vorsortiert und in bestimmten Schubladen gesammelt. Mit Intelligenz und Fleiß errichten Historiker und Philosophen, Politikwissenschaftler und Journalisten daraus ein in sich möglichst geschlossenes Gedankengebäude, eine Weltanschauung oder Ideologie.

Diese wiederum dienen dazu, geschichtliche, gesellschaftliche und politische Verhältnisse schlüssig zu erklären. Es liegt im Wesen der Sache, dass die Träger der Ideologie versuchen, Anhänger zu werben und auf ihre Grundsätze zu verpflichten.

Es leuchtet unmittelbar ein, dass der Begriff «Ideologie» mit dem aus dem Griechischen stammenden Wort «Idee» zusammenhängt. Dieses bezeichnete ursprünglich das geistig Gesehene bzw. Vorgestellte. Später wurde es vor allem in der Bedeutung von «Leitgedanke» oder auch «Plan» verwendet.

Bis heute streiten sich die Gelehrten, ob der Begriff «Ideologie» falsches oder richtiges Bewusstsein beinhaltet. Da spricht man zum Beispiel von «ideologischen Verzerrungen» oder von «Ideologiekritik». Letztere dient dazu, die Fehlerhaftigkeit einer Weltsicht zu entlarven und die Menschen vor dem Weg in die Irre zu bewahren.

Interessantes findet man dazu in zwei Wörterbüchern. Der letzte DDR-Duden, der im Jahr 1990 in Leipzig gedruckt wurde, definiert so: «Ideologie – ein System klassenbedingter gesellschaftl. Anschauungen, Ideen u. Begriffe.»

Das auf seiner Grundlage veröffentlichte, «entsozialisierte» «Deutsche Wörterbuch», das noch im gleichen Jahr ebenfalls in Leipzig erschien, schreibt: «Ideologie – ein System gesellschaftl. Anschauungen, Ideen u. Begriffe.»

Wer sich für politisches Gedankengut interessiert, erkennt sogleich den Unterschied. Die erstgenannte Begriffsbestimmung geht davon aus, dass eine Ideologie – eben die des sogenannten wissenschaftlichen Sozialismus oder Marxismus – unwiderleglich richtig ist. Daneben sind Liberalismus oder Konservatismus Ausdruck einer überholten, falschen, zu bekämpfenden Weltsicht.

Die zweite Definition verzichtet auf eine bestimmte Wertung. Es bleibt dem Leser selbst überlassen, ob er ein bestimmtes Gedankengebäude für zutreffend oder für verfehlt hält. –

Vom Wortschatz der sich schrittweise entwickelnden Demokratie war die Rede. Hier entstanden die Begriffe, mit denen wir heute alltäglich umgehen. Wer denkt noch daran, dass der Rechtsstaat, die Gleichheit vor dem Gesetz und die Mitbestimmung aller über so lange Zeit mit Schweiß und Blut erkämpft werden mussten?

Volksgemeinschaft und Terror

Dieser Epoche waren düstere Zeiten vorausgegangen. Mit einem Mal erschien die bisherige Entwicklung als verachtenswerter Irrweg. Nationalistische Wanderprediger unterließen keine Gelegenheit, die Demokratie und den Parlamentarismus zu denunzieren und zu bekämpfen.

Macht ließ sich mit Einschüchterung und Terror erringen und erhalten. Besser noch war es, wenn man den eigenen Herrschaftsanspruch in den Köpfen der Menschen verankerte. Die Sprache erwies sich hier als willfähriges Mittel. Die staatliche Propaganda hatte die Aufgabe, eine alle erfassende dauerhafte Gehirnwäsche vorzunehmen. «Was dem Nationalsozialismus dient, ist gut und muss gefördert, was ihm schadet, ist schlecht und muss beseitigt werden. Propaganda dagegen ist ehrliche Verkündigung bester Wahrheit!», schrieb Joseph Goebbels. Er und seine Partei wähnten sich im Besitz dieser Wahrheit.

Fangen wir an mit der Herabsetzung, Verunglimpfung und Kriminalisierung der Gegner. Die Begründer der Weimarer Republik, Männer und Frauen der ersten Stunde, wurden als «Novemberverbrecher» angeprangert. Die Republik war das «System», die Zeit zwischen 1918 und 1933 die «Systemzeit».

Kommunisten, Sozialdemokraten und freie Gewerkschaften wurden gleichermaßen als «Marxisten» gebrandmarkt. «So wenig eine Hyäne vom Aase lässt, so wenig ein Marxist vom Vaterlandsverrat», schrieb Adolf Hitler in seinem Programmbuch «Mein Kampf». Angeblich wurde die politische Linke von der sogenannten «roten Internationalen» gesteuert.

Im Hintergrund stand freilich eine andere Macht, die «goldene Internationale», das wohlhabende, über die ganze Welt zerstreute Judentum, das seinen zerstörerischen Einfluss unter anderem auch in Deutschland entfaltete.

Hitler und seine Gefolgsleute wussten den latent vorhandenen Antisemitismus geschickt zu nutzen und durch Propaganda und

Einschüchterung in die gewünschte Richtung zu lenken. Das Wort «Jude» wurde zum Synonym für alles Schlechte und Böse in dieser Welt. Schon seinerzeit hatte man von Walther Rathenau als der «gottverdammten Judensau» gesungen. «Hier geht es zu wie in einer Judenschule», sagte so mancher unbedacht und wollte damit den Lärm und die Unordnung brandmarken.

Mit deutscher Gründlichkeit machten nationalsozialistische Rassenfanatiker den dumpfen Fremdenhass zu einem pseudowissenschaftlichen System. Nachzulesen war all das in der viel tausendfach gedruckten «Rassenkunde des deutschen Volkes» von Professor Hans F. K. Günther, selbstverständlich auch in zahlreichen anderen Büchern, Broschüren und Zeitungsartikeln. Überhaupt tauchte der Begriff der Rasse in mancherlei Zusammensetzungen auf. Die Deutschen betrachteten sich als die «Herrenrasse».

Dem «Arier» stand nun der «Nichtarier» gegenüber. Da gab es «Volljuden», «Halb-» und «Vierteljuden». Niederländer und Dänen z.B. waren «artverwandt», Slawen und Zigeuner «artfremd».

Hier erinnert man sich an die berühmt-berüchtigte Ausstellung «Entartete Kunst» im neu erbauten «Haus der deutschen Kunst» in München im Jahr 1937.

Der Rassenwahn führt zur «Endlösung der Judenfrage» und damit zur Vernichtung des europäischen Judentums.

Der Begriff, der bei der berüchtigten Wannsee-Konferenz im Januar 1942 eine zentrale Rolle spielte, lässt aufhorchen: Hier wurde nicht von Völkermord, von Vergasung oder Einäscherung gesprochen, sondern von «Sonderbehandlung». Die Teilnehmer tarnten ihre wahren Absichten hinter einem eher unverdächtigen Wort. Da steht auch, dass der überlebende Rest der jüdischen Zwangsarbeiter «entsprechend behandelt» werden müsse.

Auch an anderen Stellen findet sich die Neigung, Sachverhalte beschönigend, mit Hilfe von Euphemismen, darzustellen. Mit der «Verordnung des Reichspräsidenten zum Schutz von Volk und Staat» (28. Februar 1933) wurden die Grundrechte der Weimarer Verfassung außer Kraft gesetzt. – Das «Gesetz zur Behebung der Not von Volk und Staat», das sogenannte «Ermächtigungsgesetz», begründete die persönliche Diktatur Adolf Hitlers.

Zynisch klingt der Begriff der «Schutzhaft», welche die Inhaftierten völlig rechtlos machte. – Der «Röhm-Putsch» war alles andere als eine von der SA geplante Revolte gegen die Staatsführung. Vielmehr nutzte Hitler eine günstige Gelegenheit, sich zahlloser Widersacher, unter anderem des SA-Stabschefs Ernst Röhm, zu entledigen. Den vielfachen Mord – denn das war es – ließ Hitler nachträglich durch ein Gesetz als «Staatsnotwehr» rechtfertigen.

Um Mord ging es auch beim «Euthanasie»-Programm der Nationalsozialisten. Wieder diente der Begriff der Verschleierung des wahren Sachverhalts. Hier wurden Erbkranke und Behinderte zu Tausenden umgebracht. Die aus griechischen Grundwörtern gebildete Zusammensetzung bedeutet «guter Tod».

Sicher waren viele Menschen nicht in der Lage, das Wesen der nationalsozialistischen Herrschaft zu durchschauen; sicher ließen sich viele Deutsche auch gern über den wahren Sachverhalt täuschen. Die Propaganda half ihnen dabei.

Dazu hatte Adolf Hitler im Jahr 1938 gesagt: «Am Ende werden wir alle das erreichen, was notwendig ist. Das kann nur gelingen durch einen fortgesetzten Appell an die Kraft der Nation, durch das Hervorheben der positiven Werte eines Volkes und durch das mögliche Außerachtlassen der sogenannten negativen Seiten.»

Positives gab es genug zu hören und zu lesen. Von der Herrenrasse, der die Deutschen angeblich angehörten, war bereits die Rede. Überall tauchte der Begriff «Volk» in unterschiedlichen Zusammensetzungen auf. In aller Regel war er positiv besetzt.

In seinem Roman «Volk ohne Raum» (1928) hatte der Schriftsteller Hans Grimm bereits der nationalsozialistischen Lebensraumideologie vorgearbeitet. Der «Völkische Beobachter» war das Parteiorgan der NSDAP auf Reichsebene. Hitler und seine Gefolgsleute erstrebten den «völkischen Staat».

In diesem Staat sollte die «Volksgemeinschaft» verwirklicht und die Zeit der parteipolitischen Zwiste ein für allemal beendet werden. «Ein Volk, ein Reich, ein Führer!»

Tatsächlich unternahm die Führung vieles, um insbesondere auch bei den weniger wohlhabenden Volksschichten Anerkennung und Zufriedenheit zu erzeugen. Bekannt sind die Bemühungen der Deutschen Arbeitsfront (DAF) und ihrer Unterorganisation «Kraft durch Freude» (KdF). In diesem Zusammenhang ist auch der KdF-Wagen zu erwähnen. Nun schien das Auto auch für

Geringerverdienende erschwinglich. Ein eigens erfundenes Sparverfahren sollte dem ersehnten Ziel näher bringen.

Dann aber brach der Krieg aus. Statt der Kdf-Wagen wurden nun Kübelwagen für die Wehrmacht produziert. Der legendäre Siegeszug des «Volkswagens» fand erst nach dem Ende des Zweiten Weltkriegs und vor allem nach der Währungsreform und der Gründung der Bundesrepublik Deutschland statt.

Nun – für den preiswerten «Volksempfänger» reichte es in der Regel allemal. Für Joseph Goebbels, den Reichsminister für Volksaufklärung und Propaganda, und die Partei war er – vor allem auch neben dem Film – ein erwünschtes Werbemittel. Das schmälert nicht die Bedeutung des Radios für die Unterhaltung und kulturelle Förderung breiter Massen.

Der Begriff der «Volksgemeinschaft» hatte eine verhängnisvolle Schattenseite. Das totalitäre System duldete keinen Widerspruch; rechtsstaatliche Toleranz war ihm fremd. Gnadenlos wurden die politischen Gegner als «Volksverräter» oder «Volksschädlinge» verfolgt. Seit 1934 gab es den «Volksgerichtshof». Der spätere Präsident Roland Freisler äußerte sich so über seine Aufgabe: «Der Richter hat in erster Linie die autoritären Willensbekundungen des Führers als Ausdruck des gesunden Volksempfindens anzuschauen und seiner Entscheidung zugrunde zu legen.» – Terror und Mord als Ausdruck des gesunden Volksempfindens!

In der Endphase des Dritten Reiches wurde die Volksgemeinschaft noch einmal zu letzter Kraftentfaltung gefordert. Generalität und Propaganda tarnten den Ernst der militärischen Lage, indem sie beschönigend von «Frontbegradigung» und «Frontverkürzung» sprachen. Was die Wehrmacht nicht vermocht hatte, sollte der «Volkssturm», bestehend aus Jugendlichen und Greisen, angesichts eines übermächtigen Feindes leisten.

Joseph Goebbels hatte Theodor Körner, den Dichter der Befreiungskriege, beschworen: «Frisch auf, mein Volk! die Flammenzeichen rauchen ...»

Das Gedicht geht weiter mit den Worten:

«Es ist ein Kreuzzug, 's ist ein heilger Krieg!
Recht, Sitte, Tugend, Glauben und Gewissen
Hat der Tyrann aus deiner Brust gerissen –
Errette sie mit deiner Freiheit Sieg!»

Noch einmal zurück zum Sprachgebrauch der Nationalsozialisten. An anderer Stelle ist die Rede davon, dass zahlreiche militärische Ausdrücke in der Umgangssprache heimisch wurden.

Das gilt ganz besonders für die Zeit zwischen 1933 und 1945. Das Leben erschien ohnehin als fortwährender Kampf, Daseinskampf, in dem sich nur die Stärksten, Klügsten und Skrupellosesten zu behaupten vermochten. Die Fabrik wurde zum Schlachtfeld: Hier tobte die Arbeits- oder die Erzeugungsschlacht. Die Volksgenossen marschierten gemeinsam in eine angeblich bessere Zukunft; mit höchstem Einsatz kämpften sie an vorderster Front.

Das gesamte Gesellschaftsleben erhielt einen militärischen Anstrich. Schließlich hatten Hitler und viele seiner Gefolgsleute die Ordnungsvorstellungen der alten Armee verinnerlicht. Hinzu kam die ungeheure Organisationswut des Systems. Es gab keinen Lebensbereich, der davon nicht erfasst wurde.

Heute noch bekannt sind die SA (Sturmabteilung) und die SS (Schutzstaffel). Kinder und Jugendliche waren in der HJ (Hitlerjugend) bzw. im BdM (Bund deutscher Mädels) organisiert. Daneben gab es die NS-Frauenschaft und die NS-Volkswohlfahrt, den Reichsbund Deutscher Beamter und den NS-Studentenbund, den Reichsluftschutzbund und den NS-Reichsbund für Leibesübungen. Diese Liste enthält nur eine kleine Auswahl nationalsozialistischer Organisationen.

Selbstverständlich waren die einzelnen Organisationen in sich militärisch geordnet. Als Beispiel mag die Hitlerjugend dienen. Das «Deutsche Jungvolk» erfasste «Pimpfe» und «Jungmädel» zwischen 10 und 14 Jahren. Danach kam die HJ (Hitlerjugend) bzw. der BdM (Bund deutscher Mädels) bis zum Alter von 18 Jahren.

Insgesamt war die Staatsjugend auf vierzehn Ebenen gegliedert. Das reichte vom Jungenschaftsführer bzw. von der Jungmädelschaftsführerin, über den Kameradschaftsführer bzw. die Mädelschaftsführerin bis zum Obergebietsführer bzw. bis zur Gauverbandsführerin. An der Spitze der Gesamtorganisation stand der Reichsjugendführer, der Adolf Hitler unmittelbar unterstellt war.

Die Gliederung der SS orientierte sich an der des Heeres. Allerdings gab es für alle Ränge eigene Bezeichnungen. Dem Unteroffizier entsprach der Unterscharführer, dem Hauptmann der

Hauptsturmführer. Der Obersturmbannführer stand dem Oberstleutnant gleich, dem Oberstgruppenführer der Generaloberst. In der Zeit, als Wehrmacht und Waffen-SS Seite an Seite kämpften, ergab sich so ein einigermaßen verwirrendes Bild.

Alles Fremde erschien den nationalsozialistischen Ideologen verdächtig oder verhasst. Nun machten sie sich mit Feuereifer an die Arbeit, die deutsche Sprache von «undeutschen» Einflüssen zu reinigen. Freilich blieb es bei der angestammten Bezeichnung der Staatspartei. Zu spät fiel ihren Führern ein, dass sie allzu fahrlässig mit Fremdwörtern umgegangen waren. Im Namen der Nationalsozialistischen Deutschen Arbeiterpartei sind drei Fremdwörter aus dem Lateinischen enthalten.

Im öffentlichen Sprachgebrauch wurde das Auto(mobil) zum «Kraftwagen», der Redakteur zum «Schriftleiter», das Telefon zum «Fernsprecher»; in den Rechenbüchern stand «v. H.» (vom Hundert) statt Prozent und in den Atlanten «Neuyork» statt New York. Selbstverständlich mussten die Kinder auch eingedeutschte grammatische Fachausdrücke lernen. In vielen Fällen gab es keine Schwierigkeiten, weil Begriffe wie «Hauptwort» oder «Beifügung» bekannt waren. Schwieriger wurde es schon bei Bezeichnungen wie «fürwörtliche Umstandswörter» (Pronominaladverbien) oder «eigenschaftswörtliche Sätze».

Besonders eifrige Reformer gaben ihrer Fantasie freien Lauf. In der Regel waren ihre Bemühungen allerdings nur von geringem Erfolg begleitet.

Einige Beispiele sind dem im Übrigen sehr lesenswerten «Vergnüglichen Handbuch der deutschen Sprache» von Hans Reimann entnommen. Da wird vorgeschlagen, das Wort «Antiquariat» durch «Altbuchhandel» zu ersetzen. Statt «Cellophan» soll es fortan «Glashaut», statt «Elastizität» «Fedrigkeit» heißen. Das Wort «Glasur» wird grammatikalisch zu «Beglasung», «porös» zu «porig» umgewandelt. Heiter klingt das deutsche Wort «Zapf» in der Bedeutung von «Hydrant». Ob es ein glücklicher Versuch war, das Verb «vulkanisieren» durch «schwefeln» ersetzen zu wollen, bleibt dem leidlich sachkundigen Leser zur Entscheidung überlassen. Der Vorschlag, «Kraftstall» statt «Garage» zu sagen, verdient allenfalls mitleidiges Lächeln.

Von den vorgeschlagenen Änderungen sind einige durchaus annehmbar bzw. längst in unserer Sprache heimisch. Das gilt z. B.

für das Wort «Deckname» (Pseudonym), allerdings mit leicht veränderter Bedeutung. Weitere Vokabeln gesellen sich hinzu: «Nachlass» (Rabatt), «Gerätschaft» (Apparatur) oder «Schrägschrift» (kursiv).

Die hier vorgeführten Änderungen entspringen einer deutschtümelnden Neuerungswut. – Davon war schon die Rede. – Sie verändern, für alle sichtbar und appellhaft – das äußere Erscheinungsbild einer Sprache.

In der Sprache dokumentieren sich aber auch der jeweilige Zeitgeist, weltanschauliche Grundüberzeugungen und individuelle Weltsicht. Sie sind nicht immer leicht zu entdecken oder gar zu entlarven.

In den Jahren 1945 und 1946 erschienen in der Zeitschrift «Die Wandlung» zahlreiche Betrachtungen von Dolf Sternberger, Gerhard Storz und W. E. Süskind zur «Sprache des Unmenschen» (als Buch: Wörterbuch des Unmenschen). Für die Autoren lag der Zusammenhang zwischen Sprachgebrauch und Inhumanität auf der Hand; die Sprache verrät die Gesinnung. Dabei geht es freilich weniger darum, *dass* ein bestimmtes Wort verwendet wird, sondern *wie* es verwendet wird.

Nehmen wir als Beispiel das Verb «durchführen», das im Dritten Reich eine wahrhafte Inflation erfuhr. Seiner Herkunft nach hängt es mit «ausführen» zusammen. Das «durch» deutet aber auf die Hindernisse, die zu überwinden sind. Unwillkürlich assoziiert ein Kenner der Zeit das Verb «durchgreifen». «Eine Säuberungsaktion wurde durchgeführt.» – Oder ein Kameradschaftsabend! – «Er arbeitet mit ganzer Kraft an der Durchführung seines Planes.» – «Der Durchführung des Projekts steht nun nichts mehr im Wege.»

Zu Recht weist der Autor Gerhard Storz darauf hin, dass der Sprachgebrauch auch nach dem Tode des «Führers» und nach dem Ende des Dritten Reichs weiterlebte. Heute werden eine Volkszählung oder eine Bezirksmeisterschaft, ein Polterabend oder ein Backhausfest durchgeführt. Immer sind die «Macher» gefragt.

W. E. Süskind erinnert an ein Gesellschaftsspiel früherer Jahre. Als Definition für den Begriff «Organisator» notierte er damals: «Organisator ist, wer mit sicherem Blick für die Entwicklungsmöglichkeiten die Kraft und das Können verbindet, seinen Willen zum entwicklungsmäßig Höheren planvoll zur Geltung zu bringen.»

Tatsächlich taucht der Begriff im Sprachgebrauch des Dritten Reiches immer wieder auf. Das (vermeintliche) rassische oder nationale Talent, Sachverhalte organisatorisch bewältigen zu können, wird gedanklich mit einem bestimmten Ziel verbunden. Wer's recht macht, ist in der Lage, Höchstes zu erreichen.

So wurden die Lebensmittelverteilung und der Luftschutz, die Heldengedenkfeier und das Eintopfessen organisiert. Organisiert wurde auch die Umsiedlung der Deutschbalten oder Südtiroler, die «Vernichtung lebensunwerten Lebens» und die «Endlösung der Judenfrage».

Und siehe da: Wie nicht anders erwartet, «funktionierte» dieses System. Talent und Feuereifer führten dazu, dass die deutsche Kriegsmaschinerie bis in das Frühjahr 1945 durchhielt. – Längst lagen viele deutsche Städte, viele Fabriken und Bahnanlagen in Trümmern.

Auch die Endlösung «funktionierte». Systematisch, geplant und wohl organisiert wurden Millionen von Menschen ermordet und eingeäschert. Adolf Eichmann, der Buchhalter des Todes (Simon Wiesenthal), kommentierte das Ungeheuerliche mit dem Satz: «Hundert Tote sind eine Katastrophe, eine Million sind eine Statistik.»

Mit Marx- und Engels-Zungen

Karl Marx (1818–1883) und Friedrich Engels (1820–1895) waren nicht die Väter des Sozialismus oder des Kommunismus. Sie schufen aber ein System, das philosophisch untermauert war und in sich verhältnismäßig geschlossen erschien. Der «wissenschaftliche Sozialismus» trat mit dem Anspruch auf, die geschichtlichen und gesellschaftlichen Vorgänge endgültig erklären zu können. Die Vorläufer wurden als «Utopisten» abgewertet.

Da die aus dem Gang der Geschichte abgeleiteten Entwicklungsgesetze auch in die Zukunft wirkten, war vorauszusehen, welchem Ziel die Menschheit entgegenging. Am Ende standen der Sieg des Kommunismus und die Aufhebung der gesellschaftlichen Gegensätze.

In ihrem umfangreichen literarischen Werk entwickelten Marx und Engels eine eigene Fachsprache. Sie bestand aus überkommenen oder neu geschaffenen Begriffen. Nicht selten wurden bekannte Wörter mit neuem Inhalt gefüllt.

Schon bei Hegel finden sich die philosophischen Begriffe «Dialektik» und «Entfremdung». Bei Marx und Engels bewegt sich die Geschichte in Gegensätzen: «Die Geschichte aller bisherigen Gesellschaft ist die Geschichte von Klassenkämpfen.» (Manifest der Kommunistischen Partei)

Die materiellen Verhältnisse, die «Basis», bestimmen den geistig-kulturellen «Überbau», z.B. Religion, Kultur und Politik, sowie das Bewusstsein des Einzelnen.

Grundsätzlich dient die Arbeit der Selbstverwirklichung des Menschen, er vergegenständlicht sich im Produkt seiner Tätigkeit. Da er es aber an den Besitzer der «Produktionsmittel», den «Kapitalisten», abliefern muss, wird er seinem eigenen Wesen «entfremdet».

Im Zeitalter des «Kapitalismus» hat sich der Gegensatz zwischen den Besitzenden, den «Bourgois», und den besitzlosen «Proletariern» verschärft. Zwei «Klassen» stehen sich unversöhnlich im «Klassenkampf» gegenüber.

Wenn die Proletarier das erforderliche «Klassenbewusstsein» entwickelt haben, durchschauen sie ihre eigene, durch «Ausbeutung» gekennzeichnete Lage und sind zur Veränderung der gesellschaftlichen Zustände aufgerufen und fähig.

In einer «Revolution» beseitigen sie die Herrschaft der «Ausbeuter» und setzen an deren Stelle für eine Übergangszeit die «Diktatur des Proletariats». Wenn die gesellschaftlichen Gegensätze durch Druck und Erziehung beseitigt worden sind, beginnt der «Kommunismus». Da es keine Ausbeutung des Menschen durch den Menschen mehr gibt, erscheint er als eine Zeit höchster Freiheit und höchsten Glücks.

Die Schriften von Marx und Engels fanden über Jahrzehnte nur geringe Aufmerksamkeit. Das änderte sich, als sich der linke Flügel der deutschen Sozialdemokratie – vor allem wegen der staatlichen Unterdrückung während der Bismarckzeit – merklich radikalisierte. Mit einem Male glaubten seine führenden Köpfe ein Rezept für den politischen Kampf und für die Zukunft der Arbeiterschaft gefunden zu haben.

Die inneren Auseinandersetzungen in der Arbeiterbewegung führten dazu, dass die Väter des wissenschaftlichen Sozialismus uminterpretiert wurden und dass neue Begriffe entstanden.

Bedeutender war allerdings eine Entwicklung, die sich außerhalb Deutschlands vollzog und die von russischen Sozialdemokraten ausging. Dem jungen Revolutionär Wladimir Iljitsch Uljanow genannt Lenin (1870–1924) ging die von Marx vorausgesagte Entwicklung zu langsam. Er wollte nicht warten, bis sich ein starkes, klassenbewusstes Proletariat herausgebildet hatte, das in der Lage war, den Kampf gegen die Staatsmacht und die Besitzenden siegreich durchzustehen.

Eine aus bürgerlichen Revolutionären bestehende «Elite» sollte die Massen zum Sieg führen und den Staat im Sinne des Sozialismus umformen.

Lenins Anhänger nannten sich «Bolschewiki» (russisch Mehrheitler), weil sie auf dem Exilparteitag der russischen Sozialdemokraten in London (1903) zufällig die Abstimmungsmehrheit erlangt hatten.

Noch handelte es sich bei den Bolschewiki um verachtete und verfolgte Sektierer. Eine breitere Öffentlichkeit sah überhaupt keine Veranlassung, sich mit den absurden politischen Theorien und dem geheimnisvollen Sprachgebrauch zu befassen.

Das änderte sich schlagartig, als die russischen Bolschewiki unter Lenin im November 1917 («Oktoberrevolution» nach dem alten russischen Kalender) in Petrograd, dem früheren und heutigen Sankt Petersburg, und in Moskau die Macht eroberten. Sowjetrussland und schließlich die Sowjetunion wurden zu einer ernstzunehmenden und – wider Erwarten – dauerhaften Macht.

Den deutschen Kommunisten, die sich auf das Erbe von Karl Marx und Lenin beriefen, gelang es nicht, das angestrebte Ziel eines deutschen Sowjetstaats zu verwirklichen. Selbst in der Weltwirtschaftskrise, die die Arbeiterschaft ganz besonders hart traf, blieb dieses Ziel unerreichbar.

Nach dem Zweiten Weltkrieg ergab sich eine völlig neue Lage. Nun beherrschten Stalin und seine Rote Armee einen großen Teil Deutschlands. Die Sowjetische Besatzungszone reichte von Elbe und Werra bis zu Oder und Neiße. Im Oktober des Jahres 1949 entstand auf diesem Gebiet als zweiter deutscher Staat die Deutsche Demokratische Republik (DDR).

Von allem Anfang an stand die Vorherrschaft der Sowjetunion außer Zweifel. Sie schuf ein politisches System, das ihren Vorstellungen entsprach. Zur beherrschenden Kraft wurde die im Jahr 1946 unter Zwang aus der Kommunistischen Partei Deutschlands (KPD) und der Sozialdemokratischen Partei Deutschlands (SPD) entstandene Sozialistische Einheitspartei Deutschlands (SED).

Die Verfassung der DDR (hier in der Fassung von 1968) formulierte die politischen Ziele in aller Deutlichkeit: «Die Deutsche Demokratische Republik ist ein sozialistischer Staat deutscher Nation. Sie ist die politische Organisation der Werktätigen in Stadt und Land, die gemeinsam unter Führung der Arbeiterklasse und ihrer marxistisch-leninistischen Partei den Sozialismus verwirklichen.»

Sicher stellt sich hier für den einen oder anderen Leser die Frage, was dieser geschichtliche Exkurs mit der deutschen Sprache zu tun habe. Sehr viel! Nicht nur, dass das politische System der DDR ein eigenes Idiom entwickelte. Über vierzig Jahre ergaben sich auch in der Umgangssprache auffällige Unterschiede. Schon warnten ernstzunehmende Beobachter vor einer Spaltung des Deutschen.

Es fing damit an, dass sich die DDR als «Volksdemokratie» definierte und damit deutlich gegen die «bürgerlichen» Demokratien in der Bundesrepublik oder in Frankreich, in Großbritannien oder Dänemark absetzte. Nur hier sei die Mehrheit des Volkes wirklich repräsentiert.

Die verschiedenen Parteien verpflichteten sich zur «Aktionseinheit» und präsentierten dem Wähler eine «Einheitsliste». Damit konnte er die «Volkskammer» oder andere Vertretungskörperschaften wählen.

Die SED war nach dem Vorbild der Kommunistischen Partei der Sowjetunion (KPdSU) aufgebaut. An ihrer Spitze stand neben dem Ersten Sekretär ein «Politbüro» und ein «Zentralkomitee». Im Sinne des Marxismus waren alle Parteimitglieder zu «Parteidisziplin» verpflichtet; grundsätzlich galt das Gebot der Parteilichkeit.

Partei und Staat waren aufs Engste miteinander verflochten. Mit 6 Jahren konnten die Kinder der «Pionierorganisation Ernst Thälmann» (Junge Pioniere) beitreten, ab 14 Jahren der «Freien Deutschen Jugend» (FDJ). An die Stelle der Konfirmation als

Überleitung zwischen Kindheit und Erwachsenenalter trat die atheistische «Jugendweihe».

Es lag im Wesen der Sache, dass sich die marxistisch-leninistische Ideologie vor allem auch auf den Bereich der Wirtschaft auswirkte. Die sowjetische Besatzungsmacht führte die «Bodenreform» und damit die Enteignung riesiger Landflächen durch.

Die «Kollektivierung der Landwirtschaft» sollte industrieähnliche Produktionsformen ermöglichen. Nun entstanden die «Landwirtschaftlichen Produktionsgenossenschaften» (LPG), die den sowjetischen Kolchosen ähnelten, mit «Maschinen-und-Traktoren-Stationen» (MTS).

Die kommunistische Wirtschaft war – anders als in Westdeutschland – eine «Planwirtschaft». Arbeitskräfte- und Rohstoffbedarf und der Umfang der Produktion wurden – neben vielem anderen – durch eine Reihe von Kommissionen geplant. An ihrer Spitze stand die «Staatliche Plankommission».

Die meisten größeren Unternehmen befanden sich in Staatsbesitz. Sie wurden als «Volkseigene Betriebe» (VEB) bezeichnet. Einzelbetriebe wurden, um rationeller produzieren zu können, zu «Kombinaten» zusammengefasst.

Die Arbeiterschaft war im Sinne von Karl Marx Träger der politischen Neuordnung. Partei- und Staatsführung versuchten dem soziologischen Wandel aber dadurch Rechnung zu tragen, dass sie den Begriff «Werktätiger» bevorzugten. Kennzeichnend in diesem Zusammenhang ist der Unterschied zwischen dem sowjetischen und dem DDR-Staatssymbol. Die UdSSR verwendete Hammer und Sichel, die DDR Hammer, Zirkel und Ährenkranz. Zu den Industriearbeitern und den Bauern kam die (technische) Intelligenz hinzu.

Wer sich bei seiner Arbeit besonders hervortat, wurde als «Aktivist» ausgezeichnet.

Es fällt auf, dass im DDR-Wortschatz ganz bestimmte Adjektive und Substantive gehäuft auftauchen. Am Anfang stand die «Befreiung vom Faschismus». Im Gegensatz zum DGB gab es in Mitteldeutschland den «Freien Deutschen Gewerkschaftsbund» (FDGB). Die Bezeichnung sollte suggerieren, dass es in Westdeutschland wahre Freiheit wegen der Beibehaltung des Kapitalismus nicht geben konnte. Von der «Freien Deutschen Jugend» (FDJ) war schon die Rede.

Demokratische Emanzipation und Mitsprache wurden auch durch die häufige Verwendung von «Volk» betont. Da gab es «Volkseigene Betriebe» und «Volkseigene Güter», den «Volksrat», «Volkskongress» und die «Volkskammer», die «Volkspolizei» (VP, Vopo) und die «Nationale Volksarmee» (NVA), «Volksrichter» und «Volkskorrespondenten».

Den politischen Neuanfang erfasste vor allem das Wort «sozialistisch». Die «Sozialistische Einheitspartei Deutschlands» vermittelte «sozialistisches Bewusstsein» und verwirklichte den «realen Sozialismus». Im Staat gab es die «sozialistische Gesetzlichkeit» und die «sozialistische Wirtschaftsführung». Im «sozialistischen Dorf» hatten sich alle Bauern der LPG angeschlossen. Die kommunistischen Länder bildeten das «sozialistische Weltsystem». Viele Schriftsteller und Maler verwirklichten in ihren Werken den «sozialistischen Realismus».

In Gesellschaft und Wirtschaft galt der Vorrang der Gemeinschaft vor dem Einzelnen. Der einzelne Werktätige war Teil eines «Arbeitskollektivs». Oft wurde auch die militärisch anmutende Bezeichnung «Brigade» verwendet. Von der «Kollektivierung der Landwirtschaft» war bereits die Rede. Wenn sich eine Gruppe besonders auszeichnete, dann erhielt sie den Ehrentitel «Kollektiv der sozialistischen Arbeit».

Das Verhältnis zwischen der Bundesrepublik Deutschland und der DDR war verständlicherweise äußerst gespannt, oft feindselig. Auch das hat seinen Niederschlag in zahlreichen Wörtern und Wendungen gefunden. «Kapital» und «Kapitalismus» waren negativ besetzt; «Kapitalist» wurde als schlimmes Schimpfwort gebraucht. – Am Rande sei bemerkt, dass diese Bezeichnung auch in Westdeutschland als abwertend empfunden wurde.

Das politische System in der Bundesrepublik wurde als «Monopolkapitalismus» oder «Imperialismus» geschmäht. Wer die DDR unerlaubt verließ, beging «Republikflucht». Um diese nach Möglichkeit zu verhindern, wurde im Jahr 1961 in Berlin der «antifaschistische Schutzwall» errichtet. Im Westen hieß diese nahezu unüberwindliche Grenze aus Beton und Stacheldraht «die Mauer».

Die Führung der DDR hatte Mühe, sich zur Politik der «Koexistenz» zu bekennen, die von dem sowjetischen Parteiführer Nikita S. Chrustschow vorgeschlagen worden war. Ähnliches ereignete sich, als Michail Gorbatschow in den späten Achtzigerjahren für die Sowjetunion und wohl auch für andere kommunistische Länder «Glasnost» (Durchschaubarkeit) und «Perestroika» (Umgestaltung) forderte.

So weit Weltanschauung und Politik! Aber auch im alltäglichen Leben ergaben sich sprachliche Unterschiede. Sicher wird man sich immer wieder fragen müssen, ob sie der saloppen Umgangssprache oder der Hochsprache zuzurechnen sind.

Auch in der DDR erwies sich der Volksmund als sehr kreativ. Ein Ehedarlehen ließ sich «abkindern», d.h. durch die Zeugung von Nachwuchs verringern. Höhergestellte Persönlichkeiten in Partei und Staat fuhren die «Bonzenschleuder», ein elegantes sowjetisches Wolga-Auto.

Bei den Wahlen gab es wegen der im Voraus beschlossenen Einheitsliste wenig zu tun. Man sprach spöttisch vom «falten gehen». Die weibliche Pionierleiterin hieß «Pionöse», und der verbotene, aber weit verbreitete illegale Geldumtausch wurde als «umrubeln» bezeichnet.

Andere Ausdrücke entstanden ohne ironischen Hintersinn. Der «Bausoldat» leistete seinen Wehrdienst in besonderen Einheiten der Nationalen Volksarmee und war vom Dienst mit der Waffe befreit. Einen Wehrersatzdienst wie in der Bundesrepublik Deutschland gab es nicht.

Die chemische Industrie lieferte «Plaste» und «Elaste», d.h. plastische und elastische Kunst- oder Naturstoffe. Am Kiosk oder im Restaurant gab es den «Broiler» und die «Soljanka». Das erstgenannte Wort meint das Brathähnchen, das zweite die jeweilige Tagessuppe.

Der Begriff stammt aus dem Russischen. Im DDR-Deutsch finden sich auch noch andere Vokabeln russischer Herkunft: Die «Datscha» war das viel geliebte kleine Landhaus. Wer sich wie der legendäre Antiheld in Iwan Gontscharows Roman «Oblomow» verhielt, wurde der «Oblomowerei» bezichtigt.

Auf eine Besonderheit der russischen Grammatik gingen Neubildungen wie «Rat der Stadt» (Stadtrat) oder «Rat des Bezirks» zurück.

Die Amtsprache klang oft «sehr deutsch» und amüsierte durch ihre Umständlichkeit. So hieß die Kuh in entsprechenden Veröffentlichungen «raufutterverzehrende Großvieheinheit» (RGE) und die Verkehrsampel «Richtsignalanlage». Der Reiseleiter in größeren Städten wurde «Stadtbilderklärer» genannt und das Benzin «Vergaserkraftstoff».

Trotz all dieser Besonderheiten war die Einheit der deutschen Sprache auch nach mehr als vierzig Jahren der Trennung nicht grundsätzlich gefährdet. Verantwortungsbewusste und kluge Zeitgenossen hüteten sie als wertvolles Gut. Beispiele für das Streben nach sprachlicher Einheit – sowohl in den Wortbedeutungen als auch in Orthografie und Zeichensetzung – sind die beiden unterschiedlichen Ausgaben des DUDEN, die in Mannheim und in Leipzig erschienen. Bezogen auf den Gesamtwortschatz waren die Abweichungen zwischen der Bundesrepublik Deutschland und der Deutschen Demokratischen Republik fast zu vernachlässigen.

Krieg und Frieden

Nach Aussage des vorsokratischen Philosophen Heraklit ist der «Krieg Vater aller Dinge». Die allgemein verbreitete Angst vor Zerstörung und Tod, die inbrünstige Sehnsucht nach Ruhe und Frieden haben ihn nicht, noch nicht verhindern können.

In unserem Jahrhundert haben die Deutschen zwei verheerende Kriege erlebt, die in den Geschichtsbüchern zu Recht als Weltkriege bezeichnet werden. Kein anderes Ereignis hat sich im Bewusstsein des Volkes so tief eingeprägt. Die Erfahrungen aus schrecklicher Zeit, die wir selbst gewonnen haben oder die uns von unseren Eltern und Großeltern vermittelt wurden, sind unauslöschlicher Teil unserer selbst.

Doch gehen wir zuerst einen Schritt zurück in die Geschichte: Schon immer hatten Krieg und Militär für die Menschen eine große Bedeutung; nicht immer weckten sie unangenehme oder gar schlimme Erinnerungen. So sangen die Reiter in Friedrich Schillers Drama «Wallensteins Lager»:

«Wohlauf, Kameraden, aufs Pferd aufs Pferd!
Ins Feld, in die Freiheit gezogen!
Im Felde, da ist der Mann noch was wert,
Da wird das Herz noch gewogen.»

Viele trugen «des Kaisers bunten Rock» mit Stolz und Selbstbewusstsein.

Insgesamt verwundert es nicht, dass militärische Ausdrücke schon sehr früh in der Umgangssprache heimisch wurden. Die Durchmischung zeigt, wie eng der zivile und der militärische Lebensbereich miteinander verknüpft waren.

Immer wieder ist von Kampf und Feindschaft, von Eroberungen und Zerstörungen die Rede. Die Kreatur hat sich im «Lebenskampf» oder im «Kampf ums Dasein» (Charles Darwin) zu behaupten. Karl Marx stellte fest, dass die menschliche Geschichte eine Aneinanderreihung von «Klassenkämpfen» sei.

Wenn heute jemand «ran an den Feind» sagt, dann geht es nicht um Krieg und Sieg. Er möchte eine Aufgabe energisch anpacken und erfolgreich zu Ende führen. Wer mit größeren Schwierigkeiten «zu kämpfen» hat, zitiert dann wohl auch einmal eine Redensart, die auf den Heerführer Georg von Frundsberg zurückgeht: «Viel Feind', viel Ehr'.»

Militärische Ausdrücke dienen dazu, Personen und Sachverhalte ironisch zu erfassen. Die herrschsüchtige Frau erscheint als «Feldwebel» oder «Dragoner», gelegentlich gar als «Flintenweib»; sie kann einen anderen herumkommandieren oder ihm den Marsch blasen. Eine Steigerungsform haben junge Leute unserer Zeit erfunden: Man wird nicht getadelt oder beschimpft, sondern «niedergemacht».

Immer wieder lieferten die Waffen das Material für Redewendungen im übertragenen Sinn. Eine Reihe von Formulierungen stammt bereits aus der Zeit der adligen Ritter. Später kam Neues hinzu. Heute werden nicht mehr nur Herzöge und Könige, sondern auch Aufsichtsratsvorsitzende und Vereinsvorstände «auf den Schild gehoben». Wenn nicht alles so gerät, wie sie es erhofft haben, dann «geraten sie in Harnisch» oder schreiben einen «geharnischten Brief». Vielleicht werfen sie einem anderen auch den Fehdehandschuh vor die Füße.

Turniere waren in ritterlicher Zeit friedliche Waffenspiele. Sie hatten allerdings den Zweck, die jungen oder betagteren Ritter für den ernsthaften Kampf zu «rüsten». Heute tragen diejenigen, die sich bei einem Turnier treffen, keine «Rüstung» mehr. Sie spielen Fußball oder Tennis, reiten über Hindernisse oder versuchen sich gegenseitig beim Schachspiel «auszustechen». Diese

Formulierung geht übrigens auch auf das ritterliche Kampfspiel zurück.

Hier spielte die Lanze eine entscheidende Rolle. So konnte man für jemand – vielleicht für das reizende Burgfräulein? – «eine Lanze brechen».

Da die adeligen Krieger vom Kopf bis zur Sohle in Eisen gekleidet waren, konnten Feind und Freund in der Hitze des Kampfes leicht verwechselt werden. Aus diesem Grund schmückten sie ihre Satteldecken mit dem «Wappen» ihrer Familie, das sie eindeutig identifizierte, und bisweilen auch mit einem Helmbusch in den Farben des Wappens.

Das Wort wurde aus dem Niederdeutschen, genauer gesagt: dem Niederländischen übernommen und entsprach dem hochdeutschen Wort «Waffe». Die alte Bedeutung klingt heute noch in «wappnen» an: Ich habe mich für die Begegnung mit meiner Schwiegermutter gewappnet. – Seid ihr für die Klassenarbeit in Erdkunde ausreichend gewappnet?

Als die Ritterzeit zu Ende gegangen war, kamen andere Waffen und militärische Bräuche auf. An die Stelle des adeligen Reiters trat nun der «Soldat», der für Sold Dienst tat. Parallel dazu entstand die Bezeichnung «Söldner». Sie enthält eine leicht negative Einfärbung, weil hier nicht der Dienst fürs Vaterland, sondern allein die Bezahlung im Vordergrund steht. Das aus dem Italienischen stammende Wort «Soldateska» bezeichnet schließlich heruntergekommene und brutal ihren Eigennutz vertretende Soldatenhaufen.

Feuerwaffen waren es, die den Wandel in der Militärgeschichte bewirkten. Mit Büchsen, Musketen, Flinten und Gewehren rückten die Soldaten gegen den Feind; mit Kanonen, Geschützen und Mörsern versuchten sie die Mauern der Städte und Burgen zu brechen.

Heute möchte jeder auf seinem Gebiet – als Handballer oder als Schlosserlehrling – eine «Kanone» sein. Niemand sollte «mit Kanonen auf Spatzen schießen». Zynisch klingt die Wortschöpfung «Kanonenfutter». Sie entlarvt die Hilflosigkeit des Soldaten und die Sinnlosigkeit seines Tuns in der modernen «Materialschlacht». Versöhnlicher dagegen, fast liebevoll klingt die Bezeichnung «Gulaschkanone». Der umlegbare Schornstein der Feldküche erinnert entfernt an ein Kanonenrohr.

Die Wendung «unter aller Kanone», z.B. für die Qualität einer Jeanshose, hat allerdings keinen militärischen Hintergrund. Sie stammt vielmehr aus der Schüler- und Studentensprache und geht auf lateinisch «sub omni canone» (unterhalb jeder Vorschrift) zurück.

Dagegen führt das aus dem Tschechischen entlehnte Wort «Haubitze» wieder zu den Soldaten und ihrem oft feucht-fröhlichen Brauchtum zurück: Gefreiter Meier war «voll wie eine Haubitze»! Vielleicht veranlasst so etwas den Bataillonskommandeur, «schwere Geschütze» gegen die Trunkenbolde «ins Feld zu fahren».

Die «Flinte» war ursprünglich wirklich eine Flinte, d.h. das Pulver auf der Pfanne wurde durch einen Funken aus einem Feuer- oder Flintstein entzündet. Manche Soldaten versuchten sich von der drückenden Last des Militärdienstes zu befreien, indem sie «die Flinte ins Korn warfen» und sich aus dem Staube machten. Längst wird diese Wendung im übertragenen Sinne gebraucht: So heißt es bei Hans Fallada in seinem berühmten Roman «Kleiner Mann, was nun?»: «Pinneberg, werfen Sie bloß nicht die Flinte ins Korn. Es wird ja alles werden.»

Das Wort «Flinte» wird heute fast ausschließlich für Jagdwaffen gebraucht. Die Soldaten tragen «Gewehre». Aber nicht nur sie «stehen Gewehr bei Fuß», wenn eine wichtige Entscheidung drängt; nicht nur sie muntern sich gegenseitig mit dem Kommando «Ran an die Gewehre!» auf. Eine solche Aufforderung kann man gelegentlich auch hören, wenn das Bierfass angestochen wird oder wenn die Steaks auf dem Grill endlich die richtige Bräune haben. Hier wäre es vielleicht angebrachter, volkstümliche Aufforderungen dieser Art zu verwenden: «Ran an die Buletten!» oder «Ran an den Speck!».

Der Säbel ist eine Hiebwaffe mit leicht gekrümmter Klinge. Auffällig gekrümmt sind auch «Säbelbeine». Da «säbelt» jemand eine Scheibe Brot vom Laib, d.h. er schneidet sie sich grob und ungehobelt. Wer anderen mit Gewalt oder mit Krieg droht, «rasselt mit dem Säbel»; er ist ein «Säbelrassler».

Bomben gibt es nicht erst, seit Militärflugzeuge und der unselige Luftkrieg erfunden wurden. Das Wort geht auf lateinisch «bombus» zurück und bezeichnet ein dumpfes Geräusch. Wie die deutsche Interjektion «bum» ist es ursprünglich offensichtlich lautmalend.

Heute erscheint das Wort in einer Reihe von Zusammensetzungen und Redewendungen. Da schießt der Mittelstürmer beim Fußball eine «Bombe» aufs Tor; der farbige «Bomber» streckt seinen Gegner mit einer wuchtigen Rechten auf den Boden. Anlagetipps oder Wettervoraussagen sind «bombensicher». Überraschende Nachrichten «schlagen wie ein Bombe ein».

Die «Geldbombe» hat in der Form eine gewisse Ähnlichkeit mit der Sprengbombe. Das ist bei der «Kalorienbombe» schon nicht mehr der Fall, am wenigsten bei der «Sexbombe». Hier hat wohl die Sprengkraft bei der Wahl des Ausdrucks Pate gestanden.

Kinder «bombardieren» ihre Eltern mit lästigen Fragen – oft so lange, bis diese «explodieren».

Nun gibt es freilich Bomben, die nicht «in die Luft gehen». Sie liegen als Blindgänger in der Landschaft und müssen – nicht selten unter Lebensgefahr für die Kampfmittelbeseitiger – «entschärft» werden. «Du Blindgänger» ist eine nicht sehr schmeichelhafte Anrede. Sie soll zeigen, daß der Gemeinte an seinem Arbeitsplatz oder im Verein nicht das leistet, was man von ihm erwartet.

Vielleicht ist er sogar «ein bevölkerungspolitischer Blindgänger». Er muss sich den zynischen, nicht immer ganz ernst gemeinten Vorwurf gefallen lassen, keine Kinder gezeugt zu haben. Wenn es dann zum Streit kommt, lässt sich die «explosive» Lage vielleicht durch eine Entschuldigung «entschärfen».

Von der Bombe ist es nicht weit zu den Bombenflugzeugen. Ausnahmsweise sind diese auch einmal «Rosinenbomber». So nannten die Berliner liebevoll die amerikanischen Militärflugzeuge, die sie in den Jahren 1948 und 1949 zur Zeit der sowjetischen Landblockade mit allem Lebenswichtigen versorgten.

Wenn heute jemand «am Boden zerstört ist», dann denkt er wohl kaum noch an die Rundfunknachrichten oder die Wochenschauen aus dem Zweiten Weltkrieg. Damals war die Wendung ganz konkret gemeint: Die feindlichen Flugzeuge wurden vernichtet, noch ehe sie aufsteigen konnten.

Selbstverständlich wurden auch im Luftkampf viele Maschinen abgeschossen. Heute wird ein Abteilungsleiter oder ein Bürgermeister «abgeschossen» oder «zum Abschuss freigegeben». Das erinnert nun wieder an bestimmte Vorschriften des Jagdrechts.

Dass hier Verbindungen bestehen, zeigen Wörter wie «Jagdflugzeug» oder «Jägerstaffel», auch der bekannte Buchtitel von Gerd Gaiser «Die sterbende Jagd».

Dichter und Philosophen unternehmen «geistige Höhenflüge». Allerdings gibt es auch eine Menge «geistiger Tiefflieger».

Auch die Marine hat einige Wörter und Wendungen in der Umgangssprache hinterlassen. Nicht immer ist deutlich erkennbar, ob sie sich auf den militärischen Bereich oder den herkömmlichen der «christlichen Seefahrt» beziehen. Wenn Busse zu einer Ausflugsfahrt starten, wird zunächst einmal gezählt, ob «alle Mann an Deck» sind. Vielleicht fährt das «Flaggschiff» voran und die anderen folgen im «Geleitzug». Möglich auch, dass ein besonders starker, luxuriös ausgestatteter Personenwagen als «Flaggschiff» der ganzen Serie firmiert.

Selbstverständlich kann man im übertragenen Sinn irgendwo «Anker werfen», an einem «Hoffnungs-» oder «Rettungsanker» Halt finden. Die Grundsätze eines Vereins sind in der Tradition fest «verankert».

Heute wird nicht mehr der Feind, sondern eine Klausur in der Schule oder an der Universität «versenkt», d.h. so schlecht geschrieben, dass die Prüfung möglicherweise nicht mehr bestanden werden kann. Wem der Boden, auf dem er geht, zu heiß wird, der muss «untertauchen».

Ohne Kampf scheint Leben wohl doch nicht denkbar zu sein, gleichgültig, ob der Kampf ums tägliche Brot oder der Kampf auf dem Spielfeld gemeint ist. Manchmal entwickelt er sich zu einer regelrechten Schlacht. Der Rasen wird zum Schlachtfeld; Schlachtenbummler säumen die Spielfläche. Dort haben Angriff, Durchbruch und Verteidigung ihren Platz; hier ereignen sich Sieg und Niederlage. Vielleicht sogar, daß eine Mannschaft, wenn sie «ihr Pulver verschossen hat», vor der anderen «kapituliert». Möglicherweise beherrschen dann überdrehte «Revolverschnauzen» die Kommentare. Immerhin: «Manöverkritik» ist nützlich.

Spätestens seit dem Lied von Reinhard Mey ist die Redensart von der «Schlacht am kalten Büffet» in aller Munde. Wer hier Erfolg hat, kann auch auf spätere «Eroberungen» hoffen.

Junge Männer kommen als Rekruten zum Militär. Für eine bestimmte Zeit leben sie mit ihren Kameraden zusammen in Kasernen. Die Theater «rekrutieren» ihren Nachwuchs aus den Absolventen der Schauspielschulen. Viele Menschen leben in

«Mietskasernen», die in ihrer Kargheit an Militärgebäude erinnern. Wenn ihnen irgendjemand im «Kasernenhofton» begegnet, dann ärgern sie sich «granatenmäßig» und verbitten sich diese Frechheit.

Vereinzelt erinnern gewisse Wendungen fatal an die Schrecken des letzten großen Krieges. Nach einer Serie rascher Siege, nach dem Ende des Blitzkrieges, mussten die Truppen den «bewaffneten Rückzug» antreten. Sie «brachen die Brücken hinter sich ab» und hinterließen «verbrannte Erde».

Alle drei Wendungen werden heute gelegentlich zur Charakterisierung einer nahezu ausweglosen Situation verwendet: Ein Politiker zieht sich aus der «Schusslinie» zurück, weil er sein Fehlverhalten eingesehen hat. Gleichzeitig versucht er seinem Gegner aber noch durch Gegenwehr zu schaden. Er unternimmt einen «bewaffneten Rückzug».

Verbrannte Erde hinterlässt, wer radikal mit seiner Vergangenheit bricht und sich dabei um das Wohl der Zurückgelassenen nicht mehr kümmert: Der Firmeninhaber floh vor der Steuerfahndung nach Südamerika. In seinem hochverschuldeten Unternehmen hinterließ er verbrannte Erde.

Die Soldatensprache in unserer Zeit

Die meisten hier erwähnten Wörter und Wendungen sind aus den Erfahrungen der Vergangenheit entstanden. Nach dem Untergang des Deutschen Reiches und der bedingungslosen Kapitulation der Wehrmacht war es den Deutschen zehn Jahre lang verboten, eine eigene Armee aufzustellen.

Das änderte sich Mitte der Fünfzigerjahre. Schon während des Koreakrieges hatten die Amerikaner auf einen eigenen deutschen Wehrbeitrag gedrängt. Nun entstand die Bundeswehr. Sie war Teil des Nordatlantikvertrages, der NATO, und damit eng in das westliche Sicherheitssystem eingebunden. Selbstverständlich wurde sie als Teil des neuen, demokratisch geprägten Staatswesens betrachtet.

Warum dieser kurze geschichtliche Exkurs? Die Aufstellung der neuen Armee wäre ohne zahlreiche Soldaten und Offiziere der alten Wehrmacht nicht möglich gewesen. Durch sie kamen zahlreiche überkommene Ausdrücke der Soldatensprache in das neue Bundeswehrdeutsch; sie genossen bei den jungen Wehrpflichtigen und Zeitsoldaten ein beachtliches Ansehen.

Freilich war allen klar, dass die unseligen Zeiten des «Kommiss» und des «Barras» der Vergangenheit angehörten. In den Zeitungen las man vom «Bürger in Uniform», und das komplizierte Miteinander von Befehl und Gehorsam in einem demokratischen Umfeld hieß nun «innere Führung». Die jungen Leute gingen zum «Bund» und fanden hier, wenn sie Glück hatten, einen «Klasse-Job».

Schlaglichtartig beleuchtet dieser Begriff eine charakteristische Änderung in der Selbsteinschätzung und in der Sprache der Bundeswehrsoldaten. Die Maßstäbe kamen von außen und wurden nicht in der Kleiderkammer abgegeben.

Darüber hinaus versuchte man sich das Leben erträglicher zu machen, indem man Unangenehmes und Angenehmes schnoddrig, manchmal großsprecherisch mit Ausdrücken des Jugendjargons belegte. Klar, dass hier viele englische oder amerikanische Vokabeln auftauchten – und das nicht nur deshalb, weil man nun englische und amerikanische «Waffenbrüder» hatte.

Übrigens kam dieser Ausdruck in Westdeutschland verhältnismäßig selten vor. In der Nationalen Volksarmee der DDR gehörte er dagegen zum «amtlichen Grundwortschatz».

Am Anfang war die Rede davon, dass die Soldatensprache der Gegenwart eng mit dem Jugendjargon verwandt sei. Hier spielen Verfremdung und Prahlerei eine wichtige Rolle. Mittags isst man einen «Nato-Adler» (Brathähnchen) oder «Nato-Kitt» (Quark). Das Dosenfleisch wird despektierlich als «Schappi» oder «Kittekat» bezeichnet. Man biwakiert in der «Dackelgarage» – vermutlich deshalb, weil man sich wie ein «Dackel» vorkommt oder weil das Zelt so eng ist wie eine Hundehütte.

Despektierlich klingen auch verschiedene Dienstbezeichnungen. Wie ein tiefer Seufzer hört sich das «Uffz» für Unteroffizier an. Der Oberfeldwebel wird einfach «Oberfeld», der Oberleutnant «Oberlolli» genannt.

Wer sich nicht kameradschaftlich verhält, wird mit den ärgsten Schimpfwörtern belegt. Er ist eine «Kameradensau», ein «Antikumpel» oder eine «linke Bazille». Der «Labersack» fällt durch seine Geschwätzigkeit auf. Der «Vollprofi» hat das Soldatenhandwerk zu seinem Beruf gemacht. «Soldaten aus ehemaligen Heeresbeständen», also aus der Wehrmacht des Dritten Reiches, gibt es ja heute bei der Bundeswehr nicht mehr.

Am Wochenende geht's heim zu alten Freunden und neuen Freundinnen. Was sich dann auf Deutschlands Autobahnen abspielt, heißt im militärischen Jargon «Nato-Rally». Wenn man das Verhältnis zwischen Heimweh und Geschwindigkeit der Autos in Betracht zieht, dann ist das sicher ein treffender Begriff!

Sprechende Namen

Über die Vornamen ist hier nicht zu reden. Sie sind seit Menschengedenken üblich und haben den Zweck, Individuen unterscheidbar zu machen. «Hat Klaus seine Jacke vergessen? – Nein, es war Günter.»

Seit Anfang des 12. Jahrhunderts häuften sich die Fälle, in denen ein Name durch einen weiteren ergänzt wurde. In den Städten wohnten die Menschen besonders dicht beieinander. So verwundert es nicht, dass seit etwa 1350 hier die Verwendung eines zweiten Namens üblich wurde.

Oft wechselten die Beinamen innerhalb einer Familie. Schließlich aber übertrug man sie auf deren sämtliche Mitglieder, und damit wurden sie zu einem neuen sprachlichen Ordnungsprinzip.

Seit dem 17. Jahrhundert setzten die Behörden allgemein die Zweinamigkeit durch. Nun konnte man den Familiennamen nicht mehr nach Lust und Belieben abändern. Bei der Schreibung der Namen entstand eine gewisse Stetigkeit.

Sehr einfach war es, einen Jungen oder ein Mädchen durch seine Herkunft zu kennzeichnen. Tatsächlich finden sich im Deutschen, aber auch in anderen Sprachen zahlreiche sogenannte Vaternamen. Da hießen die Nachfahren Petersohn, Peterson oder Petersen, vielleicht auch Friedrichs oder Beckers (Sohn des Bäckers).

Natürlich bot sich auch die Herkunft eines Menschen als Bei- und Familiennamen an. Noch heute finden sich zahlreiche Beispiele. Da gab es Frank und Schwab, Bayer (Beier) und Böhm (Beheim), Fries und Sachs, Allgäuer (Allgaier) und Elsässer, Westphal und Unger.

Bei Einheimischen ergänzte man andere kennzeichnende Herkunftsmerkmale: Hans (am oder vom) Berg, Peter (am) Bach, Klaus Althaus (aus dem alten Haus) oder Xaver Fichtner (an der Fichte wohnend).

Groß ist die Zahl der Namen, die auf den Beruf des ersten Namensträgers zurückverweisen. Viele lassen sich ohne Aufwand entschlüsseln. Da gibt es die Familien Maurer und Müller, Schmied (Schmidt, Schmid, Schmitz) und Bäcker (Becker), Weber und Färber.

Bisweilen werden allerdings Berufsbezeichnungen verwendet, die uns heute nicht mehr geläufig sind. Da hilft im Zweifelsfall ein Lexikon weiter. Verhältnismäßig fremd klingen für uns Brenner (Köhler oder Schnapsbrenner) und Bader (Friseur und Arzt), Böttcher und Binder (Fassbinder), Breuer (Brauer) und Hafner (Töpfer), Pfisterer (Bäcker) und Rebmann (Weinbauer), Schröder (Schneider) und Spengler (Klempner).

Oft gibt es für ein und denselben Beruf mehrere Bezeichnungen. In früherer Zeit lebten die meisten Menschen in und von der Landwirtschaft. Schon aus diesem Grund bot es sich an, unterschiedliche Namen zu vergeben. So standen neben «Bauer» die Bezeichnungen «Ackermann» oder «Baumann», «Hoffmann» und «Meier» (Meyer), «Schnitter» und «Mäder» (Meder). Häufig sind auch Verbindungen wie «Schmidtbauer», «Beckenbauer», «Neubauer», «Moosbauer» und «Wiesenbauer».

In den Familiennamen wurden auch die bäuerlichen Besitzverhältnisse berücksichtigt. So hieß der Hofbesitzer «Hofer» (Höfer), der Inhaber einer Hufe, d.h. von 30 Morgen, «Huber» (Hübner) oder eines Lehens «Lehmann» (Lehner). Bauern, die nur ein kleines, ärmliches Häuschen (eine Kate oder Selde) ihr Eigen nannten, hießen «Kätner» (Kotthaus), «Seldner» (Sellmann) oder «Häusler» (Hausner). Viele andere Varianten lassen sich denken.

Natürlich gilt das Gesagte auch für andere Gewerke. So stehen z.B. Metzger und Fleischer, Fleischmann und Schlachter einander gegenüber.

In der Zeit der Renaissance schmückten sich viele Leute mit lateinischen (auch griechischen) Übersetzungen ihrer Familiennamen. Manche haben sich bis heute erhalten: Faber (Schmied) oder Textor (Weber), Sartorius (Schneider) und Piscator (Fischer), Viëtor (Fassbinder) und Praetorius (Schulze, Schultheiß).

Einfacher ging's freilich, wenn man irgendein Charakteristikum des jeweiligen Berufs an den Vornamen anhängte: Josef Hammer (für den Schmied), Nagel oder Zang, Korn oder Mehl, Spieß oder Hut, Schmalz oder Wurst.

Mag sein, dass der eine oder andere Beiname auch ironisch gemeint war. Begriffe wie «Spießbürger» (Spießer) oder «Hans Wurst» nähren diese Vermutung.

Und damit wären wir bei den sogenannten Übernamen. Sie beziehen sich zum Beispiel auf das Aussehen, aber auch auf charakterliche und familiäre Besonderheiten. Da heißt jemand Lang oder Dick, Faul oder Frech (kühn), Dürr oder Fröhlich. Nach seinem Auftreten wird er «Schleicher», nach seiner Sprechweise «Stammler» genannt.

Auffällig sind bis auf den heutigen Tag die sogenannten Satznamen. Mag sein, dass sie aus einer bestimmten Situation heraus entstanden und sich dann an die betroffene Person hefteten: Saufaus, Suchenwirth, Steinbeiß, Wohlleb, Schwengsbier, Hauenschild und Störtebecker (Stürze den Becher).

Jüdische Namen verdienen hier besondere Erwähnung. Bis zur Judenemanzipation zu Beginn des 19. Jahrhunderts war es üblich, den Sohn nach dem Vater zu benennen, z.B. Aaron ben (Sohn des) Ascher.

Nun mussten die Juden Familiennamen annehmen und eintragen lassen. Viele legten dabei ihre angestammten Namen zugrunde, z.B. «Mosner» (zu Moses) oder «Heimann» (Chaim), «Mendelsohn» oder «Levison».

In Preußen empfahl der dortige Kultusminister Wilhelm von Humboldt, landesübliche Namen zu verwenden damit «ungewisse bleibe, ob jemand Jude sei oder nicht». Er ahnte voraus, dass mit der rechtlichen Gleichstellung keineswegs alle antisemitischen Vorurteile zu beseitigen waren.

Häufig wurden Namen nach Herkunftsorten gewählt: Berliner und Hamburger, Thalheimer und Creglinger, Oppenheimer und Schlesinger.

An Ämter in der jüdischen Gemeinde erinnern «Kohn» (Cohen) und «Katz», die so viel wie «(rechter) Priester» bedeuten, und «Singer» bzw. «Sänger».

Zahlreich waren die selbstgewählten Fantasienamen, die den romantisierenden Zeitgeist spiegelten. Da gab es Familien, die

«Goldmann» oder «Silbermann», «Perlmann», «Rubin», «Saphir» oder «Karfunkel» hießen. Andere nannten sich «Morgenthau» und «Rosenberg», «Blumenthal» und «Lilienfeld», «Rothschild» und «Zuckermann». Immer wieder tauchen auch Tiernamen auf wie «Löw(e)», «Hirsch» und «Wolf».

Gelegentlich wurden Juden durch die Behörden abschätzige Namen verordnet. Das gilt vor allem für Westgalizien. Da hieß man dann amtlich «Leichentritt» oder «Bleifuß». Insgesamt dürfte die Zahl der sogenannten «Ekelnamen» aber sehr gering sein. Sie wurden populär durch antisemitische Witze und Anekdoten bzw. durch die innerjüdische Selbstkritik.

In diesem Zusammenhang darf nicht vergessen werden, dass es auch zahlreiche angestammte, nichtjüdische Familiennamen gab, die eine Abwertung enthielten. Mit schlechten Eigenschaften fängt es an: Faul und Grob, Schädlich und Zürn. Auch bestimmte Verhaltensweisen oder ein bestimmtes Aussehen wurden im Familiennamen verewigt: Schlemmer und Biersack, Schlotterhose und Blatterer (mit Pusteln, Baltern im Gesicht).

Heute leben in Deutschland und in den anderen deutschsprachigen Ländern Millionen von Ausländern. Viele davon erwerben nach einer gewissen Wartezeit die Staatsbürgerschaft des Gastlandes. So verwundert es nicht, wenn sich in den Telefonbüchern viele Namen fremder Herkunft finden.

Von den gräzisierenden und latinisierenden Humanistennamen war bereits die Rede. Da wurde Schwarzert zu «Melanchthon». Ein bisschen gewalttätig, zugegeben, denn etymologisch setzt sich das griechische Wort aus «schwarz» und «Erde» zusammen. Wo die Abstammung überhaupt nicht mehr zu ermitteln war, musste man sich anderweitig behelfen. So wurde dann z. B. aus Kruse «Crusius».

Fremde Namen kamen u. a. durch die französischen Hugenotten, die ihre Heimat aus religiösen Gründen verlassen hatten, nach Deutschland. Allgemein bekannt ist der große Romancier Theodor Fontane (franz. la fontaine = die Quelle). Auch Adalbert von Chamisso und Friedrich de la Motte-Fouqué waren bedeutende Schriftsteller.

Von den polnischen Wanderarbeiter und den zahlreichen polnischen Bergleuten, die im Ruhrgebiet dauerhaft heimisch wurden, ist an anderer Stelle die Rede. Ihre Nachfahren sind leicht an der Endsilbe -ski zu erkennen.

Ein regelrechtes Völker- und Namengemisch entfaltete sich im alten Wien. Die österreichische Metropole war die Hauptstadt eines Vielvölkerstaats. Viele, die etwas auf sich hielten, suchten hier in Verwaltung, Wirtschaft und Kultur ihr Glück. Für Mädchen und Jungen aus den abgelegeneren Teilen des Habsburgerreiches gab es Möglichkeiten genug, durch einfache Dienste ihren Lebensunterhalt zu erwerben.

Den Anteil an slawischen Namen, der sich auf etwa 15 Prozent der Gesamtzahl belief, hat Georg Kreisler in seiner bekannten «Telefonpolka» thematisiert: «Vondrak, Vortel, Vyplaschil, Vojtek, Vozek, Vymlatil, Viora, Vrabl, Vrtilek, Vikolasch, Vrazek, Vyhnalek, Vreca, Vrba, Vykotil, Vrablicz, Vuzem, Vyskocil, Vocheletschka, Vukelic, Vratschko, Vukasinovic ...»

Viele Träger ausgefallener ausländischer Namen nutzen ihre eigene Assimilation in fremder Gesellschaft, um auch ihren Namen einzudeutschen. Bei den Vornamen ging das in der Regel ohne großes Aufheben. Da wurde dann aus Bedrich «Friedrich» und aus Tomas (gesprochen sch) «Thomas».

Bei den Familiennamen begnügten sich Namensträger und Behörden gelegentlich mit der eingedeutschten Schreibung. So wurde z.B. aus Dvořák «Dvorschak». Bei «Mückschütz» für Makćic ist die fremde Herkunft kaum noch zu erahnen.

Wer heute ein Telefonbuch aufschlägt, findet polnische und russische, serbische und kroatische, türkische und arabische, italienische und spanische, portugiesische und französische Namen – und manches mehr ...

Personen und Orte

Eigennamen haben ihre Geschichte. Wenn jemand Müller heißt, dann hatte er sicher einst einen Vorfahren, der in einer Mühle Korn zu Mehl mahlte. Beim Ölmüller oder beim Ledermüller ging es nicht um Mehl, sondern – wie der Name sagt – um Öl und Leder.

Auch Vornamen lassen sich in der Regel aufschlüsseln. Davon ist an anderer Stelle die Rede. Jemand nennt seinen Sohn Peter, weil der Name angenehm klingt oder weil er an den Apostel Petrus erinnern möchte. «Du bist Petrus, der Fels ...» Bianca (Blanca) sollte eigentlich eine weiße Haut oder weißblonde Haare haben. Vielleicht trägt das Mädchen oder die junge Frau eines Tages herrlich volle brünette Locken und straft damit ihren Vornamen Lügen.

Freilich kann es sein, dass die Eltern über die Bedeutung des wohlklingenden Vornamens gar nicht nachgedacht haben und nicht wissen, dass Bianca eben «die Weiße» heißt wie z.B. Melanie «die Schwarze».

Eines Tages kam ein Vater aufs Standesamt und wollte für seine Tochter den Namen «Perdita» eintragen lassen. So heißt eine Person in Shakespeares Schauspiel «Das Wintermärchen» und ein bekannter, vielgelesener Roman. Der Standesbeamte hatte alle Mühe, dem Vater seine Plan auszureden Das lateinische Wort «perdita» heißt nämlich: die Verlorene, Verruchte, Verkommene.

Spannend wird die Sache, wenn Eigennamen zu Wörtern unserer Umgangssprache werden – wenn man möglicherweise gar nicht mehr daran denkt, dass sie einmal Eigennamen waren.

Da gibt es in der Technik und in der Wissenschaft eine ganze Reihe von Bezeichnungen, die auf bestimmte Personen zurückgehen: Watt, Ampère und Ohm sind zu allgemein bekannten Maßeinheiten der Elektrotechnik geworden. Heute weiß jedes Schulkind, was mit Newton oder Joule bezeichnet wird.

Nur wenige Menschen denken beim Kauf einer Glühbirne an den englischen Ingenieur James Watt, der als Erster eine wirtschaftlich arbeitende Dampfmaschine konstruierte, die 1769 patentiert wurde. Noch weniger bekannt sind der französische Physiker und Mathematiker André Marie Ampère und der deutsche Physiker Georg Simon Ohm.

Auch mit dem Engländer Isaac Newton und seinen grundlegenden Erkenntnissen zur Himmelsmechanik sowie mit seinem Landsmann James Prescott Joule, der die Gesetzmäßigkeit bei der Erwärmung von elektrischen Leitern fand, beschäftigen sich fast ausnahmslos nur Fachleute.

Selbstverständlich gilt das auch für bestimmte physikalische Erscheinungen, die auf einen bestimmten Forscher zurückgehen, z.B. für das «archimedische Prinzip», die «newtonschen Ringe» oder den «Halleyschen Kometen».

Nun ja, die Maßbezeichnungen bleiben im Großen und Ganzen Teil der Fachsprache. Viele Menschen, Frauen vor allem, sparen Kalorien, um schlanker, jünger, begehrenswerter zu erscheinen. Die «Kalorienbombe» wird verschmäht; auf dem Tisch erscheinen kalorienarme oder «kalorienreduzierte» Speisen und Getränke. Es wird wohl noch einige Zeit brauchen, bis im Duden die Wörter «Joulebombe» oder «joulearm» auftauchen.

Apropos «Duden»: Wer denkt bei der Nennung dieses Wortes noch an den Bad Hersfelder Gymnasialdirektor, der dem deutschen Rechtschreibwörterbuch dauerhaft seinen Namen gegeben hat. Wenn man nicht weiß, wie das Wort «Rhythmus» geschrieben wird, dann muss man eben im Duden nachsehen!

Auch Bezeichnungen wie «der Diercke» (Weltatlas) oder «der Brockhaus» (Lexikon) sind weit verbreitet, werden aber vor allem von denen verstanden, die öfter damit zu tun haben.

Ähnliches wie beim Duden gilt für Maggi, Uhu, Tesa, Tempo oder Leitz: Die Soße schmeckt stark nach Maggi. – Hast du ein Tempo für mich? Meine Nase läuft. – Die bekannten Markennamen werden auch dann – eben als Teil unserer Umgangssprache – verwendet, wenn die Suppenwürze oder das Papiertaschentuch von einer anderen Firma stammen.

Gelegentlich werden menschliche Eigenschaften oder auch Institutionen durch Eigennamen bezeichnet: Er benimmt sich wie ein Casanova, wie ein Frauenheld.

Schwieriger ist es, folgenden Satz zu verstehen: Überall in Europa gab es Quislinge. – Gemeint sind hier nichtdeutsche Nationalsozialisten – wie der Norweger Vidkun Quisling –, die ihr eigenes Volk verrieten und mit Hitler gemeinsame Sache machten.

Zahlreich sind Zusammensetzungen mit Eigennamen, die eine bestimmte Sache oder einen bestimmten Sachverhalt bezeichnen: Von der «Daguerreotypie», die nach dem Erfinder der Fotografie benannt ist, spricht heute niemand mehr. Wahrscheinlich wird das Wort Litfasssäule ein ähnliches Schicksal haben. Solche Anschlagsäulen wurden erstmals im Jahr 1855 von dem Drucker Litfass in Berlin aufgestellt.

Die gesundheitsfördernde Kneippkur geht auf den Bad Wörishofener Pfarrer Sebastian Kneipp zurück. In Amerika fährt man mit der Eisenbahn bequem im Pullmanwagen. Begehrt ist das dreischichtige Fürst-Pückler-Eis.

Dagegen erinnern die Stalinorgel, ein Raketenwerfer, und die Hoover-Speise an schlimme Kriegs- und Nachkriegszeiten. Letztere Bezeichnung geht auf Hilfsaktionen des ehemaligen amerikanischen Präsidenten Herbert Hoover in Europa zurück.

Doch noch einmal zu Eigennamen von Personen, die – ohne Zusammensetzung – zu Substantiven oder Verben unserer Sprache geworden sind: Das Wort «Boykott» geht auf einen britischen Hauptmann und Gutsverwalter zurück, der von der irischen Landliga geächtet wurde. Das Sandwich, eine mit Fleisch, Käse oder Anderem belegtes Brot, hat seinen Namen von dem 4. Earl of Sandwich. Der spielsüchtige Edelmann gönnte sich nicht die Zeit für eine richtige Mahlzeit, sondern verschlang am Spieltisch nur belegte Brote.

Die Marquise de Pompadour war die Mätresse König Ludwigs XV. von Frankreich. Sie gab dem «Pompadour», einer beutelartigen Tasche, seinen Namen.

Berüchtigt ist die Guillotine, die während der Französischen Revolution, in der Zeit der Schreckensherrschaft, Tausende von Opfern forderte. Das Fallbeil wurde von dem französischen Arzt Guillotin konstruiert, um eine «humanere» Hinrichtung zu ermöglichen.

Die «Draisine» ist ein Laufrad, also ein Rad ohne Tretkurbel, oder ein Schienenfahrzeug zur Streckenkontrolle. Pate stand der Erfinder des Fahrrads, der badische Forstmeister Karl Freiherr Drais von Sauerbronn. Daraus lässt sich erklären, dass die oft zu hörende französische Aussprache falsch ist.

Einzelne Eigennamen wurden sogar zu Verben: So erlangte der Lübecker Buchdrucker Ballhorn eine traurige Berühmtheit, weil er im 16. Jahrhundert eine fehlerhaft korrigierte Ausgabe des lübischen Rechts herausgebracht hatte. Das Wort «verballhornen» bedeutet danach, etwas durch eine vermeintliche Korrektur schlechter zu machen. Als Synonym wird gelegentlich die Vokabel «verschlimmbessern» verwendet.

Verdienstvoll dagegen war die Verfahrensweise, die der französische Chemiker Louis Pasteur erfand, um Milch und andere flüssige Lebensmittel keimfrei und damit haltbar zu machen, sie zu «pasteurisieren».

Ähnliches gilt für die Erfindung des Physikers Wilhelm Conrad Röntgen von 1896. Ihm gelang es, das Innere des menschlichen Körpers zu «röntgen», d.h. durch «Röntgenstrahlen» sichtbar zu machen.

In Köln weiß jedermann, was das Verb «fringsen» bedeutet: Es geht zurück auf den Kölner Kardinal Josef Frings. Er ermutigte Mitbürger in der düsteren Hungerzeit nach dem Zweiten Weltkrieg, bei Bedarf Kohlen und Brikett zu stehlen. Klar, dass hier das Wort «Mundraub» nicht recht herpasst!

Am Rande sei erwähnt, dass Eigennamen gelegentlich dazu dienen, den Charakter eines bestimmten Volkes zu erfassen – wie zweifelhaft das auch sein mag. Geringschätzig wurden die Juden als «Itzig», was auf den Namen Isaak zurückgeht, karikiert. Charmant wirkt dagegen die französische Marianne.

Uncle Sam meint einerseits den gutmütigen, vielleicht etwas schwerfälligen Amerikaner. Gelegentlich tauchen auch Karikaturen auf, die den hageren, energischen Geschäftsmann bezeichnen.

Durch die Ereignisse der jüngeren Vergangenheit ist der Name Iwan (Johannes) als Bezeichnung für den Russen oft negativ belegt. Daran sind sowohl die nationalsozialistische Propaganda als auch die Ereignisse der unmittelbaren Nachkriegszeit beteiligt.

Es gab selbstverständlich auch andere sprachliche Möglichkeiten, um den vermeintlichen Nationalcharakter zu fassen. So klingt «Spagetti-» oder «Makkaronifresser» für die Italiener wenig schmeichelhaft. «Käsroller» für die Niederländer wirkt flapsig, aber im Großen und Ganzen wertfrei.

Aus Zeiten nationalistischer Propaganda stammen die folgenden Bezeichnungen für die Deutschen: Die «Krauts» leben anscheinend vorwiegend von Sauerkraut bzw. vom Weißkohl in allen seinen Verwendungsformen. Schlimme Schimpfwörter, die sich aus dem Hass der Kriegsgegner erklären, sind die Bezeichnungen «Boches» oder «Hunnen» für die Deutschen.

Wie schon erwähnt, entstanden aus dem Namen des römischen Diktators Gaius Julius Cäsar die deutschen bzw. russischen und bulgarischen Titel Kaiser und Zar. Dass diese Entwicklung nicht unumstritten war, erhellt ein Zitat Friedrich Schillers aus seinem «Wallenstein». Der Feldherr rechtfertigt seinen Verrat am Kaiser vor Max Piccolomini, der ihm bislang blind vertraut hat:

«Was tu ich Schlimmeres,
Als jener Cäsar tat, des Name noch
Bis heut das Höchste in der Welt
benennet?»

Übrigens gibt es einen vergleichbaren Fall: Die politische Ausstrahlung des deutsch-römischen Kaisers Karl der Große war so eindrucksvoll, dass slawische Völker den Namen als Titel für ihren König verwendeten. So heißt er z.B. im Tschechischen «kral» und im Russischen «koról».

Ortsnamen und erdkundliche Namen insgesamt sind bisweilen so etwas wie Markenzeichen: Manchem läuft das Wasser im Munde zusammen, wenn er von Spreewälder Gurken oder von Königsberger Klopsen, vom Wiener Schnitzel oder vom Dresdner Stollen, von Lübecker Marzipan oder von Nürnberger Lebkuchen hört.

Gern trinkt man Münchener Bier oder badischen Wein, schottischen Whisky oder dänischen Aquavit.

Noch sind die Bezeichnungen zweiteilig. Zu einer bestimmten Speise oder zu einem bestimmten Getränk kommt der Bestimmungsort hinzu. Das gilt auch hier: Islandkrabben oder Moselwein, Pyrenäenkäse oder Schwedenpunsch.

Vereinzelt haben sich erdkundliche Namen aber verselbständigt: Man trinkt Selters oder Kölsch, Burgunder oder Cognac. Jedes dieser Getränke ist auf irgendeine Weise berühmt, vielleicht sogar weltberühmt. Wehe dem, der sich erdreistet, seinen Weinbrand unberechtigterweise nach dem kleinen Städtchen Cognac in der französischen Charente zu benennen!

Wer sich in der Domstadt aufhält, sollte einmal eine der Brauereigaststätten besuchen und sich vom «Köbes» mit dem süffigen obergärigen Bier, dem Kölsch, und einfachen Kölner Spezialitäten verwöhnen lassen.

Jedermann kennt den Hamburger oder Frankfurter, den Mainzer oder Harzer. Kinder essen gern Berliner oder Amerikaner. Der Schweizer melkt die Kühe – und das nicht nur in der Schweiz. Genussvoll trinkt man den Wein aus einem bauchigen Römer. Ein Pariser ist ein Einwohner der französischen Hauptstadt, doch manchmal auch etwas ganz anderes. Mehr darüber unter den sogenannten Tabus.

Nicht erwähnt werden müsste, dass zahlreiche Tierrassen nach Orten und Ländern benannt sind: Dazu gehören der Afghane (Afghanistan) und der Leonberger (Leonberg bei Stuttgart) und der Hannoveraner und der Haflinger (Südtirol).

Einzelne geografische oder völkerkundliche Bezeichnungen sind nicht auf den ersten Blick zu erkennen. So geht die Bezeichnung «Schlawiner» auf den Volksnamen Slowene oder Slawonier zurück. Die slowenischen Hausierer galten als besonders raffinierte Geschäftemacher. Im übertragenen Sinne bezeichnet das Wort heute einen pfiffigen, nicht ganz zuverlässigen Menschen.

Ähnlich unfreundlich klingt das Wort «Polack». Niemand würde auf den Gedanken kommen, einen Polen ohne Hintersinn so zu nennen.

In einzelnen Fällen sind Orts-, Länder- oder Völkernamen auch zu Verben unserer Umgangssprache geworden. Vor dem Ersten Weltkrieg bemühten sich die Großmächte, Afrika und Asien zu europäisieren. Nach dem Zweiten Weltkrieg wurde mit mehr oder weniger großem Erfolg versucht, den Westen Deutschlands zu amerikanisieren und den Osten zwischen Vorpommern und Thüringen zu sowjetisieren oder zu russifizieren.

Gelegentlich taucht in Zeitungsberichten und Zeitungskommentaren das Wort «balkanisieren» auf. Es erinnert an die wechsel- und leidvolle Geschichte der südosteuropäischen Halbinsel: Ein vergleichsweise kleiner geografischer Raum wird politisch, ethnisch, religiös und kulturell in kleine Teile zerstückelt – mit den schlimmen Folgen, die wir aus Vergangenheit und Gegenwart kennen.

Zynisch klingt das Verb «coventrieren». Es bezieht sich auf den Angriff der deutschen Luftwaffe auf die englische Industriestadt Coventry im November 1940 und bedeutet soviel wie «mit Bomben ausradieren».

Von dummen Gänsen und bärenstarken Kerlen

Das Tier ist der Gefährte des Menschen. Viele halten sich einen Hund oder eine Katze. Wer es sich leisten kann und wer Freude dabei empfindet, reitet ein Pferd. Hinter goldenen Gittern zwitschern, girren, gurren, kullern und trillern fremdländische und heimische Ziervögel.

Sicher, inzwischen gibt es viele Kinder, die die Kuh nicht vom Pferd unterscheiden können, angeblich sogar manche, die allen Ernstes beteuern, Kühe seien blau. Jeden Tag sehen sie ein solches Tier in der Fernsehwerbung – und nur ganz selten einmal auf der grünen Weide.

Tiere sind lieb; Tiere sind zum Streicheln und zum Verwöhnen da. Der Umgang mit ihnen ist dann besonders angenehm, wenn ein anderer die übel riechende Katzenstreu entfernt oder dem Pferd die Hufe auskratzt.

Schon der Bauer, der auf seinem Hof Rinder oder Schweine, Hühner oder Schafe hält, ist mit dem idyllischen Bild nicht zufrieden. Er steht auch nicht weinend hinter dem Viehwagen, wenn seine alternde Milchkuh oder Dutzende von schwabbelig dicken Schweinen in den Schlachthof gefahren werden.

Die Erfahrungen früherer Generationen mit Tieren waren in vielem anders, als sie es heute sind. Natürlich dienten Haustiere, oft auch wild lebende Tiere, zum Lebensunterhalt. Aber dann gab es noch die Bestien, die bei Nacht in die Schafhürden einbrachen, die den einsamen Wanderer anfielen und mit ihren scharfen Zähnen oder mit Gift töteten.

Vieles, das uns heute fremd ist, hat seinen Niederschlag in unserer Sprache gefunden. Tiere sind immer wieder dabei.

Fangen wir mit den Ortsnamen an, die ja auch nicht selten Vergangenes aufbewahren. Dass in unserer Heimat Bären und Wölfe lebten, zeigen zahlreiche Belege: Bärenthal oder Bärwald, Wolfach oder Wolfsbühl.

Freilich nannten die Menschen ihre Ansiedlungen auch nach weniger bedrohlichen Tieren: Bibersfeld, Dachsborn, Finkenwärder, Froschhausen, Gaisbach, Hirschroda, Immenreuth, Ochsenhausen, Otterbach, Rabenhorst, Krähenwinkel, Rehberg, Schafhof, Schlangenbad, Storchhof und Ziegenhain. Das sind nur einzelne Beispiele für eine lange, lange Liste.

Die Bedeutung, die die Menschen den Tieren beimaßen, führte dazu, dass sie sie sehr aufmerksam beobachteten. Natürlich waren sie nicht in der Lage, eine wissenschaftlich begründete Tierpsychologie zu entwickeln. Sie sahen das Verhalten des Esels oder des Frosches mit ihren Augen, bewerteten es mit menschlichen Maßstäben.

Das wird rasch deutlich, wenn – umgekehrt – Tiernamen zur Charakterisierung bestimmter menschlicher Eigenschaften dienen: Sabine ist dumm wie eine Gans und Gisela fleißig wie eine Biene. Hermann brüllt wie ein Löwe; Klaus ist glatt wie ein Aal. Maike singt wie eine Nachtigall und Klara schimpft wie ein Rohrspatz.

Bei all diesen Formulierungen handelt es sich, wie das Wörtchen «wie» zeigt, um Vergleiche. Freilich kann das «wie» auch weggelassen werden: Jürgen ist ein Esel; Hans ein Stockfisch. Das klingt nicht gut, aber noch gibt es Schlimmeres: Manfred ist ein Rindvieh oder ein Ferkel, Beate vielleicht eine Schlange oder eine Natter. Ganz gefährlich wird's, wenn man Rolf als sturen Bock, als Mistbock oder als geilen Bock bezeichnet. Ausnahmsweise darf er allerdings auch einmal bocken, bocksbeinig sein, Bockmist machen oder einen Bock schießen. Mag sein, dass man versehentlich den Bock zum Gärtner gemacht hat.

Junge Leute haben heute bisweilen «keinen Bock» auf etwas, d.h. sie haben keine Lust zum wöchentlichen Training zu gehen oder am Wandertag auf den Katzenbuckel zu «latschen». Die «alten Böcke» haben dafür selbstredend kein Verständnis!

Schon oben war davon die Rede, dass menschliche und tierische Eigenschaften miteinander verglichen oder gar gleichgesetzt werden. Kunde davon geben zahlreiche Fabeln und Geschichten. Da wird Reineke Fuchs als listig und durchtrieben dargestellt, Meister Petz, der Bär, eher als behäbig und schwerfällig. Isegrimm ist der menschenfeindliche Wolf. Der Löwe verkörpert Kraft und Majestät. Ähnlich ergeht es dem Adler, der zudem durch seinen Flug zwischen Himmel und Erde die Verbindung zu den Göttern herstellt.

Ungeliebt sind die listige Schlange und die Ratte, die auf Menschen abstoßend wirkt und als Überträgerin schlimmer Krankheiten, etwa der Pest, gilt.

Huhn und Gans, auch das Schaf sind dumm; der Spatz erscheint vorlaut und streitsüchtig. Der Esel hat sich durch seinen Starrsinn einen Namen gemacht. Das Schwein ist der Inbegriff alles «Schweinischen», wobei zunächst an Dreck und Gestank, im übertragenen Sinn dann auch an grobe Charakterfehler gedacht ist.

Beim Pferd, bei Hund und Katze hat sich der Mensch nicht so recht zu entscheiden gewusst. Der intelligente, hochsensible Partner des Bauern oder des Soldaten wird in aller Regel mit positiven Eigenschaften belegt. Das schlägt allenfalls um, wenn das Pferd als Reit- und Zugtier nicht mehr taugt. Man denke an die vier «Bremer Stadtmusikanten».

Bei Katz und Hund ist das Bild nicht so eindeutig. Die treuen Diener haben in ihrem Wesen nach wie vor etwas Gefährliches oder Abstoßendes: Der Schäferhund ist treu und unberechenbar. Die Katze ist schmeichlerisch oder hinterlistig – je nachdem!

Aufschlussreich ist, welche Tiere in früheren Jahrhunderten als Wappentiere gewählt wurden. Besonders häufig dürften hier der Löwe und der Adler zu nennen sein. Der Adler war das Symbol des Heiligen Römischen Reiches und kam so in das Wappen der Bundesrepublik Deutschland und der Republik Österreich. Er findet sich darüber hinaus in Russland, in Polen und in einer Reihe anderer Länder.

Der Löwe ziert z.B. das Wappen der Tschechischen Republik, des Königreichs Belgien und des Freistaates Bayern.

Freilich kann man auch die Gegenprobe wagen und fragen, welches Land, welche Region oder welche Stadt die Kuh oder die Ratte, den Frosch oder die Schlange zum Wappentier erkoren hat. Viele Belege dürften da nicht zu finden sein.

Der Befund setzt sich bei den Eigennamen fort. Arnold und Arnfried erinnern an den Adler (Aar), Leonhard an den Löwen (lat. leo). Allerdings gibt es auch den Bernhard und den Bernold, die auf «Bär» zurückgehen, sowie Wolfgang und Wolfram, die mit dem Tiernamen «Wolf» gebildet wurden. Andere Zusammensetzungen sind sehr selten und vom Aussterben bedroht. Das gilt z.B. für «Falko» (Falke) und «Raban» (Rabe).

Zahlreiche Verben deuten in dieselbe Richtung: Da ist von fressen, saufen und vögeln die Rede, obwohl gut erzogene Kinder doch eigentlich essen und trinken sagen. Das dritte Beispiel lassen wir hier beiseite. – Im Sommer aalen wir uns in der Sonne. – Höre auf, mich dauernd nachzuäffen! – Gemeinsam brüteten wir über einer schweren Rechenaufgabe. – Für die Arbeit muß ich noch viele Vokabeln büffeln. – Sein Verhalten fuchst mich seit langem. – Ich will das nicht noch einmal wiederkäuen. – Wer hat die Schokolade gemaust? – Der Gast entpuppte sich als gemeiner Dieb.

Noch lange ist damit der Vorrat an Tiernamen in unserer Sprache nicht erschöpft. Selbstverständlich ist Peter kein richtiger Esel mit armlangen Ohren und einem zottigen grauen Fell. Auch gibt er seinen Ärger oder seine Freude nicht durch ein schrilles Iah kund!

Noch öfter tauchen Tiernamen im übertragenen Sinn, also als Metaphern auf: Die Tischplatte liegt auf zwei Böcken. – Der Kellner trägt statt der Krawatte eine Fliege. – Der Wasserhahn tropft.

– Der fröhliche Zecher hat am nächsten Morgen einen Kater. – Athleten schwingen übers Pferd. – Vor dem Kino steht eine Schlange. – Die gekochten Kartoffeln dreht man durch einen Fleischwolf.

Vom Huhn bleiben freilich nur die Augen, vom Löwen die Zähne, vom Zebra die Streifen übrig. Dass die Wörter Hühnerauge, Löwenzahn und Zebrastreifen den betreffenden Sachverhalt überaus anschaulich erfassen, steht wohl außer Zweifel.

Zum Schluss noch ein Wort des Philosophen Arthur Schopenhauer «wider den tierischen Ernst»: «Dass uns der Anblick der Tiere so ergötzt, beruht hauptsächlich darauf, dass es uns freut, unser eigenes Wesen so vereinfacht vor uns zu sehen.» – Mancher schlaue Fuchs wird an dieser Stelle versonnen lächeln.

Kurz und gut?

Abkürzungen erleichtern dem Schreibenden die Arbeit. Viele haben sich eingebürgert und sind aus dem Geschriebenen und Gedruckten nicht mehr wegzudenken: z.B. (zum Beispiel), usw. (und so weiter), d.h. (das heißt), bzw. (beziehungsweise), u.a. (unter anderem), m.E. (meines Erachtens), u. Ä. (und Ähnliches).

In eigenen Notizen kann man großzügig sein und sich einer individuellen «Stenografie» bedienen. In der Regel wird man sich an das Gemeinte erinnern: «Bes. T. Klara in Nbg. am So. Abhol. Bhf. 15.25.»

Nicht selten freilich wirken Abkürzungen unschön und unpassend. Das ist sicher oft eine Frage des persönlichen Geschmacks oder konventioneller Absprachen. Aus Zeitgründen steht da bisweilen unter einem Brief oder einer Kurzmitteilung «MfG», unter einer Einladung «UAwg». Wäre es nicht sinnvoller, hier «Mit freundlichen Grüßen» oder «Um Antwort wird gebeten» zu schreiben? Der Leser dankt es dem Schreiber.

Das immer wieder auftauchende «etc.» (lat. et cetera = und das Übrige) ist heute in den meisten Texten wohl nicht mehr so recht zeitgemäß. Ähnliches mag für andere alte lateinische Abkürzungen gelten, deren Bedeutung viele Leser nicht mehr zu entziffern vermögen, z.B. PS (Postscriptum = Nachschrift) oder ppa (per procuram = in Vollmacht).

Klar, dass auch in diesem Bereich manchmal bewusst mit Sprache gespielt wird. Viele kennen die Markenbezeichnung «4 you» (For you).

Dass die Abkürzung von Wörtern nicht erst in unserem Jahrhundert geübt wurde, lässt sich vielfach beweisen. Jeder hat schon einmal in einem Museum Grabdenkmale oder andere Gedenksteine gesehen und verzweifelt versucht – trotz ordentlicher Lateinkenntnisse – den Sinn zu entziffern. Hier reiht sich in der Regel eine Abkürzung an die andere. Der Steinmetz hat sich bemüht, möglichst viel Ehrendes auf beschränktem Raum unterzubringen und dabei auf die Kombinationsgabe der Leser gehofft.

So findet sich auf dem Sockel eines Standbildes, das in Öhringen am römischen Limes gefunden wurde, folgende Inschrift: «IN H D D DEAE DIANE COLLEGIUM CONVENARUM LVPO ET MAXIMO CO ID DEC.» Vermutlich ist der Text so zu lesen: «In honorem domus divinae deae Dianae collegium convenarum Lupo et Maximo consulibus idibus decembribus.» (Zur Ehre des göttlichen Kaiserhauses hat der Göttin Diana die Vereinigung von Kaufleuten ein Standbild aufstellen lassen im Konsulatsjahr des Lupus und Maximus am 13. Dezember 232.»

Selbst wer mit den Abkürzungen so einigermaßen zu Recht gekommen ist, muss sich noch einiges dazu denken. Immerhin, offensichtlich konnte der berufserfahrene Steinmetz davon ausgehen, dass bestimmte Abkürzungen ohne allzu große Mühe entschlüsselt werden konnten.

Mancher aufmerksame Leser erinnert sich sicher an die Inschrift, die an das Kreuz Jesu Christi genagelt wurde, um ihn zu verhöhnen: «INRI» (Iesus Nazarenus Rex Iudorum» = Jesus von Nazareth, König der Juden).

Bis zum heutigen Tag ist Verständigung ja nur dann möglich, wenn der Hörer oder Leser den gleichen Schlüssel besitzt wie der Sprecher oder Schreiber. In der Umgangssprache gebräuchliche Abkürzungen bereiten in aller Regel keine Mühe. Man versteht USA oder DGB, Frankfurt a.M. oder Regierungsamtmann a.D.

Schwieriger wird es, wenn fachsprachliche Abkürzungen auftauchen: NaCl (Natriumchlorid, Kochsalz) oder CH_3COOH (Essigsäure), hl (Hektoliter) oder kcal (Kilokalorie), StVO (Straßenverkehrsordnung) oder REFA (Reichsausschuss für Arbeitszeitermittlung), Uffz. (Unteroffizier) oder VIP (engl. very important person = sehr wichtige Person).

Ohne Zweifel hat das Militär einen erheblichen Beitrag zur Einführung und Verbreitung von Abkürzungen geleistet. Der Soldat war gehalten, kurz und präzise zu formulieren. Missverständnisse mussten möglichst ausgeschlossen werden; es kam darauf an, in einer militärisch schwierigen Lage ohne Verzug zu handeln. Möglich, dass die Einführung von Telefon und Funk bei der kämpfenden Truppe den Prozess noch weiter beschleunigt hat.

Da gab's den UvD (Unteroffizier vom Dienst) und den Kaleu (Kapitänleutnant). Gekämpft wurde mit MG und MP (Maschinengewehr und Maschinenpistole). Als verhältnismäßig neuer Bootstyp war das U-Boot (Unterseeboot) im Gebrauch. Die Ari (Artillerie) feuerte im Bodenkampf, und mit der Flak (Flugabwehrkanone) versuchte man feindliche Flugzeuge abzuschießen. – Vielleicht wurde die Treffsicherheit mit dem EK 2 oder gar dem EK 1 (Eisernes Kreuz) belohnt. – Gegen Ende des Krieges kamen geheimnisvolle «Wunderwaffen» zum Einsatz, so die V 1 und die V 2 (Vergeltungswaffe).

Freilich gab es neben diesen bekannten Abkürzungen auch eine große Zahl von Buchstaben- und Ziffernkombinationen, die nur einem kleinen Kreis von Ingenieuren und Soldaten geläufig waren. Das gilt bis auf den heutigen Tag – und es gilt vermutlich für jede Armee dieser Erde.

Verhältnismäßig bekannt waren immer noch bestimmte Flugzeugtypen, z.B. die legendäre Ju (Junkers) 52 oder die Ju 87, ein «Stuka» (Sturzkampfflugzeug). Von Düsenflugzeugen, u.a. der Me (Messerschmidt) 262, erhofften sich die politische und die militärische Führung eine entscheidende Wende des Zweiten Weltkriegs. Kein Wunder, dass die leidenden und kriegsmüden Menschen die technischen Neuerungen mit übertriebenen Hoffnungen begleiteten.

Mit größer Anspannung beobachteten sie, wie die «HKL», die Hauptkampflinie, langsam zurückwich.

Andere Waffen und Typenbezeichnungen sind kaum noch zu entschlüsseln: So bezeichnete das Kürzel PzKpfWg VI-B den Panzerkampfwagen «Tiger II» oder «Königstiger»; das FUMG 41L ist ein Funkmessgerät.

Die militärische Führung organisierte sich im «OKW» (Oberkommando der Wehrmacht) bzw. im «OKH», «OKM» und «OKL» (Oberkommando des Heeres, der Marine und der Luftwaffe).

Es konnte nicht ausbleiben, dass die Abkürzungssucht zu ironischer Nachahmung verführte. So wurde Adolf Hitler im politischen Witz zum «Gröfaz», zum größten Feldherrn aller Zeiten. Der Reichsbischof an der Spitze der Deutschen Christen hieß «Reibi». – Die Entmenschlichung im Krieg, die Reduzierung auf eine Nummer wird beispielhaft sichtbar in der viel gelesenen Romantrilogie «08/15» von Hans Hellmut Kirst.

Übrigens gibt es eine Parallele in der amerikanischen Abkürzung «GI» (general issue = allgemeine Ausgabe), mit der Gebrauchsgegenstände der US-Army, aber auch die Soldaten benannt wurden.

Politische Abkürzungen wurden bereits in der Weimarer Zeit in größerer Zahl benutzt. Es war durchaus zweckmäßig, die oft langen Namen von Parteien und Organisationen in einem Kürzel zu erfassen. Da gab es die S.P.D. (Sozialdemokratische Partei Deutschlands) und die D.V.P. (Deutsche Volkspartei), den A.D.G.B. (Allgemeiner Deutscher Gewerkschaftsbund) und den R.F.B. (Roter Frontkämpferbund). Am Anfang hielt man es durchaus für nötig, mit den Punkten auf die Abkürzung zu verweisen.

Als besonders produktiv in Sachen Abkürzungen erwies sich endlich die nationalsozialistische Bewegung bzw. seit 1933 der nationalsozialistische Staat. Einige Kürzel haben sich dem Gedächtnis der Menschen unauslöschlich eingeprägt.

Es fängt an mit dem Namen der Partei, der NSDAP (Nationalsozialistische Deutsche Arbeiterpartei). Dann kommen die berüchtigten Kampforganisationen, zuerst die SA (Sturmabteilung) und die SS (Schutzstaffel). Ihre Sonderstellung im System wird dadurch unterstrichen, dass für sie eigene, dem lateinischen Alphabet fremde Buchstaben verwendet wurden, eben das Runen-S oder die Sig-Rune. Es fand sich in den Setzkästen der Druckereien, aber auch auf den Tastaturen vieler Schreibmaschinen.

Es ist unmöglich, alle damals verwendeten Abkürzungen hier zu nennen. Deshalb seien einige stellvertretend erwähnt: Die HJ (Hitlerjugend) und der BdM (Bund deutscher Mädels) sind bekannt. Aber was heißt NSDStB oder NSFK? Was ist mit DAF und KdF gemeint? Was schließlich steckt hinter NSV oder VDA?

Klar, dass die meisten Kürzel heute für uns ohne Belang sind. Trotzdem sollen die genannten hier aufgeschlüsselt werden: Nationalsozialistischer Deutscher Studentenbund und Nationalsozialistisches Fliegerkorps, Deutsche Arbeitsfront und Kraft durch Freude, Nationalsozialistische Volkswohlfahrt und Volksbund für das Deutschtum im Ausland.

Hier wie anderswo zeigte die Bewegung, die angeblich mit dem Anspruch angetreten war, frischen Wind in die Politik zu bringen, ihren kleinlich bürokratischen Charakter. Im Begriffsrepertoire der Zeit erwies sich die alle Lebensbereiche umfassende «Gleichschaltung» des Menschen. –

Die DDR verkörperte ein völlig anderes politisches System. Mit dieser Abkürzung fing es an; in öffentlichen Verlautbarungen ersetzte sie zunehmend den vollständigen Namen des zweiten deutschen Staates, der Deutschen Demokratischen Republik.

Aus ideologisch begründeter Fürsorge entstand ein System, das den Einzelnen einengte und gefangen nahm und das Widerspruch nicht duldete. Die Verwalter der marxistisch-leninistischen Doktrin wussten, dass alle anderen über ein falsches Bewusstsein verfügten. In absehbarer Zeit würde es durch den Gang der Geschichte widerlegt werden.

Wo es langging, hatte die ehrwürdige Union der Sozialistischen Sowjetrepubliken bereits gezeigt. In der «UdSSR» (in kyrillischen Buchstaben CCCP) wimmelte es von Abkürzungen. Natürlich gab es da die KPdSU (Kommunistische Partei der Sowjetunion) mit ihrem ZK (Zentralkomitee). Der «Histomat» (historischer Materialismus) und der «Diamat» (dialektischer Materialismus) waren die allgemein gültigen ideologischen Grundlagen. Lenin und Stalin versuchten dem Kommunismus international Einfluss durch die «Komintern» (Kommunistische Internationale) und das «Kominform» (Kommunistisches Informationsbüro) zu sichern. Auf dem Land wirtschafteten «Sowchosen» und «Kolchosen» (staatliche und genossenschaftliche Großgüter).

Dass Parteien und Massenorganisationen in der DDR oft mit Abkürzungen bezeichnet wurden, unterscheidet sie nicht von der Bundesrepublik Deutschland. Hier gab es die SED (Sozialistische Einheitspartei Deutschlands), die CDU (Christlich-Demokratische Union) oder die DBD (Demokratische Bauernpartei Deutschlands), um ein paar Beispiele zu nennen.

Systemtypisch waren der FDGB (Freier Deutscher Gewerkschaftsbund) und die FDJ (Freie Deutsche Jugend).

Daneben gab es freilich eine Reihe anderer, nur im politischen System der DDR heimische Kürzel, die von Außenstehenden nicht verstanden werden konnten. Stolz war man auf die PE (polytechnische Bildung und Erziehung) oder die ABF (Arbeiter-und-Bauern-Fakultät an den Hochschulen). Auf dem Land produzierte manche LPG (Landwirtschaftliche Produktionsgenossenschaft) nach industriellen Maßstäben. In der MTS (Maschinen-Traktoren-Station) standen landwirtschaftliche Maschinen zu gemeinsamer Nutzung bereit.

Da gab es den VEB (Volkseigener Betrieb), das VEG (Volkseigenes Gut), den VEH (Volkseigener Handel) und die VEAB (Volkseigener Erfassungs- und Ankaufbetrieb).

Die gesamte wirtschaftliche Tätigkeit wurde in Plänen erfasst. An der Spitze der dafür erforderlichen Organisation stand die SPK (Staatliche Plankommission). Ihr waren die BPKs (Bezirksplankommissionen) und die KPKs (Kreisplankommissionen) untergeordnet.

Für die Verteidigung war das MfNV (Ministerium für Nationale Verteidigung) zuständig. Ihm unterstand ursprünglich die KVP (Kasernierte Volkspolizei), dann die NVA (Nationale Volksarmee) ...

Der Leser soll von weiteren Nennungen verschont bleiben, zumal die unendlich vielen Abkürzungen der DDR-Verwaltungssprache heute keine Rolle mehr spielen.

Von A bis Z

Tendenziell ist heute die Neigung, Abkürzungen zu gebrauchen, allgemein. Das fängt wiederum bei den politischen Parteien an und gilt für die Großen wie die Kleinen: CDU und SPD oder ÖDP (Ökologisch-Demokratische Partei) und PBC (Partei Bibeltreuer Christen). Die FDP (Freie Demokratische Partei) gab ihrem Markenzeichen zeitweilig ein bewusst gewähltes Extra, indem sie parteiamtlich Punkte verordnet: F.D.P. Das Bündnis 90/Die Grünen oder Die Grauen/Graue Panther und einige andere Parteien haben sich aber dem allgemeinen Trend – bislang – nicht angeschlossen.

Oft negativ belegt sind abgekürzte Begriffe wie «Nazi» (Nationalsozialist) oder «Sozi» (Anhänger der Sozialdemokratischen Partei). In Analogie wurden «Sponti» (Angehöriger einer undogmatischen linksgerichteten Gruppe), «Fundi» (Fundamentalist) und «Realo» (Angehöriger des pragmatischen Flügels der Grünen) gebildet.

Vereine, Verbände, Institutionen jeder Art beteiligen sich an der Abkürzungsmode. Da gibt es den 1. FC Köln (Fußball-Club) und den VfB Stuttgart (Verein für Bewegungsspiele), den MDR (Mitteldeutscher Rundfunk) und den RTL (Radio-Télé-Luxembourg), das DRK (Deutsches Rotes Kreuz) und den VdK (Verband der Kriegs- und Wehrdienstopfer, Behinderten und Sozialrentner Deutschlands).

Im Wirtschaftleben begegnen sich z.B. der DGB (Deutscher Gewerkschaftsbund) auf der einen und der BDA (Bundesvereinigung der Deutschen Arbeitgeberverbände) auf der anderen Seite. Man fährt einen BMW (Bayerische Motorenwerke) oder beginnt eine Ausbildung bei der BASF (Badische Anilin- und Sodafabriken).

Gefährlich ist eine Tbc-Erkrankung (Tuberkulose) oder die Infektion mit dem HIV–Virus (engl. human immunodeficiency virus). Der Arzt überprüft die Herztätigkeit mit dem EKG (Elektrokardiogramm) oder überweist den Patienten in die HNO-Klinik (Hals-Nase-Ohren).

Schüler lernen im HGÖ (Hohenlohe-Gymnasium Öhringen) und wechseln dann auf die FH (Fachhochschule) über. Hier beschäftigen sie sich mit BWL (Betriebswirtschaftlehre). An der Universität ärgert man sich über den NC (lat. numerus clausus = zahlenmäßig beschränkte Zulassung zu bestimmten Studienfächern) und erwirbt vielleicht den akademischen Grad eines M. A. (Magister/Magistra artium).

So mancher Zeitgenosse ist nach langem Arbeitstag k.o. (engl. knock out) und denkt selten daran, dass dieser Ausdruck aus dem Boxsport entlehnt wurde. Er wünscht sich im Stillen ein Ferienhäuschen, das «jwd» (jottwede) liegt. Dieses heitere Kürzel hat seinen Ursprung in der Berliner Mundart und bedeutet nichts anderes als «janz weit draußen».

Wo sich die Sache schon ins Lustige wendet, sei zumindest erwähnt, dass Abkürzungen die Fantasie anregen und gelegentlich zu Umdeutungen veranlassen. Es liegt im Wesen der Sache, dass vor allem Kinder ihren Spaß daran haben. So wurde DKW (ursprünglich Dampf-Kraft-Wagen) zu «Deutscher Kinderwagen».

Zahlreiche Abkürzungen werden gar nicht mehr als solche empfunden. Sie haben sich inzwischen verselbständigt. Das gilt zum Beispiel für Agfa oder Esso, für Ufa (Universum Film-AG) oder Degussa (Deutsche Gold- und Silberscheideanstalt). Das mag zum Teil damit zusammenhängen, dass die alten Bezeichnungen gar nicht mehr passen. Wer denkt bei einem Kleinbildfilm noch an die «Aktien-Gesellschaft für Anilin-Fabrikation» oder beim Tanken an die amerikanische Standard Oil (Company)! Versuchen Sie doch einmal die beiden Initialen zu sprechen: «Es-oh/Esso».

Manchmal hindert uns eine gewisse Scheu, Wörter in ihrem ganzen Umfang auszusprechen. Da verbirgt man Drastischeres hinter der englischen Abkürzung WC (water-closet) oder ein oft unentbehrliches, aber doch zu delikatem Zweck genütztes Kleidungsstück hinter dem Kürzel BH. Die gelegentlich gesprochene oder laut gedachten Buchstabenkombination «LmaA» meint den bekannten Götz-Spruch. «Als mir der Kerl so grob kam, hab ich nur gedacht: LmaA!»

Erfindungsreich sind Sprache und Sprecher, wenn es gilt, lange Bezeichnungen mundgerecht zu kürzen. Aus der gelehrten Bildung «Automobil» (griech.-lat. das Selbstbewegliche) wurde bald «Auto». Das «Taxi» ist ein Mietwagen mit Taxameter, einem Gerät, das den Fahrpreis anzeigt. «Lokomotive» (lat. das Sich-von-der-Stelle-Bewegende) schrumpfte zu «Lok». Heute spricht jedermann von der E-Lok (elektrische Lokomotive). Eine parallele Bildung taucht bei D-Zug (Durchgangszug) auf. Nun wäre es widersinnig, heute jeden Zug mit Durchgangswaggons als D-Zug zu bezeichnen. Folglich bleibt das Kurzwort auf Schnellzüge beschränkt.

Moderne technische Ausdrücke verblüffen oft durch die wortschöpferische Beredtheit von Ingenieuren und Physikern. Da gibt es das «radio detecting and ranging», d.h. die Ortung und Entfernungsmessung mit Hilfe von Radiowellen. Gott sei Dank wurde längst die Abkürzung «Radar» gefunden. Bei «Laser» ist es ähnlich. Ausgeschrieben klingt das so: Light amplification by stimulated emission of radiation (Lichtverstärkung durch stimulierte Strahlungsemission).

Aids, die schreckliche Krankheit unserer Zeit, heißt eigentlich «acquired immune deficiency syndrome» (erworbenes Immunschwächesyndrom). – Die Abkürzung «Azubi» (Auszubildender) wird zumeist ironisch an Stelle des früher üblichen Wortes «Lehrling» verwendet.

In der Alltagssprache hat sich das Wort «Kapo» längst eingebürgert: «Sag deinem Kapo, er soll sich gefälligst um die Absperrung kümmern!» Gemeint ist hier in der Regel ein Höhergestellter, der etwas «zu sagen hat», z.B. ein Vorarbeiter bzw. ein Polier oder ein Meister.

Anscheinend geht das Wort auf das ursprünglich französische «Korporal» (Unteroffizier) bzw. auf das italienische «caporale» (Hauptmann, Anführer) zurück. Letzterem liegt das lateinische Wort «caput» (Kopf) zugrunde. Mit «Kapo» wurde auch der Anführer einer Arbeitskolonne in einem Straflager bezeichnet.

Eine sehr negative Prägung hat das Wort «Mob». Es bezeichnet nicht die Menschenmasse schlechthin, sondern den haltlosen, gierigen Pöbel. Die Abkürzung entstand in England aus lateinisch «mobile vulgus» (das wankelmütige Volk).

Nicht weit entfernt davon ist «Snob» anzusiedeln. Es kam Mitte des vorigen Jahrhunderts durch den Schriftsteller William Thackeray in die englische Sprache und bezeichnete einen eitlen, angeberischen Zeitgenossen. Heute gibt es die Varianten «Snobismus», «snobistisch» und «versnobt». «Diese ganze Bagage ist unheilbar versnobt.»

Angeblich wurden bürgerliche Studenten in der Cambridger Universitätsmatrikel mit s. nob. (lat. sine nobilitate = nicht von Adel) gekennzeichnet. Wer es durch sein Äußeres oder durch seine Verhaltensweisen den Adeligen gleich tun wollte, dabei aber nicht das rechte Stilgefühl entwickelte, benahm sich wie ein Snob. Allerdings ist die Herkunft des Wortes nicht zweifelsfrei geklärt.

Natürlich entstehen auch heute immer noch Zusammenziehungen nach dem genannten Muster. So werden aus gelegentlichen Wortspielen neue Vokabeln unserer Umgangssprache.

Die Jugendlichen verkürzen das Wort «Glimmstängel» zu

«Glimmel». «Pop», «Pop-Art» oder «Pop-Song» haben sich längst an der Stelle von «popular art» und «popular song» eingebürgert.

Das Wort «unkaputtbar» steht noch nicht im Duden. Aber vielleicht ist das nur eine Frage der Zeit. Jedenfalls gibt es bereits eine Reihe von Verwendungsbelegen. Ganz offensichtlich sind hier verschiedene Wörter vermischt und neue zusammengesetzt worden: z.B. «kaputt» und «unzerstörbar». Das neue Wort, ein Kunstwort oder Neologismus, wird unter anderem für robuste Handys, aber auch für Personen verwendet, die sich trotz aller Schwierigkeiten dauerhaft zu behaupten vermögen.

In Amerika und zunehmend auch in Deutschland übernachtet der Reisende in einem «Motel» (Motor-Hotel), das sich den Bedürfnissen des Autofahrers besonders anpasst. Vielleicht nimmt er hier am «Brunch» teil, einer üppigen Mahlzeit, die Frühstück (engl. Breakfast) und Mittagessen (lunch) miteinander verbindet. Wenn er will, kann er das Ereignis mit seinem «Camcorder» aufnehmen. Dieses Gerät vereinigt eine Kamera (camera) und einen Recorder in sich.

Ungewohnt und noch ein wenig sperrig ist der Begriff «Infotainment», den Erhard Eppler aus «Information» und «Entertainment» zusammengefügt hat, um den oft unbefriedigenden Umgang mit den neuen Medien zu kennzeichnen.

Aus Bequemlichkeit war es schon immer üblich, erdkundliche Namen – wenn Missverständnisse ausgeschlossen waren, elegant abzukürzen: Da steht auf Fahrplänen oder Listen «Nbg.-Mögeldorf» oder «L.-hafen», «NSU» (Neckarsulm) – als eine späte Erinnerung an eine einst berühmte Motorradmarke – oder «Ffm» (Frankfurt am Main).

Die deutsche Wiedervereinigung des Jahres 1990 hat den Sprachschatz um brisantes Wortmaterial erweitert. Nun heißen die Bewohner der alten Bundesrepublik «Wessis» und die der neuen Bundesländer «Ossis». Die Begriffe «Westdeutscher» und «Ostdeutscher» sind wohl doch zu unhandlich für tiefschürfende Wertungen am Biertisch oder auf dem Wochenmarkt.

Brisant sind die Begriffe deshalb, weil sie einen breiten konnotativen Hof, d.h. mitschwingende Bedeutungen, besitzen. Der Ostdeutsche hält den «Wessi» für arrogant und oberlehrerhaft. Umgekehrt gilt der «Ossi» manchem als unbedarft, fordernd und undankbar. Wir alle warten gespannt auf den Tag, an dem auch die geistige Grenze zwischen Ost und West fällt.

Am Rande sei noch kurz etwas anderes gestreift. Über Jahrzehnte hatten wir es uns angewöhnt, von Westdeutschland, Mitteldeutschland und Ostdeutschland zu sprechen. Westdeutschland war die alte, im Jahr 1949 gegründete Bundesrepublik Deutschland. Geografisch, sonst aber durch Stacheldraht und Minenfelder getrennt, schloss sich die «Ostzone» an. Vornehmere sprachen korrekt von der «Sowjetzone» oder der «Sowjetischen Besatzungszone» (SBZ). So hieß das Gebiet zwischen Werra und Oder bzw. Neiße für viele immer noch, als es schon längst die Deutsche Demokratische Republik gab. Die nahm man erst einmal gar nicht zur Kenntnis, weil man das politische System ablehnte und mit der Schutzmacht Sowjetunion im «kalten Krieg» lag.

Langsam wurde die Zone zur sogenannten DDR, dann zur DDR in Anführungszeichen («DDR»), bevor sie im Rahmen der neuen Ostpolitik in den Siebzigerjahren als gleichberechtigt anerkannt wurde.

Mit «Ostdeutschland» wurden die Gebiete jenseits der Oder-Neiße-Grenze bezeichnet, die Deutschland 1945 verloren hatte und die, staatsrechtlich betrachtet, unter polnischer und sowjetischer Verwaltung standen.

Nach der endgültigen Regelung der deutschen Frage verlor der Begriff «Mitteldeutschland» seinen ursprünglichen Sinn und wurde durch «Ostdeutschland» ersetzt. Sicher wird es noch einige Zeit dauern, bis sich die bewusst vollzogene Veränderung in den Köpfen der Menschen und im allgemeinen Sprachgebrauch durchgesetzt hat.

Zu guter Letzt noch einige Kuriosa aus dem großen Lexikon der Abkürzungen. Gelegentlich tauchen rätselhafte Einzelbuchstaben auf und wollen entschlüsselt werden. Mag sein, dass sich ältere Leute daran erinnern, diese Kürzel vor langen Jahrzehnten in der Schule gelernt zu haben.

Dass die Abkürzungen fl, oft als kunstvoll verschlungene Ligatur gedruckt, und X vergessen sind, lässt sich unschwer nachvollziehen. Nach der Reichsgründung im Jahr 1871 wurde in Deutschland die Mark als einzig gültige Währungseinheit eingeführt. Nach und nach verschwanden die alten Bezeichnungen aus der Umgangssprache.

Das fl war die Abkürzung für «Florin», eine Goldmünze, die zuerst im 13. Jahrhundert in Florenz geprägt wurde. Die niederländische Bezeichnung für die gleiche Münzart lautete «Gulden» (Goldmünze). Sie setzte sich auch in Deutschland durch.

Das X stand für «Kreuzer». Die ebenfalls seit dem 13. Jahrhundert, zunächst in Meran und Verona, geprägte Münze war an einem Kreuz zu erkennen.

Auf älteren Fotos, die möglicherweise noch gar nicht so alt sind, findet sich ein d in deutscher Schrift (ϑ). Jeder Leser merkt sogleich, dass es «Pfennig» bedeutet. Allerdings wird dieses Wort bekanntlich am Anfang nicht mit d geschrieben. Hier liegt der Begriff «denarius» für eine römische Silbermünze zu Grunde. Andere Länder benutzen die Bezeichnung bis zum heutigen Tag für ihre Währungseinheiten (Denar, Dinar).

Was einst galt, wird durch anderes ersetzt, gerät vielleicht in Vergessenheit. Noch verstehen wir die Abkürzungen M (Mark), RM (Renten- oder Reichsmark), DM (Deutsche Mark), MDN (Mark der Deutschen Notenbank, DDR). Kaum jemand weiß aber Genaueres über die Geschichte der über hundert Jahre gültigen Währungseinheit. «Mark» bezeichnete im Mittelalter einen Silberbarren von bestimmtem Gewicht – vermutlich deshalb, weil er mit der «Marke», dem Hoheitszeichen der Obrigkeit, versehen war. Durch das Reichsmünzgesetz von 1873 wurde die Mark als Währungsgrundlage im Deutschen Reich eingeführt.

Übrigens wurden ja auch in anderen Ländern Gewichtseinheiten zu Währungsbezeichnungen. Das gilt etwa für England (pound) oder Italien (lira = Pfund).

Seit 1999 gilt für die meisten Länder der Europäischen Union (EU), u. a. für Deutschland, der Euro (€) als gemeinsame Verrechnungseinheit. Die seinerzeit geplante Bezeichnung ECU (European Currency Unit) wurde aufgegeben und ist heute eigentlich nur noch für Sammler von Interesse.

Der Euro ist in 100 Cent (lat. centum = hundert) unterteilt. Münzen und Scheine der neuen Währung sind mit Beginn des Jahres 2002 in Umlauf gebracht worden.

In Bezug auf unser Thema ist das x wohl insgesamt der interessanteste aller Buchstaben. Die Assoziation «Kreuz» wurde schon angesprochen. Hier sei z. B. auch an das amerikanische

«Xmas» (Christmas = Weihnachten) oder «xing» (crossing = kreuzen, überqueren) auf Verkehrsschildern gedacht.

In der Mathematik ist x die erste Unbekannte. Unbekannt ist auch ein Herr X oder irgendein x-beliebiger Passant. Wer seinen Namen nicht schreiben kann unterzeichnet mit drei Kreuzen «XXX». Auf einem Formular lassen sich unzutreffende Angaben «ausiksen», d.h. sie werden mit dem Buchstaben x einfach überschrieben und damit ungültig gemacht.

Vielleicht möchte jemand einem anderen «ein X für ein U vormachen». Diese Redewendung ist heute nicht mehr zu durchschauen und muss deshalb erläutert werden. Das U wurde in früheren Zeiten, angefangen bei den Römern, als V geschrieben. Der Buchstabe war zugleich Zahlzeichen und bedeutete «fünf». Mag sein, dass unredliche Wirte oder Kaufleute das V immer wieder einmal nach unten zu einem X in der Bedeutung von «zehn» verlängerten.

Was ein ABC ist, weiß jeder. Die Bezeichnung «Alphabet» stammt aus dem Griechischen und meint das Gleiche. Hier haben die ersten beiden Buchstaben (α, β) Pate gestanden.

Ähnlich ist es bei «A und O»: «Das Patenkind ist sein A und O.» Die Wendung bezieht sich auf den ersten und den letzten Buchstaben des griechischen Alphabets (A und Ω). Sie bedeutet folglich: «Das Patenkind ist sein Ein und Alles.»

Gelegentlich dient diese Buchstabenkombination auch dazu, die Unendlichkeit Gottes zu symbolisieren.

Mit Schimpf und Schande

Ärger und Adrenalin können den Menschen ausgesprochen erfindungsreich machen. «Du bist doch das größte, das allergrößte ...» – Und nun arbeitet es in demjenigen, der den anderen treffen, vielleicht gar vernichten will: «... das allergrößte Rindvieh, Schwein, Arschloch!»

Klar, die Fäkalsprache, die weithin tabuisiert ist, kommt hier zu ihrem Recht. Da gibt es den «Scheißkerl», den «Scheißer» und die «Scheißfreudlichkeit». Das Verhalten des Gegner ist einem «scheißegal» und man meint, er könne sich etwas «scheißen».

Auch anderes Unappetitliches geht im Zustand höchster Erregung über die Lippen. Jemand wird als «Arsch» tituliert, gern in den Verbindungen «du Arsch» oder «so ein Arsch». Das Gesicht muss wohl nicht besonders apart aussehen, wenn sein Besitzer zum «Arschgesicht» oder zum «Arsch mit Ohren» wird.

Beliebt ist der «schwäbische Gruß», den Goethe in seinem «Götz von Berlichingen» verewigt hat. Da ruft der Held des Trauerspiels in bedrängter Lage: «Mich ergeben! Auf Gnad und Ungnad! Mit wem redet ihr! Bin ich ein Räuber! Sag deinem Hauptmann: Vor Ihro Kaiserlicher Majestät hab ich wie immer schuldigen Respekt. Er aber, sags ihm, kann mich im Arsch lecken.» (Schmeißt das Fenster zu.) Goethes sehr viel deftigere Präposition ist vom «Alltagsgeschmack» im Lauf der Zeit etwas «gemildert» worden.

Vom Menschen zum Tier: Das Wort «Affenarsch» enthält eine nicht genau fassbare Abwertung des Gemeinten. «Hundsfott» und «hundsföttisch» sind im Großen und Ganzen aus der Mode gekommen. Der obszöne Sinn wird auf den ersten Blick für viele nicht sichtbar. Tatsächlich ist mit «Fott» (Fotze) das Geschlechtsteil der Hündin gemeint. Die läufige Hündin gilt – eben mit menschlichen Maßstäben gemessen – als unmoralisch aufdringlich.

Totes, verwesendes Fleisch wird als besonders abstoßend empfunden. So verwundert es nicht, dass die Tätigkeit des Abdeckers oder Schinders zu den sogenannten «unehrlichen» Berufen gehörte. In früheren Jahrhunderten durften sie oft nicht innerhalb der städtischen Mauern wohnen. Es war ihnen verboten, Waren, die auf dem Markt oder in Ladengeschäften lagen, mit ihren Händen zu berühren.

Das Schimpfwort «Schinder» ist immer noch gebräuchlich. Dabei geht es nicht darum, dass irgendjemand einem anderen – in der ursprünglichen Bedeutung des Wortes – das Fell bzw. die Haut abzieht. Vielmehr wird der andere drangsaliert und gequält: «Ich lasse mich von Ihnen nicht länger schinden.» – «Bei diesem Schinder bleibe ich keine Stunde mehr.»

Der Abdecker hatte es mit Aas oder Luder zu tun. Beide Wörter sind als Schimpfwörter erhalten geblieben: «du faules Aas». Manchmal werden pietätlose Zeitgenossen auch mit «Aasgeiern» verglichen, insbesondere dann, wenn sie nicht schnell genug über das Erbe eines Verblichenen herfallen können. Vielleicht «aasen» sie anschließend mit dem so leicht erworbenen Wohlstand.

Ein durchtriebenes Frauenzimmer ist ein «Luder». Wenn es ein «Luderleben» führt, es mit der Moral also nicht so genau nimmt, dann kann es sein, dass es «verludert».

Tiernamen tauchen in Schimpfworten immer wieder auf. Davon ist auch an anderer Stelle die Rede. Dass dabei das Schwein besondere Beachtung erfährt, hängt wohl mit seiner Vorliebe für den Dreck, das Suhlen im feuchten Matsch zusammen. «Du Dreckschwein!» – In diesen Zusammenhang gehören auch die beliebten Schimpfwörter «Miststück» oder «Mistkerl».

Natürlich gibt es auch die einfachen Formen «du Ferkel», «du Schwein» oder «du Sau». Ganz sanft beginnt die Skala mit dem Kind, das sich schmutzig gemacht hat. «Du siehst aus wie ein Ferkel.» Unversehens kommt ein moralischer Unterton hinzu: «Die ewigen Ferkeleien in eurer Unterhaltung finde ich unpassend.» – «Das ist eine ganz miese Sau.» – »Mit diesem Charakterschwein will ich nichts zu tun haben.»

Auch andere Tiere kommen zu Wort. Dabei werden deren vermeintliche Charaktereigenschaften auf den Menschen übertragen. Neben der «faulen Sau» gibts den «faulen Hund». Das «Schaf», die «dumme Ziege» oder die «dumme Kuh» glänzen nicht eben durch besonderen Scharfsinn.

Das Gleiche gilt für das «dumme Huhn» oder die «blöde Gans». Exotisches schimmert in «Kamel», «Trampeltier» (zweihöckriges Kamel) oder «Walross» durch. Hier paaren sich die äußere Erscheinung, z. B. die Körperfülle und unbeholfene Bewegungen, mit einer gewissen geistigen Schwerfälligkeit. «Mit diesem Trampeltier kann ich meiner Kundschaft nicht kommen!»

Natürlich gäbe Brehms «Tierleben» manches Verwertbare her. Vielfach werden die Tiernamen aber nicht als Schimpf-, sondern als Vergleichswörter verwendet – selbstverständlich auch, um unerfreuliche Eigenschaften zu bezeichnen. Wenige Beispiele mögen an dieser Stelle genügen: «Dieser alte Fuchs hat mich um meinen Lohn betrogen.» – «Wie die Schmeißfliegen fielen die Verwandten über die wertvollen Erbstücke her.» – «Der neue Abteilungsleiter ist aalglatt.»

Unterschiedlicher Herkunft sind andere Schimpfwörter. Der «Depp» ist der Wortbedeutung nach ein unbeholfener «täppischer» Mensch. Der «Tölpel» bezeichnete ursprünglich den Dörfler, den Dorfbewohner. Ihm wurde von den Städtern ebenfalls Unbeholfenheit und geistige Unbeweglichkeit unterstellt.

«Lump» und «Gauner» deuten auf einen kriminellen Lebenswandel. Beim «Galgenstrick» ist ein schmähliches Ende vorauszuahnen.

Es kann nicht ausbleiben, dass der Tabubereich des Sexuellen eine Reihe von Schimpfwörtern liefert. Da gibt es Unappetitliches und Abstoßendes, Perverses, das man seinem persönlichen Feind genussvoll andichtet, oder einfach Geheimnisvolles, das die Fantasie belebt.

Die Bezeichnungen «Hure» oder «Hurenbock» deuten auf nicht selten übertriebene geschlechtliche Aktivitäten außerhalb der gesellschaftlichen Normen. Der Volksmund geizt nicht mit weiteren, zum Teil überaus drastischen Vokabeln.

Das Schimpfwort «Wixer» (Wichser) ist über die Jugendsprache inzwischen zu einem unübersehbaren Bestandteil der Kindersprache geworden. Vermutlich wissen viele Benützer aber gar nicht, wovon sie sprechen. Sie wollen dem anderen eins auswischen und spüren, dass das genannte Schimpfwort besonders trifft. Ursprünglich bezeichnet es den Onanisten, der sich durch eine charakteristische Handbewegung selbst befriedigt. –

Bislang war nur von hochdeutschen Schimpfwörtern die Rede. Wer in Bayern oder Württemberg, im Rheinland oder in Berlin dem Volks aufs Maul schaut, weiß, dass der Schatz an mundartlichen «Verbalinjurien» unerschöpflich ist. Das kölsche «Jeck» oder «du Jeck» klingt noch sehr mild, zumal hier die Nebenbedeutung «Karnevalsnarr» mitschwingt. Das kann man bei «Knallkopp» oder «Fääkeskopp» (Ferkel-, Schweinskopf) nicht mehr behaupten.

Das Schwäbische kennt gleichfalls viele Abstufungen, wenn es darum geht, den anderen zu schmähen. Der «Glufamichel» ist ein pedantischer Zeitgenosse, der andere durch seine Kleinlichkeit ärgert und aufhält. Er zählt die «Glufen», die Stecknadeln. Als «Krott» (Kröte) bezeichnet man ein unzuverlässiges, schwer erziehbares Mädchen. Der «Siach» ist ein charakterlich verdorbener, durchtriebener Mensch.

Das Bairische zeigt einen großen Reichtum an Schimpfwörtern. Damit werden nicht nur Landfremde, sondern auch eigene Landsleute mehr oder weniger deftig bedacht.

Einem «Reigschmeckten» begegnet man mit Vorsicht. Schlechter dran ist der aus dem Norden stammende «Saupreiß» mit seiner so anders klingenden Sprache und seiner fremden Lebensart. Sind am Ende die Wunden von 1870/71, der erzwungenen bismarckschen Reichsgründung, noch immer nicht verheilt? – Betroffen wird sich in diesem Zusammenhang mancher an die aktuellen Schimpfwörter «Ossi» und «Wessi» erinnern, die tiefe gegenseitige Vorbehalte spiegeln.

Der «Bazi» ist ein unangenehmer, durchtriebener Mensch. Vielleicht liegt hier die scherzhaft latinisierte Form «Lumpazius» zu «Lump» zu Grunde. Tölpelhaft und albern wirkt der «Toagaff». Die «gscherte Ruam» (Rübe) und der «gscherte Hammel» sind unangenehm und rücksichtslos. Wieder taucht ein Tiername als Schimpfwort auf. Das «gschert» erinnert an die leibeigenen Bauern des Mittelalters und der Neuzeit. Sie mussten sich zum Zeichen ihrer Abhängigkeit das Haupthaar rasieren lassen. Als «Dörfler» und dem daraus abgeleiteten «Tölpel» gelten sie als ungebildet und grobschlächtig.

Das Schimpfwort «Lackl» gibt es im Schwäbischen und im Bairischen: «Du bist ein blöder Lackl!» Es erinnert an den französischen General Mélac, der im Jahr 1689 im Auftrag Ludwigs XIV. die Pfalz verwüstete und dabei u. a. das Heidelberger Schloss niederbrannte. Schon damals gab es die Taktik der «verbrannten Erde».

Immer wieder sind Frauen Gegenstand der Beschimpfung, weil sie sich anders als erhofft verhalten. Die «Drutschn» ist ungeschickt, nachlässig und trottelhaft; der «faden Nocka» fehlt's an Temperament und Feuer. Das Wort «Nocke» bedeutet so viel wie «Kloß». Bekannt sind in diesem Zusammenhang die viel besungenen «Salzburger Nockerln». Die «Beißzang» muss nicht erläutert werden, zumal dieses Schimpfwort auch im Hochdeutschen üblich ist. –

Aus dem Berlinerischen sind unfreundliche Titulierungen wie «Fatzke» und «Piefke» geläufig. Mit Ersterem ist ein dümmlicher Wichtigtuer gemeint. «Was will denn dieser Fatzke.» Das zweite Wort, das annähernd dieselbe Bedeutung hat, war wohl ursprünglich ein Personennamen. Nach dem Ersten Weltkrieg entstand als Analogiebildung das Schimpfwort «Raffke». Es ist vom Verb «raffen» abgeleitet und bezog sich auf die neureichen Schieber und Kriegsgewinnler.

Übrigens hat sich das Wort «Piefke» auch im Österreichischen eingebürgert. Es bezog sich zunächst auf den deutschen bzw. reichsdeutschen Soldaten. Heute ist damit in der Regel der aus dem Norden kommende Tourist gemeint, der durch seine laute, anmaßende Wesensart auffällt.

Auch bei den Schimpfwörtern wird die Doppeldeutigkeit der Dinge sichtbar. Viele drücken nicht Hass und Verachtung, Tadel und Drohung, sondern tief empfundene Zärtlichkeit aus. Das Mädchen wird zur «kleinen Hexe» oder zum «Äffle». Der vierjährige Junge ist ein «Gauner» oder «Gangster», ein «Strick» oder «Schelm», ein «Strolch» oder «Lump». – «Gehört Ihnen dieser goldige Schlingel?»

Das gilt natürlich auch bei mundartlichen Schimpfwörtern. Im Sinn des Obengesagten kann z.B. das Wort «Krott» als Ausdruck innigster Zärtlichkeit verwendet werden. Neben «e freche Krott» steht gleichberechtigt «e siaße Krott».

«So ihr nicht werdet wie die Kinder ...» – Offensichtlich sind Eltern, Großeltern, Tanten und Onkel gern bereit, über die kleinen, kindlichen Schwächen ihrer Schutzbefohlenen hinwegzusehen.

Unaussprechliches

Bisher war von beschönigender Verhüllung die Rede. Der Sprecher oder Schreiber möchte einen bestimmten Sachverhalt in günstigerem Licht erscheinen lassen. Wer denkt nicht an seine eigene Kindheit, an Kinder und Enkel, die gelegentlich mit zitternder Stimme so anfangen: «Es ist gar nichts passiert ...» Dass Euphemismen in Werbung, politischer und weltanschaulicher Propaganda gehäuft auftauchen, leuchtet unmittelbar ein.

Das Adjektiv «tabu» und das Substantiv «Tabu» stammen aus dem Polynesischen. Sie sind längst in unserer Umgangssprache gebräuchlich: «Für mich ist dieses Thema tabu.» – «Irgendjemand sollte dieses Tabu einmal brechen.»

Das Wort stammt aus der religiösen Sphäre. Es bezeichnete etwas Göttliches oder Dämonisch-Bedrohliches, das aus religiöser Scheu oder aus Angst nicht genannt werden durfte.

Erinnern wir uns daran, dass zum Beispiel die Juden seit etwa 300 v.Chr. den Namen Gottes nicht mehr aussprachen. Statt der ursprünglichen Form «Jahve» wurde nun das Wort «Adonai» (mein Herr) üblich.

Dass uns ähnliche religiöse Vorstellungen nicht ganz fremd sind, zeigt ein anderes Beispiel. Unsere Vorfahren scheuten sich, das Wort «Teufel» auszusprechen. Sie fürchteten, ihn durch die Nennung seines Namens herbeizurufen. So erfanden sie eine Reihe von tarnenden Umschreibungen: der Versucher, der Widersacher, der Erzfeind, der Böse, der Leibhaftige, der Höllenfürst und manches andere. Besonders kennzeichnend ist die Prägung «Gottseibeiuns». Man sieht vor seinem geistigen Auge einen Menschen, der schon angesetzt hat, das gefährliche Wort auszusprechen und der die Gefahr dann durch ein rasches Stoßgebet abwendet: «der … – Gott sei bei uns!»

Es klang schon an, dass der Begriff «Tabu» in unserer Alltagssprache heimisch geworden ist. Das gilt logischerweise nicht nur für das Wort, sondern auch für den Sachverhalt, den es bezeichnet. Über manches spricht man nicht – allenfalls in vertrautem Kreis oder hinter vorgehaltener Hand: Frau Meier will sich von ihrem Mann scheiden lassen. – Herr Keller sitzt seit gestern in Untersuchungshaft. – Der Junge hat sich im Urlaub auf Haiti etwas geholt …

Und damit wären wir beim Thema. Besonders auffällig ist die Tabuisierung der Sexualität. Sicher hat das irgendwas mit zweitausend Jahren christlicher Lehre und christlichen Lebenswandels zu tun. Der menschliche Leib galt als vergänglich; der Geschlechtstrieb war Ausdruck des Bösen, ein besonders wirkungsvolles Mittel des Satans, um den Menschen in seinen Bann zu ziehen.

Dass es nicht immer so war, erweisen unter anderem die griechische und die römische Kulturgeschichte. Vielerorts standen in der Antike Denkmäler, die dem Gott Priapos geweiht waren. Sie zeigten einen gewaltigen aufgerichteten Penis mit zugehörigen Hoden. Frauen pilgerten zu den Standbildern und beteten an ihnen um Fruchtbarkeit. Sicher nicht darum allein …

Von der Scheu, über die Geschlechtsorgane und über sexuelle Sachverhalte zu sprechen, war die Rede. Aber sogleich fällt ein unübersehbarer Widerspruch auf. Der Enthaltsamkeit auf der einen Seite steht ein ungeheurer Reichtum an Vokabeln, eine schier unermüdliche Schöpfungskraft der Fantasie gegenüber.

Es ist doch wohl so, dass der ganze Komplex der Sexualität die

Menschen – und das vom Kindesalter an – außerordentlich beschäftigt. Wer daran zweifelt, dem sei ein Blick in das Wörterbuch «Sex im Volksmund» von Ernest Bornemann empfohlen. Er hat den einschlägigen Wortschatz auf Hunderten von Seiten zusammengetragen. Sicher sind viele der Wörter und Wendungen nicht «literaturfähig»; manche wirken in höchstem Maße obszön und unappetitlich.

Hier geht es nicht darum, einen Überblick über die Sprache der Sexualität zu vermitteln. Nur einige wenige Beispiele sollen die Produktivität der Sprache im Tabubereich veranschaulichen.

Fangen wir verhältnismäßig unverfänglich an. Infolge der gesellschaftlichen Liberalisierung finden sich nackte Busen auf vielen Titelblättern von Illustrierten; im Fernsehen werden sie instrumentalisiert, um die Einschaltquoten zu erhöhen. Bei Bornemann finden sich Umschreibungen wie Balkon und Milchladen, Oberbau und Puffer, Buchteln und Kurven, Titten und Wackelpudding. In Wirklichkeit ist die Liste viel länger.

Mehr als für eine weibliche Brust gilt die Tabuisierung für die sogenannten primären Geschlechtsorgane. Die Sache bleibt einigermaßen neutral, wenn man nach Medizinerart die eingeführten lateinischen Ausdrücke verwendet.

Für den männlichen Penis gibt es unter anderem diese Umschreibungen: Bolzen und Gemächt, Latte und Pimmel, Schwanz und Zipfel.

Die weibliche Vagina wird als Büchse oder Fotze, Liebesmuschel oder Möse, Muschi oder Pflaume bezeichnet. Übrigens bedeutet das lateinische Wort vagina «Schwertscheide».

Die geschlechtliche Vereinigung von Mann und Frau heißt fachsprachlich «Koitus» (lat. Zusammengehen). Der Volksmund hat hier Hunderte vom Umschreibungen erfunden. Auch diesmal nur einzelne Beispiele: besteigen und bumsen, bürsten und dengeln, ficken und pimpern, rammeln, stoßen und vögeln.

Einzelne Ausdrücke beziehen sich auf die Art der Bewegung und die dafür verwendete Energie. So bedeutet «ficken» ursprünglich «hin- und herbewegen». Die alte Bedeutung ist heute noch in «fickrig» erkennbar. «Rammeln» und «vögeln» wurden vom tierischen auf menschliches Verhalten übertragen. Das englische Wort «ram» bezeichnet den Schafbock, der bekanntlich als besonders fruchtbar gilt.

Spott und Neugier spiegeln sich in Begriffen, die abweichendes Sexualverhalten bezeichnen: Ein Homosexueller wird Andersgläubiger oder Gurkenheinrich, Schwuchtel oder schwuler Bruder genannt. Er gehört zur «anderen Fakultät» oder hat «eine andere Feldpostnummer».

Lesbierinnen heißen im Jargon Geigerin oder Mandolinenspielerin, Punzenmasseuse oder Reiberin. Der Fachbegriff bezieht sich auf die griechische Dichterin Sappho, die um 600 v. Chr. auf der Insel Lesbos lebte. In ihren Gedichten besang sie voller Gefühl und Leidenschaft junge Mädchen. Das trug ihr später offenbar zu Unrecht – den Ruf ein, «lesbisch» gewesen zu sein.

Der bescheidene Blick in die Tabuwelt der Sexualität mag genügen. Der Autor verzichtet darauf, das Fachvokabular der Pädophilie, der Gerontophilie oder der Nekrophilie (geschlechtliche Beziehung zu Kindern, Greisen oder Leichen), des Gruppensex, des Oral- und Mammalverkehrs usw. näher zu betrachten. Für die allermeisten Menschen dürften Ausdrücke dieser Art ohne Belang sein.

Eine Reihe von Wörtern und Wendungen gehört eigentlich nicht unter den Oberbegriff Tabu. Aber dennoch haben wir als Sprecher eine gewisse Scheu, sie zu verwenden. Manchmal hilft die Flucht in die Abkürzung wie beim BH (Büstenhalter) oder bei WC (watercloset, Wasserklosett).

Klar, über die weibliche Brust spricht man nicht – oder doch? Über die männliche gibt es nur wenig zu sagen. Das «Klo» bezieht sich auf intimere menschliche Verrichtungen. Der eigentliche Sachverhalt wird bereits in der genannten Kurzform bzw. in dem englischen Ursprungswort geflissentlich umgangen. Die Vokabel «closet» bezeichnet einen geschlossenen Raum. Im WC gibt es zusätzlich Wasserspülung.

Dass die Tabuisierung weitergeht, zeigt sich an anderen Begriffen. Die Engländer und die Amerikaner sprechen vom «ladies' room» (Damenzimmer) oder vom «restroom» (Ruheraum). Im Deutschen ist vom «Abort» (abgelegener Ort) oder «Abtritt», von der «Toilette» oder vom «Lokus» die Rede. «Toilette» bedeutete im Französischen ursprünglich «kleines Tuch». Es wurde später auf das Sich-Herrichten durch Waschen und Kämmen bzw. auf die Ausstattung einer Dame übertragen.

«Lokus» geht auf lateinisch «locus» (Ort) zurück. Auch heute noch sucht man bei Bedarf das «(stille) Örtchen» auf. Romantiker ziehen vielleicht das «Herzhäuschen» vor. – Ganz ungehobelte Gesellen nennen die Sache bei Namen und sprechen vom «Scheißhaus»; Soldaten – und nicht nur sie – benützen den «Donnerbalken».

Dass die Tätigkeit des «Defäkierens» oder des «Urinierens» (Kot und Urin ausscheiden) einem gesellschaftlichen Tabu unterliegt, lernen schon die Allerkleinsten: «Mama, ich muss mal ...» Der Satz bleibt in der Regel unvollständig.

Manche Euphemismen oder Tabus gehören mehr in den Bereich des einfühlsamen Miteinanders oder des gesellschaftlichen Taktes. Es soll Hotels geben, in denen die Nummer 13 nicht auftaucht. Da reihen sich auf einem Gang die Zimmer 9, 10, 11, 12, 14, 15 und 16 oder 11, 12, 12a und 14 aneinander. Man will den Gast davor bewahren, ein Missgeschick auf der Reise – den Diebstahl des Fotoapparats oder ein teures, aber misslungenes Abendessen – durch Aberglauben zu erklären.

Verständnislos las kürzlich die Besucherin eines Altersheims die Anzeigetafel im Aufzug. Ganz unten, da wo es sonst «Untergeschoss» heißt, stand zu lesen: «Aussegnungshalle». Was mögen die alten Leute denken, die im Heim ihren Lebensabend verbringen und Tag für Tag auf den Aufzug angewiesen sind!

Geschichtliche und politische Ereignisse haben dazu beigetragen, dass bestimmte Ausdrücke nur noch bedingt oder gar nicht mehr verwendet werden können. Wenn es dennoch geschieht, zuckt der aufmerksame Leser erst einmal zusammen.

Bei der Fußballweltmeisterschaft 1998 überschrieb ein Journalist seinen Zeitungsartikel mit «Deutschland erwachte». Nehmen wir an, dass es sich hier um einen unglücklichen Zufall handelte. Mancher denkt in diesem Zusammenhang an die SA-Standarten mit der Aufschrift «Deutschland erwache!».

«Selektion» bedeutet nichts anderes als «Auslese». Wenn wir den Begriff verwenden, sehen wir aber immer wieder den Bahnsteig im Vernichtungslager Auschwitz vor uns. Aus der Schar der Ankommenden wurden die Arbeitsfähigen ausgewählt. Die anderen – unter ihnen viele Frauen und Kinder – gingen in die Gaskammer.

Anders sprechen

Tiere unter sich

Sprache ist dem Menschen eigen. Kein Tier ist in der Lage, Laute zu bilden, sie zu Wörtern zusammenzusetzen und nach ganz bestimmten Regeln miteinander zu verbinden. Der Papagei und der Rabe wiederholen, was ihnen tausendfach vorgesagt wurde. Nie wird es ihnen gelingen, selbstständig einen Satz zu bilden, um ihre Gefühle und Meinungen auszudrücken oder ihre Artgenossen zu einem bestimmen Verhalten zu bewegen.

Dennoch – immer wieder ist in der wissenschaftlichen und in der populärwissenschaftlichen Literatur von den sogenannten Tiersprachen die Rede. Offensichtlich sind viele Tiere in der Lage, sich mit ihresgleichen, vielleicht auch mit anderen Lebewesen in irgendeiner Weise zu verständigen.

An und für sich ist diese Einsicht nicht neu. Es bleibt aber die Frage, wie differenziert, wie fein das Mitteilungssystem bestimmter Tierarten ausgebildet ist. Handelt es sich hier nur um grobe Signale und Reflexe, oder verfügen Tiere über eine Art «Wortschatz» und vielleicht sogar über eine «Grammatik» ihrer Äußerungen?

Lange Zeit wurde die Ansicht vertreten, dass Tiere als instinktgebundene Wesen keinen «persönlichen» Spielraum für Ausdrucksverhalten hätten. Inzwischen hat die Verhaltensforschung aber erwiesen, dass sie aus Erfahrung lernen und ihre Kommunikation entsprechend anpassen können. Mehr noch: Gelegentlich sind sie sogar in der Lage, ihre spezifischen Ausdrucksmittel taktisch einzusetzen, um einen bestimmten Zweck zu erreichen.

Aber noch einmal zurück zu den instinktgebundenen Ausdrucksformen. Die Arterhaltung ist von hohem Rang. So verwundert es nicht, dass beim Paarungsverhalten verhältnismäßig auffällige Riten ablaufen. Natürlich haben wir Mühe, hier von «Sprache» zu reden. Andererseits geschieht etwas für Sprache ganz Selbstverständliches: Signale werden ausgesandt und von einem Empfänger aufgenommen. Dabei wechseln die Funktionen; einmal ist das männliche Tier der «Sender» und das weibliche der «Empfänger», und ein anderes Mal ist dies genau umgekehrt.

Oft signalisieren weibliche Tiere durch unverwechselbare Duftstoffe ihre Paarungsbereitschaft und bringen damit den männlichen Partner in den erwünschten Erregungszustand.

Nicht selten sind signalhafte Verfärbungen. So wird die unbehaarte Brust des Dschelada-Affenweibchens zur Zeit der Brunft blutigrot. Andere Tiere zeigen ihre Farbenpracht, um den Weibchen zu imponieren. Das gilt zum Beispiel für den Pfau mit seinem orientalisch verschwenderischen Federnrad. Der Blaunacken-Strahlen-Paradiesvogel zeigt am Ende seines Balztanzes den blauen Fleck in seinem Nacken. Dieses Signal ist für das Weibchen Auslöser für die Paarung.

Hier laufen verhältnismäßig einfache Kausalketten ab; Schlüssel und Schloss passen zusammen.

Tierfreunde, die einen Hund oder eine Katze, vielleicht ein Pferd halten, wissen viel mehr über die Sprache ihrer Lieblinge zu erzählen. Sie erkennen Stimmungen, spüren Zärtlichkeit und Aggressivität. Wenn sie klug sind, passen sie sich der Situation geschickt an.

Für Zoowärter kann ein solches Verhalten von großer Wichtigkeit sein. Wenn er z. B. die «Sprache» der Affen nicht versteht und sich ihnen im Käfig im ungünstigen Augenblick nähert, dann kann es zu erheblichen Verletzungen, in der Regel zu Bisswunden, kommen.

Wie differenziert die Ausdrucksmittel sein können, hat der Verhaltensforscher Walter Angst ermittelt. Nach seinen Beobachtungen verfügen die Javaneraffen im Zoo von Basel über 105 verschiedene Ausdruckselemente. Sie reichen von engster Verbundenheit bis zu heftigster Feindschaft – und sie werden verstanden, weil sie nicht zufällig entstehen, sondern sich immer wieder in gleicher Weise wiederholen.

Hier handelt es sich um Lebewesen, die dem Menschen verhältnismäßig verwandt sind. Selbstverständlich sind die Forscher ganz besonders motiviert, die Unterschiede zwischen den Primaten und dem Homo sapiens, aber auch das Verbindende herauszufinden.

Im Vergleich zu den Affen sind die Insekten niedrige Lebewesen. Zu Recht finden aber auch sie immer wieder das Interesse engagierter Biologen und Tierpsychologen. Nicht nur, weil viele Insektenarten «Staaten» bilden und damit an soziale Verhaltensweisen von Menschen erinnern. Bisweilen sind es die Verständigungsmechanismen, die auf wunderbare Weise ablaufen und in ihrer Funktion ausgesprochen wirkungsvoll sind.

Seit 1912 beobachtete der spätere Nobelpreisträger Karl von Frisch intensiv Leben und Verhalten der Honigbiene. Ihm fiel auf, dass es offensichtlich «Kundschafterbienen» gibt, die ergiebige Futterplätze ausspähen. Sobald sie wieder im Stock angekommen sind, machen sich zahlreiche andere Bienen auf den Weg und fliegen zielsicher zu diesen Stellen.

Irgendwie – so folgerte der Forscher – musste die Kundschafterbiene den anderen von dem reizvollen Nahrungsangebot «erzählt» und ihnen darüber hinaus die Lage dieses Futtergebiets mitgeteilt haben. Später fand Karl von Frisch heraus, dass sogar die Blütensorte weitergegeben wurde.

Umfangreiche Untersuchungen offenbarten eine Sensation, die als «Schwänzeltanz» der Bienen Eingang in die Lehrbücher fand: Durch den sogenannten Rundtanz teilt die Kundschafterbiene mit, dass die Futterstelle in einer Reichweite von höchstens hundert Metern liegt.

Sollte die Entfernung größer sein, wird der Rundtanz durch den Schwänzeltanz ersetzt. Aus dem Rhythmus des Schwänzelns lesen die nachfolgenden Honigbienen ab, wie weit das Ziel entfernt ist. Je langsamer er wird, desto größer ist die Distanz. Die erregt nachfolgenden Tiere werden für den Beuteflug aufgeheizt – und sie verstehen die Signale.

Mit der präzisen Angabe der Entfernung ist noch nicht alles erreicht. Die Bienen müssen ja wissen, in welche Richtung sie zu fliegen haben. Die Kundschafterbiene zeigt genau das durch die Richtung ihres Schwänzeltanzes. Und dabei orientiert sie sich am Stand der Sonne. Der von ihr gewählt Winkel zeigt den anderen den Weg. Übrigens klappt das auch, wenn die Sonne verdeckt und nur ein kleiner blauer Fleck zu sehen ist.

Die Verwandtschaft von Vogelstimmen zur Sprache, auch wenn es eine sehr ferne Verwandtschaft ist, leuchtet den Menschen seit langem ein. Allerdings bleibt die schöne Geschichte, dass der heilige Franziskus von Assisi mit den Vögeln sprechen konnte, wohl doch nur eine fromme Legende.

Vögel wollen durch ihre Rufe und ihren Gesang etwas mitteilen. Sehr oft hat das mit dem Paarungsverhalten zu tun und dient damit der Fortpflanzung. Der Geschlechtspartner soll angelockt, gleichzeitig aber ein möglicher Rivale abgeschreckt werden.

Genaue Forschungen, die heute mit verfeinerten technischen Hilfsmitteln möglich sind, haben gezeigt, dass der Gesang der Vögel auffällige regionale Abweichungen aufweist; die Vögel singen oder sprechen «Dialekte».

Der Gesang ist weder einem starren Schema unterworfen noch in seiner lautlichen Zusammensetzung willkürlich. Amseln und Nachtigallen singen in «Strophen», die in der Regel durch Beobachtungspausen unterbrochen sind. Ein Amselhahn verfügt über etwa 30 verschiedene Strophentypen. Er wird allerdings von der Nachtigall mit etwa 200 verschiedenen Strophen weit überboten. Kein Wunder, dass dieser abendliche Sänger bei jungen Verliebten und bei romantische Gemütern allgemein einen so tiefen Eindruck hinterlässt.

«Es sang vor langen Jahren
Wohl auch die Nachtigall;
Das war ein süßer Schall,
Da wir zusammen waren.»
(Clemens Brentano)

Die neuen technischen Hilfsmittel haben nicht nur dazu beigetragen, Bekanntes genauer zu untersuchen und besser zu verstehen. Inzwischen wurden auch Tiersprachen entdeckt, die bislang unbekannt waren.

Die Amerikanerin Katharine Payne erinnerte sich daran, dass Elefanten ein eigenartiges, unerklärliches Fluchtverhalten zeigen. Ohne Sichtkontakt weit voneinander entfernt grasende Tiere stellten plötzlich gleichzeitig die Ohren und ergriffen die Flucht.

Inzwischen wissen wir, dass sie sich gegenseitig durch Laute verständigen, die für das menschliche Ohr nicht hörbar sind, weil sie im Infraschallbereich liegen, also eine sehr niedrige Frequenz haben. Übrigens finden die Elefantenbullen so auch über große Entfernungen ein empfängnisbereites Weibchen.

Ähnliches geschieht auch in der Unterwasserwelt, die in unserem Bewusstsein ein Raum ewigen Schweigens ist. Auch hier verständigen sich viele Tiere durch Laute und Geräusche. Bekannt geworden ist vor allem der melancholische «Gesang» der Buckelwale in den großen Weltmeeren. Dazu hat unter anderem eine Schallplatte beigetragen, die in den siebziger Jahren auf den Markt kam.

Wieder dient der Gesang offenbar dazu, Paarungsbereitschaft zu zeigen. Vermutlich halten die Wale aber durch die von ihnen ausgesandten und empfangenen Signale in der Weite der Weltmeere Kontakt zueinander. Die Wissenschaftler vermuten, dass diese über eine Entfernung von 80 Kilometern, unter ganz besonders günstigen Umständen vielleicht sogar bis 800 Kilometer, empfangen werden können.

Wie eingangs gesagt, ist die Verständigung unter Tieren keineswegs nur durch den Instinkt gesteuert. In zunehmendem Maße wird der Wissenschaft bewusst, dass manche Äußerungsformen erlernt sind und sich gegebenenfalls sogar an bestimmte Situationen anpassen. Das Verhalten läuft nicht immer nach starren Mustern ab, sondern wird gelegentlich sogar taktisch eingesetzt, um einen individuellen Vorteil zu sichern.

Vielleicht wird die legendenhafte Utopie des heiligen Franziskus eines Tages doch wahr – zumindest teilweise. Vielleicht werden wir die Geschöpfe, mit denen wir auf dieser immer enger werdenden Welt zusammenleben, besser verstehen und auch Möglichkeiten finden, mit ihnen in einen näheren Kontakt zu treten. Alles deutet darauf hin, dass die Verhaltensforschung mit ihren zum Teil sensationellen Erkenntnissen erst am Anfang steht.

Sprechen will gelernt sein

Die Sprache ist dem Menschen nicht von vornherein gegeben; sie wird in einem langwierigen und mühseligen Prozess erlernt. Natürlich müssen gewisse physiologische Voraussetzungen vorhanden sein, damit der Sprecher Laute und Lautketten zu bilden vermag. Auf Grund seiner intellektuellen Fähigkeiten ist er in der Lage, Wörter als Sinnträger logisch miteinander zu verknüpfen.

Übrigens wird heute vielfach angenommen, dass bestimmte Voraussetzungen für das Erlernen von Sprachen angeboren sind. Die Sprachwissenschaft geht davon aus, dass alle Sprachen über gemeinsame grammatikalische Grundlagen verfügen. Wer das

Deutsche mit dem Chinesischen vergleicht, wird da zunächst stutzen. Andererseits sind ja wohl allen Menschen ganz bestimmten Denkstrukturen eigen, die sich etwa in der Logik oder auch in der Mathematik offenbaren.

Nun aber zurück zum Spracherwerb des Kindes. Bevor das erste Wort am Ende des ersten Lebensjahres gesprochen wird und bei den Eltern Überraschung und Glücksgefühle bewirkt, geschieht eine ganze Menge.

Zunächst einmal vermittelt die Mutter Nahrung und Wärme. Das Neugeborene braucht beides zum Leben. Langsam entwickelt sich eine innige gefühlsmäßige Bindung zwischen dem Säugling und seiner Mutter. Das Lächeln ist nicht mehr nur Reflex, sondern Ausdruck zärtlicher Zuneigung.

Die physiologischen Voraussetzungen für das Sprechen-Können bilden sich nach und nach heraus. Das Kind erzeugt Geräusche und Laute, die zunächst noch keinen Sinn geben, aber vorab der Übung der Sprechorgane dienen.

Irgendwann einmal erklingt das erste identifizierbare Wort. Sicher ist die Mutter überglücklich, wenn sie die noch nicht eindeutig identifizierbare Laut- und Lallfolge als das Wort «Mama» erkennt. Mag sein, dass hier das Wunschdenken eine nicht unerhebliche Rolle spielt. Immerhin, die Mutter will sicher gehen: Sie spricht das eine Wort immer wieder vor, animiert das Kind durch Zärtlichkeit und Zuwendung zumindest so lange, bis die Bedeutung «Mutter» oder «du» beim Kind gesichert ist.

Natürlich will der Vater nicht leer ausgehen. Zusammen mit der Mutter spricht er immer wieder das Lallwort «Papa» vor. «Papa, Papa, Papa.» Tatsächlich gebraucht das Kind dieses Wort bald nach dem ersten Geburtstag, wenn der Vater im Raum erscheint.

Hier wurde unterstellt, dass «Mama» und «Papa» grundsätzlich die allerersten Vokabeln des kleinkindlichen Wortschatzes seien. Das liegt nahe, muss aber nicht so sein. Dass hier gewisse Wertigkeiten durchscheinen, liegt auf der Hand. Da denkt der Verfasser an sein Patenkind, dessen früher Wortschatz sich auf «Mama», «Papa» und «Auto» beschränkte.

Sehr rasch kommen neue Wörter hinzu: «dada», «puppa», «atta», «baubau», «baba» und ähnliche. Noch immer erinnern sie in ihrer Zweisilbigkeit an die Lallphase. Aber sie sind nachprüfbar mit einer Bedeutung versehen: «das da», «Puppe», «spazieren gehen», «Hund» und «Dinge, die man nicht anfassen und essen darf».

Freilich reicht es nicht, sie lexikalisch einfach zu übertragen. Vielmehr besitzen sie die Bedeutung von ganzen Sätzen; sie sind Einwortsätze. «Da kommt der Papa.» – «Ich möchte die Puppe haben.» – «Das darf ich nicht in den Mund nehmen, weil Mama es verboten hat.»

Übrigens gibt es das auch bei Erwachsenen. Sie begnügen sich mit einem einzigen Wort (häufiger vielleicht mit zwei Wörtern), weil sie davon ausgehen können, verstanden zu werden: «Hilfe!» – «Morgen!» – «Halt!» – «Ein Bier!» – «Schöne Ferien!» – «Immer Ärger!» – Aufgeschlüsselt könnte das dann so klingen: «Ich wünsche Ihnen einen schönen Morgen.» Oder: «Bringen Sie mir bitte ein Bier!»

Nach den Einwortsätzen kommen die Zweiwortsätze. Weitere Wörter folgen, und mit ihnen ergeben sich zunehmend schwierigere grammatische Bindungen. Mit vier bis fünf Jahren ist das Lautsystem der Muttersprache voll entwickelt; mit sechs bis sieben Jahren beherrscht das Kind die gängigen Flexionsregeln.

Selbstverständlich ist dabei zu beachten, dass hier nicht die gewissermaßen amtliche Grammatik des Deutschen zugrunde liegt, sondern das von Mutter und Vater, von Geschwistern, Verwandten und Bekannten verwendete grammatikalische Repertoire. Mundartliche oder sozial bedingte Besonderheiten werden als richtig gelernt, auch Fehler – zumindest so lange, bis irgendjemand verbessernd eingreift. «Das heißt nicht: Ik liebe dir, sondern ich liebe dich!» Dass hier der Schule eine wichtige Rolle zukommt, liegt im Wesen der Sache. Sie vermittelt überregionale Sprachnormen als Voraussetzung zu gesteigerter Sprachkompetenz.

Weil das Kind von vornherein nicht alles begreift, was gesprochen wird, entstehen oft lustige Missverständnisse. Da wird z.B. der VW zur «Frau W». Unser Sohn fragte uns vor langen Jahren danach, wie viele «Anhänger» der iranische Revolutionsführer Chomeini denn habe. Dieser Begriff war ihm nur im Zusammenhang mit Lastautos bekannt.

Ein anderes Beispiel aus der Familie zeigt, wie beabsichtigtes Sprachhandeln infolge des fehlenden Wortschatzes entgleisen kann. Ein kleiner Knirps hat sein ganzes Zimmer verschmiert und bewirkt dadurch bei seiner gestressten Mutter einen Wutausbruch. Schuldbewusst schleicht er eine ganze Zeit lang um sie herum, bis ihm endlich die erlösende Formel einfällt: «Alles Dute – und dute Besserung!»

Sprache und Wirklichkeit! Dass der Zusammenhang für das Kind – und nicht nur für das Kind – eine große Herausforderung darstellt, wird immer wieder sichtbar. Die folgende heitere Geschichte hat der Verfasser selbst erlebt und denkt noch immer mit Schmunzeln daran zurück.

Ein Bauernmädchen aus der Nachbarschaft kommt in die Wohnung, als meine Frau gerade unseren Sohn stillt. Lange und nachdenklich beobachtet es den Vorgang und versteht offensichtlich nicht so recht, was da geschieht. Endlich ergreift es, fast ein wenig mitleidig, das Wort: «So muss mers halt machen, wenn mer kei Kieh hot.» (So muss man es eben machen, wenn man keine Kühe hat.) –

Wir haben gesehen, dass Kinder nur am Beispiel, durch Vorbild, Wiederholung und Verbesserung, richtig sprechen lernen. Sprachfaulheit und Fehlerhaftigkeit können erlernt sein.

In ihrer unendlichen Zärtlichkeit begeben sich Erwachsene oft auf das Niveau der «unmündigen» Zöglinge, verfälschen Laute, streuen alle Möglichen Lall- und Doppelsilbenwörter in ihre Rede und verwenden gehäuft Verkleinerungsformen. «Mutt du ßön lieb zur Puppa sein.» – «Wo sind Petra seine Beißerle, und Fingerle und Augele?»

Dem Vernehmen nach sind die sprecherzieherischen Schäden, die auf diese Weise durch die sogenannte «Tantensprache» – die Amerikaner sprechen vom «Baby-talk» – beim Kind entstehen, gering. Irgendwann tut schon jemand das Rechte und führt das Kind auf den Boden der Realitäten. Wir wissen nicht, ob es sich über die Fürsorge allzu wohlmeinender Erwachsener amüsiert.

Nebenbei – mit einer Art von «Baby-talk» versuchen wir uns gelegentlich Ausländern verständlich zu machen, die unsere Sprache kaum beherrschen: «Du nix verstehen. Nix capisco. So nix gutt. Du machen kaputt.» Wem es gelingt, bei dieser Art von Sprachunterricht ein einigermaßen richtiges Deutsch zu erlernen, der verdient höchstes Lob.

Aus dem Gesagten ergibt sich, dass man sich mit ausländischen Arbeitskollegen, Gästen, Austauschschülern u. Ä. zweckmäßigerweise arrangiert. Man sollte sie in ihrem eigenen Interesse schonend korrigieren und dafür vorab die Erlaubnis einholen. Auch wenn sie in aller Regel niemals so lupenrein zu sprechen lernen wie die «native speaker» – hier sei einmal ein treffender Begriff aus dem Englischen erlaubt –, bringt ihnen dieses Verfahren doch Nutzen.

Man/frau redet anders

Dass Sprache soziale Unterschiede bzw. Unterschiede in der sozial bedingten Erziehung zeigt, ist heute im Bewusstsein aufmerksamer Zeitgenossen allgemein verankert. Jeder ist in Lage, eigene Beobachtungen beizutragen. Darüber hinaus kennt er lustige und kennzeichnende Beispiele aus der Kindersprache, dem Jugendjargon oder aus bestimmten Sondersprachen.

Die Emanzipationsbestrebungen unserer Zeit haben dazu geführt, dass sich zahlreiche Frauen sehr kritisch mit dem Wortschatz und dem Gebrauch unserer Sprache auseinandergesetzt haben. Sie interessierte vor allem, welches Bild vom Mann und von der Frau bewusst oder unbewusst durch Sprache transportiert wird.

Der unvorbereitete Leser stößt heutzutage gelegentlich auf das Problem, wenn er irgendwelche Verlautbarungen liest: «Wir bitten alle KollegInnen, ihre Urlaubswünsche bis zum Ende des Monats einzutragen.» – «Für alle SchülerInnen endet der Unterricht nach der fünften Stunde.»

Was ist hier eigentlich geschehen? Der Verfasser wagte es nicht, die kürzere, als «diskriminierend» empfundene Wendung zu veröffentlichen: «Wir bitten alle Kollegen ...» oder «Für alle Schüler ...». Er ist gleichzeitig aber geizig mit seinen Worten und umgeht die sinnvollere Formulierung: «Wir bitten alle Kolleginnen und Kollegen ...» bzw. «Für alle Schülerinnen und Schüler ...»

Nach Ansicht des Verfassers mag die Kurzform als Gag gelegentlich durchgehen; für einen anspruchsvolleren Schriftsatz ist sie untauglich, weil sie nicht gesprochen werden kann. Sie bleibt eine wahrlich zweifelhafte Verbeugung vor dem weiblichen Geschlecht.

Wie sollen wir mit einer anderen auffälligen Wendung umgehen? «Im kommenden Frühjahr kleidet frau sich sportlich.» – «Darüber kann frau ruhig sprechen.»

Hier handelt es sich keineswegs um einen Rechtschreibfehler, auch wenn sich der Inhalt der beiden Sätze auf Frauen beziehen mag. Vielmehr haben die Schreiber sie in bewusster Analogie, aber auch in bewusstem Gegensatz gebildet: «Darüber kann man ruhig sprechen.»

Nun wissen sie aber, dass das Wörtchen «man» mit dem Substantiv «Mann» ursprünglich identisch war – und genau das stört sie. Es bestätigt ihre Auffassung, dass die Sprache Ausdruck von Männerherrschaft und männlichem Herrschaftsanspruch ist, dass hier ein Frauenbild weitergegeben wird, gegen das man – nein, frau – sich mit aller Macht wehren muss, um eine Bewusstseinsänderung zu erzwingen.

Dabei hilft es auch nichts, wenn «man» ursprünglich «Mann» und «Mensch» bedeutete. Das klingt noch in bestimmten Redewendungen an: «Das Kreuzfahrtschiff ging mit Mann und Maus unter. An Bord befanden sich 320 Mann (Männer und Frauen) Besatzung.»

Übrigens gibt es die alte Doppeldeutigkeit unter anderem ja auch im Englischen: «man» heißt eben «Mann» oder «Mensch». «Mankind» – oder poetisch ausgedrückt: «familiy of man» – ist die Menschheit.

Probleme gibt's natürlich auch mit «jeder» oder «jemand»: «Jeder kann sich anmelden.» – «Hat jemand noch Fragen?» – Keiner(!) wird auf den Gedanken kommen zu schreiben: «Jeder und jede kann sich anmelden.» – Oder: «Hat irgendein Mann oder irgendeine Frau noch Fragen?» Tatsächlich ist aber in «jemand» das Substantiv «Mann» enthalten.

Noch einmal zurück zu den männlichen bzw. weiblichen Formen ein und desselben Begriffs. Die Paarungen sind bekannt: der Bauer – die Bäuerin, der Bürgermeister – die Bürgermeisterin, der Graf – die Gräfin. Die weiblichen Formen sind durch die Endung -in von der männlichen abgeleitet. Letztere dürften also die ursprünglicheren sein.

Dieser Eindruck wird durch Wendungen unterstützt, die sich hartnäckig am Leben erhalten haben: Sehr geehrte Frau Bürgermeister ... Oder: Sehr geehrte Frau Minister ...

Richtig ist auch, dass als Sammelbegriff in der Regel die männliche Form verwendet wird: Die Autofahrer werden um Vorsicht gebeten. – Die Bewohner des Dorfes flohen in den Wald. Eindeutig hat das Männliche vor dem Weiblichen Vorrang, ohne dass hier bereits eine Wertung versucht würde.

Das gleiche Bild bietet sich im Tierreich: der Löwe – die Löwin oder der Fuchs – die Füchsin. Heute, nachdem Günter Grass seinen bekannten Roman veröffentlich hat, können wir sogar von der «Rättin» sprechen.

Schon dieses Beispiel zeigt freilich, dass Vorsicht geboten ist. Bei vielen Tierarten fehlt das Gegensatzpaar männlich-weiblich. Zum Teil mag das damit zusammenhängen, dass keine primären oder sekundären Geschlechtsmerkmale zur Unterscheidung zwingen. So gibt es die männliche und die weibliche Maus oder den männlichen und die weiblichen Igel. Wer's ganz genau wissen will, muss eben dann das kennzeichnende Adjektiv ergänzen.

Wie an anderer Stelle bereits beschrieben, werden die Geschlechtsunterschiede oft aber ganz deutlich dadurch ausgedrückt, dass mehr oder weniger voneinander unabhängige Wörter verwendet werden: Ein Huhn und ein Hahn sind deutlich zu unterscheiden und für den Bauern von unterschiedlichem Wert. Das gilt zum Beispiel auch für die Kuh und den Ochsen, die Sau und den Eber.

Die Sammelbegriffe sind rasch genannt: Auf der Weide grasen fünfzig Rinder und zwanzig Schweine grunzen im Stall. – Hahn und Huhn bilden eine immerhin erwähnenswerte Ausnahme. Hier liefert das weibliche Tier den Sammelbegriff. Der Hühnerhof und der Hühnerstall sind die Versammlungsorte für alle Angehörigen der Spezies.

Vielleicht schließt irgendjemand aus dem Gesagten, dass Tiere emanzipierter sind als Menschen. Eines Tages werden uns die Verhaltensforscher hier ein Licht aufstecken.

Bei manchen Wörtern fehlen die weiblichen Formen ganz und lassen sich auch nicht durch die erprobte Endsilbe -in herstellen. Hier gilt das noch nicht: Der Angestellte arbeitet im Lager. – Die Angestellte arbeitet im Lager. Die Beugung offenbart eine «geschlechtsspezifische Grammatik»: Ich schlage den Angestellten/die Angestellte für eine höhere Gehaltsgruppe vor.

Wie ist es aber bei «der Gast» und «der Star», bei «der Dienstherr» und «der Portier»? Niemand wird auf die Idee kommen, aus emanzipatorischen Gründen seine «Gästin» zu begrüßen und sie den anderen als berühmte «Starin» zu präsentieren. Da bleibt dann die Möglichkeit, wieder einmal zum kennzeichnenden Adjektiv zu greifen: Die weiblichen Gäste zogen sich in den Wintergarten zurück. – Lolita wurde als einziger weiblicher Star nach Cannes eingeladen.

Fairerweise muss gesagt werden, dass es auch Begriffe ohne männliche Entsprechung gibt. Bei der «Amme» versteht sich das von selbst; bei der «Bardame» gibt es überzeugende Gründe dafür, dass sie nicht durch einen «Barherrn» ersetzt werden sollte. Ob eines Tages jemand den ersten Schritt tut, um die Begriffe «Marktmann» oder «Putzmann» in unsere Umgangsprache einzuführen, muss für den Augenblick offen bleiben. Immerhin – den «Hausmann» gibt es ja schon!

Ebenfalls muss gerechterweise gesagt werden, dass immer mehr ursprünglich «männliche» Berufsbezeichnungen nun – wenn auch nachträglich – ein weibliches Gegenstück erhalten. Der weibliche Kaufmann wird zur «Kauffrau», der weibliche Amtmann bzw. die Amtmännin zur «Amtfrau». Heute müssen Stellenanzeigen in der Regel so formuliert sein, dass sich Bewerber beiderlei Geschlechts angesprochen fühlen.

Natürlich wird es noch ein langer Weg sein, bis sich die im Gesetz geforderte und verbürgte Gleichberechtigung im Empfinden, Denken und Handeln der Menschen durchgesetzt hat. Hier ist von der Sprache die Rede, und tatsächlich ist viel an Abwertung und Verächtlichmachung im Sprachgebrauch nachweisbar. Wer sich auf den semantischen Kleinkram nicht einlassen möchte, dem sei die endlose und sich ständig erneuernde Schar von Frauenwitzen empfohlen, die so manchen Stammtischabend zu einem beglückenden und innerlich befreienden Erlebnis werden lassen.

Richtig ist auch, dass frauenspezifische Begriffe oft mit einer spöttischen oder diskriminierenden Nebenbedeutung versehen werden. Da ist von leichten Mädchen oder von Freudenmädchen, vom Mädchenpensionat oder von Gouvernanten, von alten Jungfern und Betschwestern, von Frauenzimmern und von Quotenfrauen, von Kaffeetanten und Heulsusen, von Weiberherrschaft, von Waschweibern und weibischem Verhalten, von Emanzen und Schreckschrauben, von Hausdrachen und Hexen die Rede.

Selbst ursprünglich unverfängliche Ausdrücke werden heute nur noch mit der jeweiligen Konnotation verstanden. «Du benimmst dich gegenüber deiner Tochter wie eine Gouvernante.» –

«Zugegeben: Frau Dr. Gärtner ist eine tüchtige Person. Ihr Amt verdankt sie aber der Tatsache, dass eine Quotenfrau fehlte.»

Wo wären die Entsprechungen, bezogen auf das männliche Geschlecht? Da kann jemand ein Grobian oder ein Kotzbrocken, eine Radfahrer oder ein Ignorant sein. Aber wo erscheint der unverheiratete junge Mann als Schimpfwort? Gibt es die «Männerherrschaft» als eine Entartungsform? Warum existiert zu «weiblich» und «weibisch» nur das unbelastete Eigenschaftswort «männlich»? – «Die weiblichen Mitglieder des Vereins treffen sich gelegentlich zu einem zweiten Frühstück.» – «Ich hasse bei ihm diesen weibischen Mitteilungsdrang.» – «Fritz wirkt in seinem Auftreten schon sehr männlich.»

Unbedacht – oder bedacht – werden von Generationen Redewendungen weitergereicht, die ein bestimmtes Verhältnis zwischen den Geschlechtern spiegeln: «Ein Mann ein Wort – eine Frau ein Wörterbuch.» Oder: «Frauen werden älter – Männer werden reifer.» – Literarische Belege untermauern die eigene Auffassung: «Eure Weiber lasset schweigen in der Gemeinde.» (Paulus, 1. Kor. 14,34). Und in Goethes «Hermann und Dorothea» heißt es: «Dienen lerne beizeiten das Weib nach ihrer Bestimmung, / Denn durch Dienen allein gelangt sie endlich zum Herrschen.»

Von da aus ist es nicht mehr allzu weit zu dem berüchtigten Wort des Philosophen Friedrich Nietzsche: «Du gehst zu Frauen? Vergiss die Peitsche nicht!»

Die Verletzlichkeit der Frauenrechtlerinnen ist sicher eine Folge der direkten oder indirekten Diskriminierung. Wen wundert es da, wenn sie sich mit anderen benachteiligten Gruppen vergleichen, z.B. mit Indianern, Juden oder Negern.

Senta Trömel-Plötz stellt fest, dass allen drei Gruppen fremde Namen aufgezwungen wurden: Die Indianer mussten, wenn sie Bürger werden wollten, in der Regel Namen von Weißen annehmen; die Juden erhielten bestimmte kennzeichnende Vor- und Mittelnamen; die Sklaven bekamen die Namen ihres Herrn.

Aber frau kann hoffen: Traditionell wurden die Wettertiefs mit weiblichen Namen belegt: Vanessa, Wilma und Xandra. Der Fernsehmeteorologe Jörg Kachelmann hat sich nun auf die Seite der Frauen gestellt und präsentiert den verblüfften Zuschauern auch Tiefs mit männlichen Namen. Sicher werden die meisten Zeitgenossen nichts dagegen haben, wenn künftig ein Schönwetterhoch Alexandra oder Helena, Monika oder Petra heißt.

Deutsche Vielfalt

Das Hochdeutsche ist, wenn man so will, ein Kunstprodukt. Seine Väter entwickelten die Sprache aus dem vorhandenen Material, aus Wortschatz und Grammatik, und erwarteten von ihr eine allgemeine Verständlichkeit. In Hochdeutsch geschriebene Urkunden sollten in Prag und in Straßburg, in Frankfurt und Lübeck, in Berlin und in Königsberg verstanden werden. Das Gleiche galt für Bücher, die nun aus der Druckerpresse kamen, – und vor allem eben für die Bibel, deren einfühlsames Studium half, den Weg ins Paradies zu ebnen.

Über Jahrhunderte standen sich Mundart und Hochsprache in einem komplizierten Wechselverhältnis gegenüber. Oft waren sie Feinde. Die Dialektsprecher beschimpften die Schriftsprache als unnatürlich, gestelzt und arrogant. Die Benützer der Hochsprache prophezeiten den Mundarten ein baldiges Ende. Ihre Sprecher wurden als ungehobelt und tölpelhaft denunziert.

Wider Erwarten erwiesen sich die Dialekte als ungewöhnlich dauerhaft. Von ihrem Untergang in absehbarer Zeit kann überhaupt nicht die Rede sein. Selbst gebildete junge Leute sprechen mit Ihresgleichen das heimische Idiom; Zeitungen und Rundfunkanstalten veröffentlichen entsprechende Berichte und Geschichten; in der düsteren Winterzeit, aber auch im lauen Sommer bieten Amateurbühnen ihr ganzes Können auf und reden, streiten und singen, wie es schon die Vorfahren getan haben.

Ein besonderes Ereignis, die Mundarten betreffend, ist aus dem Jahr 1994 zu berichten. Zum ersten Mal in seiner fünfundvierzigjährigen Geschichte wurde im Deutschen Bundestag eine Debatte in niederdeutscher oder plattdeutscher Sprache geführt. Das Ereignis ist so bemerkenswert, dass es hier kurz berichtet werden soll.

Die Parteien des Bundestages, ausgenommen die PDS, forderten die Aufnahme des Niederdeutschen in die Europäische Charta der Regional- und Minderheitssprachen. Tatsächlich wird das Niederdeutsche im Norden der Republik von noch etwas acht bis zehn Millionen Menschen gesprochen.

Seine historische Bedeutung ist unbestritten. Während der Zeit der Deutschen Hanse, die etwa bis 1500 reichte, war das Niederdeutsche eine überregionale nordeuropäische Verkehrssprache, hinter der eine große wirtschaftliche Dynamik und eine beherrschende politische Macht standen.

Aber zurück zur Bundestagsdebatte: Die resolute Ratsfrau Lisa Peters aus Buxtehude rief ins Plenum: «Op plattdüütsch kannst fast alles so seggen, wie du dat dinkst – beleidigen kannst de Minschen nich. Ok wenn man dat ganz dütlich seggt, dat hürt sick trotzdem nock scheun un warm an.»

Ob es dem Verfasser des betreffenden Zeitungsberichtes gelungen ist, den jeweiligen Lautwert richtig zu erfassen, sei dahingestellt. – Frau Peters fuhr fort: «Plattdüütsch is mien Muddersprok. Ick denk plattdüütsch, un to hus snackt wie platt.»

Noch einmal zur Erinnerung: Das Nieder- oder Plattdeutsche zeigt einen weithin germanischen Lautstand. Es wurde von der Zweiten oder Hochdeutschen Lautverschiebung nicht erreicht. Diese, vom äußersten Süden des deutschen Sprachgebiets herkommend, endete an der sogenannten Benrather Linie.

Plattdeutsch wird folglich in Westfalen und Niedersachsen, in Mecklenburg-Vorpommern, in Schleswig-Holstein, Hamburg und Bremen sowie im nördlichen Teil von Sachsen-Anhalt und Brandenburg gesprochen.

Nach dem bereits Gesagten wird klar, dass der niederdeutsche Lautstand große Ähnlichkeiten z.B. mit dem Englischen oder Dänischen aufweist: twintig (nd.), twenty (engl.), aber: zwanzig (hd.) – ploog (nd.), plov (dän.), aber: Pflug (hd.) – söken (nd.), söke (dän.), aber: suchen (hd.)

Hier stimmen die Wörter zwar nicht im Lautstand, aber in der Bedeutung überein. Das ist nicht immer so: «Frät» erinnert selbstverständlich an das hochdeutsche «Fressen». In Mecklenburg kann man aber ein «grot Frät gäben», d.h. einen Festschmaus ausrichten. «Schiet» und «schietig» entsprechen dem hochdeutschen Wort «Scheiße». Sie können aber auch für «Dreck» und «dreckig» oder «schmutzig» verwendet werden. In Vorpommern bedeutet «friegen» nicht «freien», sondern «heiraten».

Selbstverständlich gibt es hier auch Wörter, für die im Hochdeutschen die Entsprechung fehlt: flott (nd.), fløde (dän.), aber:

Rahm (hd.), roren (nd.), roar (engl.), aber: brüllen (hd.), inket (nd.), inkt (niederl.), ink (engl.), aber: Tinte (hd.).

Beim letzten Beispiel bleibt zu erwähnen, daß beide Wörter auf lateinische Ursprünge zurückgehen. (Aqua) tincta bezeichnet das gefärbte Wasser; das englische «ink» und verwandte Wörter sind aus aus «encaustus», eingebrannt, entstanden.

Spannende Entdeckungen lassen sich machen, wenn man mehrere Wörterbücher nebeneinander legt. Eigentlich ist es ja gar nicht verwunderlich, dass sich die Wortbedeutungen auch in verwandten Sprachen verschieben: Im Althochdeutschen gibt es das Wort «quena», das «Ehefrau» bedeutet.

Wir alle kennen die englische Entsprechung: Das Wort «queen» hat eine gewaltige Bedeutungsveränderung erlebt und bezeichnet nun die höchstgestellte Person des Landes, die Königin.

Interessant klingt, was sich im niederdeutschen, dänischen und norwegischen Wörterbuch findet: «Queen», «kvie» bzw. «kvige» ist das junge weibliche Rind. Allerdings gibt es im Dänischen und im Norwegischen noch ein zweites, sicherlich verwandtes Wort: «Kvinde» bzw. «kvinne» bedeutet hier «Frau». Und damit wären wir wieder beim Althochdeutschen.

An anderer Stelle war zu berichten, warum sich das Niederdeutsche nicht zu einer Hoch- und Schriftsprache entwickeln konnte, obwohl viele Bemühungen in diese Richtung gingen. Dass es im Zusammenhang mit den Mundarten besondere Berücksichtigung verdient, ist ohne jeden Zweifel. Wie schon gesagt, wird es von Millionen Menschen als alltägliche Umgangs- und Verkehrssprache gesprochen.

Übrigens sendet der Norddeutsche Rundfunk seit 1999 täglich Nachrichten in plattdeutscher Sprache. Die Hörer erfahren so wichtige Neuigkeiten «ut Hamborg un de wiede Welt».

Einem Irrtum muss noch begegnet werden: Das Nieder- oder Plattdeutsche ist nicht *eine* Mundart; vielmehr dient es als Sammelbegriff für eine ganze Reihe von Dialekten, die selbstverständlich Gemeinsamkeiten, aber auch immer wieder Unterschiede zeigen.

Bis auf den heutigen Tag hat das Plattdeutsche im kirchlichen Leben einen hohen Rang. Vielen Menschen ist es ein tiefes Bedürfnis, mit Gott in ihrer Sprache zu reden. Deshalb sei hier eine niederdeutsche Fassung des Vaterunsers wiedergegeben:

«Unse Vadder du, in 'n hogen Hewen! Heilig mäg warden din Nam. Kamen mäg din Rik. Din Will mäg gescheihn so as in 'n Himmel, so ok up Irden. Giw uns Dag för Dag uns Brot. Un vergiw uns unse Schuld, denn ok wi hebben jo dei vergewen, dei sick an uns versünnigt hebben. Un lat uns nicht in Versäukung kamen, redd uns veelmihr von alls Böse. Denn du büst dei ewige König un hest dei Macht un dei Herrlichkeit för alle Ewigkeit. Amen.» (Dat Ni Testament. Britische und Ausländische Bibelgesellschaft. Berlin 1929)

Neben dem Niederdeutschen gibt es – was Außenstehenden oft nicht bewusst ist – eine weitere, weitgehend selbstständige Sprache im deutschen Norden: das Friesische.

Die Mehrzahl der Friesen lebt in der niederländischen Provinz Friesland. In Deutschland finden sie sich auf den Nordseeinseln und im unmittelbaren Küstenland. Ihr Siedlungsgebiet reicht im Norden bis über die dänische Grenze nach Jütland hinein.

Das Friesische, das von einigen hunderttausend Menschen als Muttersprache gesprochen wird, ist dem Englischen noch verwandter als das Niederdeutsche.

Einige Verse aus einem Gedicht von Piter Jelles Troelstra mögen einen Eindruck davon vermitteln, wie die Sprache heute klingt:

«Blanke seilen op 'e marren,
Rûkend hea yn swé op 't lân;
Seinehotsjen, ljurkesangen,
Blauwe himmel, sinnebrân.»

«Weiße Segel auf den Meeren,
Duftendes Heu in Schwaden auf dem Land;
Sensendengeln, Lerchensang,
Blauer Himmel, Sonnenschein.»

Wenn von deutschen Dialekten die Rede ist, dann verdient auch das Luxemburgische oder Letzeburgische besondere Erwähnung. Es ist zunächst einmal eine moselfränkische und damit dem mitteldeutschen Sprachgebiet zugehörige Mundart.

Die Sache ist deshalb besonders spannend, weil Luxemburg im Jahr 1866 ein selbstständiger Staat wurde. Im Jahr 1890 konnte es sich auch aus der Personalunion mit den Niederlanden lösen. Die staatliche Souveränität förderte die Eigenentwicklung des Letzeburgischen. Allerdings wurde aus politischen Gründen zunächst das Französische Amtssprache. Daneben pflegte man das Hochdeutsche als Schriftsprache.

Heute verfügt das Luxemburgische über eine bemerkenswerte Literatur. Es ist seit 1984 neben Französisch und Deutsch inzwischen auch als Amtssprache anerkannt (Letzebuergisch). Allerdings blieb das Französische die Gesetzessprache.

Wie bei den rheinischen Dialekten finden sich verschobene und unverschobene Formen, z.B. «Apel» (Apfel) und «wat» (was), «op» (offen) und «Peffer» (Pfeffer).

Wegen des unmittelbaren Nebeneinanders haben viele Wörter aus der französischen Sprache im Letzeburgischen Eingang gefunden, z.B. «douce» (mild) oder «Emotioun» (Rührung). –

Last, not least verdienen die Mundarten der deutschsprachigen Schweiz, die unter dem Sammelbegriff «Schwyzerdütsch» zusammengefasst werden, besondere Erwähnung. Sie gehören zum alemannischen Sprachgebiet und haben die hochdeutsche Lautverschiebung besonders gründlich vollzogen. Hier sind nicht nur p und t, sondern auch das k – zumindest gebietsweise – gesetzmäßig verändert worden. Da ist von «Kchind» (Kind) und «Akcher» (Acker) die Rede. Der in der Kehle gebildete Laut ist für Nichtschweizer unüberhörbar.

Das Schweizerdeutsch ist in der deutschsprachigen Schweiz die allgemein gebräuchliche Umgangssprache. So geht man miteinander um, so senden die Radiostationen, und in vielen Zeitschriften und Zeitungen finden sich entsprechende Artikel und Geschichten. Allerdings wurde es niemals Hoch- und Amtssprache. Da muss dann das Hochdeutsche herhalten, das von vielen Kindern erst mühevoll, fast wie eine Fremdsprache zu erlernen ist. Zu diesem Thema schrieb der Sprachforscher Paul Zinsli: «Die Hochsprache ist für den einfachen Deutschschweizer eine Ausdrucksform, die er erst in der Schule mehr oder weniger gut meistern lernt und die ihm besonders in ihrer ungewohnten Lautform oft zeitlebens wenig vertraut bleibt. Sie gilt für viele noch immer als die Sprache der Schule und der Fremden von jenseits des Rheins.»

Im Zweiten Weltkrieg gab es starke Strömungen, das Deutsche durch eine selbständige schweizerische Hochsprache zu ersetzen. Bekanntlich blieben sie ohne Erfolg. Auffällig ist allenfalls, dass das schweizerische Hochdeutsch eine Reihe allgemein anerkannter Regionalismen übernommen hat, und zwar im Wortschatz wie auch in der Grammatik.

Dass es zu Missverständnissen oder neugierigen Nachfragen kommen kann, liegt auf der Hand. Die satirische Zeitschrift «Nebelspalter» nützte diese Situation im Jahr 1978 für ein heiteres Touristenquiz. Für das Wort «Saaltochter» wurden fünf mögliche Erklärungen angeboten: 1. In einem großen Raum gezeugtes Kind weiblichen Geschlechts, 2. eine an der Saale beheimatete Schwester der Rheintöchter, 3. die weibliche Bedienung in einem guten Restaurant, 4. die Tochterräume, in die ein ehemaliger Saal aufgeteilt ist, 5. Bedienungspersonal in Walhall.

Nun? – Dem interessierten Sprachforscher sei verraten, dass die dritte Definition stimmt.

Bei der schweizerischen Orthografie fällt auf, dass der Buchstabe ß allgemein durch ss ersetzt wird. So heißt es «hassen» und «hässlich», aber auch «gross» und «Strasse» bei langem Vokal.

Angeblich hängt das ursprünglich mit der Tastatur der Schreibmaschinen zusammen. Da in der Schweiz u.a. Französisch gesprochen und geschrieben wird, waren mehrere Tasten für die dort üblichen Zeichen reserviert (é, è, ê, ç). So fehlte für das ß der erforderliche Platz, und man machte aus der Not eine Tugend, indem man eben nur noch ss schrieb.

Wie gesagt, für Millionen von Menschen ist die Mundart die eigentliche Muttersprache. Das Hochdeutsche wird mehr oder weniger mühevoll erlernt und oft nur unvollständig und fehlerhaft beherrscht.

Viele Menschen sehen gar keine Notwendigkeit, sich so «hochgestochen», «gekünstelt» oder «schwülstig» auszudrücken. Sie sprechen, wie ihnen «der Schnabel gewachsen ist», und werden von Ihresgleichen verstanden.

Allerdings erweist sich der Dialekt für viele als «Sprachbarriere». Anders als die Hochsprache ist er nicht geeignet, schwierigere, vor allem abstraktere Sachverhalte angemessen auszudrücken. Hinzu kommt, dass der Mundartsprecher außerhalb seiner Heimat durch den eigenartigen Wortschatz oder durch die ungewöhnliche Aussprache auffällt. Vielleicht wird er vom Publikum gar als ungebildet, ungehobelt oder bäurisch eingeschätzt.

Schriftsteller haben sich diese Bewertungsunterschiede klug zunutze gemacht. Allen voran sind hier die naturalistischen Dramen des Literaturnobelpreisträgers Gerhart Hauptmann (1842–1946) zu nennen. Die vornehmen Leute, z.B. der Fabrikant Dreißiger, sprechen hochdeutsch: «Ach was! bei kühlem Verstande, Herr Paster, kann man der Sache vielleicht sogar noch 'ne gute Seite abgewinnen.»

Bei seiner Frau sieht es schon anders aus. Sie ist aus einfachen Verhältnissen zur Fabrikantengattin aufgestiegen: «Und dass mir mehr haben als andere Leute ... nu Jes's, mir haben's doch ooch nicht gestohlen. 's is doch Heller fer Fennig uf rechtlichem Wege erworben.»

Die einfachen Handweber sprechen ihren angestammten schlesischen Dialekt. – Allerdings sah sich der Autor genötigt, ihn abzuschwächen, um sein Stück auch für andere Gegenden Deutschlands verständlich zu machen. – Der alte Baumert schildert die entsetzliche Lage seiner Berufskollegen: «Am best'n, ma macht's wie d'r Nentwich Weber, ma legt sich a Schleefl um a Hals un knippt sich am Webstuhle uf.»

Der Unterschied ist unüberhörbar.

Volkstümliche Heiterkeit

Es hat wohl wenig Sinn, Wortschatz und Grammatik der deutschen Mundarten an dieser Stelle ausführlich zu würdigen. Für ein breiteres Publikum ist etwas anderes interessant: Es möchte erfahren, wie und wo sich der «Nationalcharakter», nein, der Stammescharakter der Ostpreußen und Mecklenburger, der Rheinländer und Elsässer, der Schwaben und Sachsen, der Bayern und Österreicher äußert.

Oft bedarf es eines langen und eingehenden Studiums, um den Besonderheiten auf die Spur zu kommen. Sicher, auch am Strand von Rimini oder im Passagierflugzeug nach New York erfährt man einiges über seine Landsleute aus anderen Regionen Deutschlands.

Genaueres aber offenbart sich auf der Baustelle oder im Supermarkt, draußen im Fußballstadion oder im Wirtshaus, bei einer Kindtaufe oder Beerdigung.

Besonders deutlich wird der Stammescharakter im Witz. Schlaglichtartig erhellt er Eigenschaften, die einem bestimmten

Menschenschlag zugesprochen werden. Bleibt nur die Frage, ob sich die Betroffenen damit identifizieren!

Auf der genannten Grundlage schrieb Herbert Schöffler Anfang der Vierzigerjahre seine «Kleine Geographie des deutschen Witzes». Andere taten es ihm nach. Im viel gelesenen Buch «Der Witz» von Lutz Röhrich heißt ein Kapitel «Der ethnische Witz».

Fangen wir in Köln, an der Schwelle zum Niederrheinischen, an. An anderer Stelle steht zu lesen, dass die Mundart noch nicht niederdeutsch, aber auch nicht mehr hochdeutsch ist. Die Wörter «Pief» (Pfeife) und «Peffer» (Pfeffer) zeigen das deutlich. Während das p im Inneren bereits verschoben wurde (pipe, pepper), blieb der ursprüngliche Anlaut erhalten.

Der Kölner Humor ist drastisch-realistisch, oft desillusionierend und respektlos. Mit erotischen, nicht selten obszönen Anspielungen wird nicht gespart. Zu Recht fragt sich der Fremde manchmal, ob die Kölner irgendetwas überhaupt ernst nehmen können.

Schlaglichtartig erhellt das in einer Anekdote aus dem Ersten Weltkrieg. Pitter fragt: «Tünnes, bist de doot?» – «Nee, warüm?» – «Du stinks so.»

In die gleiche Richtung weisen viele Sprichwörter: «Iss mer Ovends e Öllischbruut, sin morjens im Zemmer de Fleeje duut.» (Wenn man abends ein Zwiebelbrot isst, dann sind am anderen Morgen die Fliegen tot.)

Der Kölner Wortschatz zeigt Anschaulichkeit und Einfallsreichtum. Das Akkordeon heißt «Quetschebüggel», der ungeliebte, unangenehme Zeitgenosse «Fääkeskopp» (Schweinekopf). Der Abort wird als «Drießhuus» (Scheißhaus) bezeichnet, die kratzbürstige Frau als «Schruuv» (Schraube).

In den Revolutionskriegen und in napoleonischer Zeit gehörte das linksrheinisch gelegene Köln zu Frankreich. Davon lassen sich unübersehbare Spuren bis auf den heutigen Tag finden. Irgendetwas lässt sich «us der Lamäng» (le main), also routiniert und geradezu mit der linken Hand erledigen. Französische Wörter in der deutschen Sprache, die ansonsten vom Aussterben bedroht sind, werden immer noch gebraucht: «firm» und «p(a)rat», «Plümmo» (Federbett) und «Pläsier» (Vergnügen), «Schineer» (Verschämtheit) und «tirektemang» (direkt). Vielleicht trifft man auch auf einen waschechten Kölner, der nicht Jean, sondern «Schang» gerufen wird. –

Mundarten haben eine sehr lange Geschichte und sind – darüber war schon zu sprechen – älter als die hochdeutsche Schriftsprache. Selbstverständlich gilt das auch für den Berliner Dialekt.

Viele Jahrhunderte lang war Berlin die Hauptstadt des Kurfürstentums Brandenburg und des Königreichs Preußen. Im Jahr 1871 wurde es dann zur mächtigen Metropole des neugeschaffenen Deutschen Reiches. Hier residierten der Kaiser und sein Kanzler. Hier entstanden einflussreiche Ministerien und Behörden. Theater und Museen verbreiteten ihren hervorragenden Ruf über das ganze Reich und über die Grenzen Deutschlands hinaus.

Ebenso wichtig war freilich, dass Berlin zur größten Industriestadt wuchs. Wie ein Magnet zog sie Arbeitskräfte aus der Umgebung und aus der Ferne, vor allem auch aus den landwirtschaftlich geprägten Gegenden der Provinz Schlesien, an.

Kurz nach der Reichsgründung (1875) hatte sich Theodor Fontane kritisch über den Zustand der Stadt geäußert: «Oh, Berlin, wie weit ab bist du von einer *wirklichen Hauptstadt des Deutschen Reiches!* Du bist durch politische Verhältnisse über Nacht dazu geworden, aber nicht durch Dich selbst! Wirst es, nach dieser Seite hin, auch noch lange nicht werden. Vielleicht fehlen die Mittel, gewiss die Gesinnung. ‹Denn aus Gemeinem ist der Mensch gemacht', sagt Schiller; er soll dabei speziell an den Berliner Spießbürger, der inzwischen zum ‹Bourgeois› sich abwärts entwickelt hat, gedacht haben.»

Dem Leser bleibt es überlassen, die feinen Bedeutungsnuancen der beiden genannten Begriffe zu ergründen.

Dass diese Stadt mit ihrem prallen Leben, ihren Mietskasernen und Schornsteinbatterien im Jahr 1920 durch die Eingemeindung von sieben Stadt- und 59 Landgemeinden zu Groß-Berlin erweitert wurde, sei noch ergänzt.

In diesem brodelnden Gemenge entstand die schnoddrig zupackende Redeweise, die wir nach Art und Klang alle kennen. Die Literatur, z.B. Alfred Döblins monumentaler Roman «Berlin Alexanderplatz», Rundfunk- und Fernsehsendungen haben dazu beigetragen, sie überall bekannt zu machen. Unvergessen ist die Fernsehserie «Liebling Kreuzberg», deren Manuskripte aus der Feder von Jurek Becker und Ulrich Plenzdorf stammen.

Die Berliner Sprache hat wie alle Mundarten ihre Befürworter und Gegner. Dem Dichter Heinrich Laube gelang das Kunststück, Lob und Tadel in einer Aussage zu vereinigten: Der Dialekt habe in seiner «Reinheit etwas entschieden Vornehmes und in seiner ohrenzerschneidenden Gemeinheit immer noch eine straffe Figur, ein herausfordernd Unverschämtes; der Akzent hat immer Courage. Und sie ist das Blut des Spottes.»

Der Berliner Witz ist zupackend schnell, geistreich und aggressiv. Die humorvolle Selbstdarstellung tritt zurück. Dagegen werden andere Menschen und die Umwelt mit atemberaubenden Bildern karikiert.

Mag sein, dass hier viel Gewohnheit und Manier am Werk ist, dass man von einem Berliner eine so schnoddrige Formulierung geradezu erwartet und dass er selbst sich bemüht, ein möglichst schrilles Bild zu konstruieren. Der Überraschungseffekt bleibt.

Es fängt damit an, dass die Berliner ihre bedeutenden Bauwerke mit Spitznamen belegen. Schon früh hieß die alte Bibliothek «Kommode», weil sie wegen ihrer gerundeten Fassade so aussah. Der Funkturm wurde «Langer Lulatsch» genannt. Nach dem Krieg kamen die «Schwangere Auster», die Kongresshalle mit ihrer gewagten Dachkonstruktion, und der «Zirkus Karajani», die Philharmonie, hinzu. Das Wortspiel vereinigte die Namen des berühmten Dirigenten Herbert von Karajan und des bekannten Zirkusunternehmens Sarrasani.

Ähnlich salopp klangen die Bezeichnungen «Groschenmoschee» für das Westberliner Kaufhaus Bilka oder «Hungerharke» für das Luftbrückendenkmal. Der architektonisch sehr großzügige «Palast der Republik», in Ostberlin, in dem auch die Volkskammer tagte, hieß herabsetzend «Lampenladen». Tatsächlich hatten seine Konstrukteure und die Innenarchitekten hier an nichts gespart. Unglücklicherweise war aber beim Bau in großer Menge das gesundheitsschädliche Asbest eingebracht worden.

Nun aber zu den Berliner Witzen. Sehr typisch klingt dieser: Eine Berliner Marktfrau fühlt sich von einem allzu kritischen Kunden belästigt. Dieser fragt: «Sin det ooch wirklich holländische Kartoffeln?» – Sie antwortet: «Wolln Se mit se reden oa wolln Se se essen?»

Viele Witze sind im weltberühmten Zoo angesiedelt: Der Aufseher ruft: «He, Sie, Jroßpapa! Nehmse man schleunigst Ihren

Kopp da vons Jitter weg, Sie machen ja den Tieren unnötig das Herz schwer!»

«Aber warum denn?»

«Na, wenn die Ihren Bart sehn, kriejense Heimweh nach'm Urwald.» (Röhrig S. 229)

Klar, dass die Respektlosigkeit des Berliners auch für politische Sachverhalte galt und gilt. In schwierigen Zeiten war der Witz dazu angetan, Erleichterung zu verschaffen: «Kennen Sie den Unterschied zwischen Reichswehr und SA? Bei der Reichswehr heißt et: Lejt an! Jebt Feuer! Bei der SA: Jebt an! Lejt Feuer!» –

Ein Blick auf die Landkarte der deutschen Mundarten beschert eine überraschende Einsicht: Das Bairische reicht von Ingolstadt bis nach Wien, von Karlsbad bis nach Bozen oder nach Graz. Schon die Schreibung des Wortes fällt auf. Die Sprachwissenschaftler haben bewusst auf die antikisierende Form «Bayern» verzichtet, wie sie noch heute in der Geografie und auch in der offiziellen Benennung des Freistaates verwendet wird.

Es konnte nicht ausbleiben, dass sich das Bairische in einer vielhundertjährigen Geschichte in eine Reihe deutlich unterscheidbarer Einzelmundarten aufspaltete. So wird in der Münchner Gegend anders gesprochen als um Wien oder Salzburg herum. Das gleiche gilt für Südtirol, das nach dem Ersten Weltkrieg zu Italien kam. Die Ereignisse des Zweiten Weltkriegs führten dazu, dass die ursprünglich bairischen Mundarten in Teilen des Sudetenlands weitgehend ausstarben.

Neben Änderungen in Lautstand, Grammatik und Wortschatz wurden die Dialekte zu Trägern unterschiedlicher Mentalitäten. Nicht ohne Recht spricht man immer wieder von «dem Münchener» oder «dem Wiener», auch wenn eine solch pauschale Charakterisierung wenig über den Einzelfall aussagt. Sicher war der bekannte Volkskomiker Karl Valentin mit seinem nörgelnden Pessimismus eine solche Ausnahme.

Insgesamt dürften die Münchener und die Bayern – diesmal mit y – über ein gesundes Selbstbewusstsein verfügen, das sich in der Sprache ausdrückt. Sie sehen auch keinen Grund, ihre so auffällige und kennzeichnende Aussprache verschämt hinter dem Hochdeutschen zu verbergen.

Noch immer schwingen alte Feindseligkeiten und Vorbehalte nach: Das Hochdeutsche ist die Sprache der stammesfremden

Norddeutschen, und jeder weiß, dass der Begriff «Preuße» als arges Schimpfwort gilt. Die Reichsgründung des Jahres 1871 wird hie und da als Gewaltakt gegen die regionale Selbständigkeit und als Bedrohung des bayerischen Wesens gedeutet.

In Sprache und Humor der Bayern «drückt sich eine Kunst des großen und sehr glücklichen Behagens in der Welt des Greifbaren und Sichtbaren», das «sehr einfache Ja zum eigenen Wesen aus». (Wilhelm Pinder)

Hinzu kommt, dass durch Tradition, Erziehung und Politik alles «wohlgeordnet» erscheint; man weiß, was sich schickt.

Bei einem Begräbnis in Fürstenfeldbruck wollte die aus Erding angereiste Bäuerin sicher gehen: «Sag'n S, Frau Unterholzner, wie is denn hier der Brauch, woant (weint) mer schon vom Haus weg oder erst aufm Friedhof?»

Zur bayrischen Lebensart gehört auch der genussvolle Aufenthalt im Bierkeller oder im Biergarten. Aus der Situation heraus ergeben sich immer wieder humorvolle Begebenheiten. Hier erhebt sich die Frage, ob solche Geschichten aus der Sicht des Bayern oder des «zuagroasten» (zugereisten) Fremden erzählt werden:

Ein Fremder bestellt im Bierkeller ein Bier und zwei «Brötchen». Als die Kellnerin kommt, ist sie mit Bierkrügen beladen. Die «Semmeln» trägt sie unter dem Arm.

«Also hören Sie, Fräulein», sagt der Fremde. «Die Brötchen sind ja ganz feucht.»

«Des glaab i scho», antwortet die Kellnerin. «Was moana S', wia i schwitz. Langen S' nur amoi her.» (nach Röhrig S. 260)

Die österreichisch-baierische Mundart klingt anders als die Dialekte, die in Ober- und Niederbayern gesprochen werden; Münchener und Wiener verkörpern eine jeweils andere Mentalität.

Der Vollständigkeit halber sei hier angemerkt, dass das Bundesland Vorarlberg nicht zum österreichisch-bairischen, sondern zum alemannischen Sprachgebiet gehört. Die dortigen Mundarten zeigen folglich eine enge Verwandtschaft mit dem Schweizerischen.

Insgesamt sind die Verhältnisse in Österreich aber noch komplizierter. Es ist ein selbständiger Staat, der – ähnlich wie die Bundesrepublik Deutschland – aus verschiedenen Bundesländern besteht. Es brauchte nicht eigens gesagt zu werden, dass er auch in kulturellen Angelegenheiten völlig souverän ist.

Sicher ist es im österreichischen wie im deutschen und schweizerischen Interesse, dass die sprachliche Einheit aller deutschsprachigen Länder und Regionen bewahrt und darüber hinaus weiterentwickelt wird.

Allerdings gibt es noch immer eine ganze Reihe von Abweichungen von der deutschen Gemeinsprache. Sie beziehen sich auf den Wortschatz, seine Aussprache und auf die Grammatik. Einzelheiten lassen sich im österreichischen «Duden», dem «Österreichischen Wörterbuch», das im Auftrag des Bundesministeriums für Unterricht, Kunst und Sport herausgegeben wird, nachlesen.

Touristen, die sich gelegentlich in der Alpenrepublik aufhalten, wissen, was «der Paradeiser» (Tomate) oder «der Schlagobers» (Sahne) ist. Durchreisende schimpfen über «die Maut» (Wegzoll, Straßenbenutzungsgebühr), sind aber froh, wenn z.B. der Brennerpass auf dem Weg nach Italien «aper» (schneefrei) ist.

Bei einzelnen Begriffen sind Missverständnisse möglich. Das deutsche Wort «Stuhl» heißt in Österreich «Sessel», und statt «Tasse» wird dort «Schale» gesagt.

Zahlreiche heute noch gebräuchliche Ausdrücke der Amtssprache entstammen der k.-u.-k.-Monarchie, als die beiden Staatsvölker der Österreicher und Ungarn, vereint durch die Person des Kaisers und Königs, noch einen gewaltigen Vielvölkerstaat regierten. Der «Erlagschein» entspricht dem deutschen Wort «Zahlschein», die «Verlassenschaft» ist die «Hinterlassenschaft» oder das «Erbe».

Vereinzelt werden Länge und Kürze der Vokale unterschiedlich gebraucht. So sind die Wörter «Erde» oder «Husten» kurz zu sprechen, während «Most» und Geschoß» gedehnt werden. (Deshalb ist in Österreich ß zu schreiben!) Das gilt u.a. auch für das Wort «Chef». Aber das haben eifrige Fernsehzuschauer inzwischen so oft gehört, dass es auch in Deutschland allgemein geläufig sein dürfte.

Es war die Rede davon, dass der Witz den «Volkscharakter» einer Gegend oder einer Stadt spiegelt. So sind in der Regel ganz normale Menschen, die sich vielleicht allerdings durch eine besondere Pfiffigkeit auszeichnen, Gegenstand dieser kurzen literarischen Form.

Es wäre absurd, Tünnes und Schäl in das wohlhabende Kölner Bürgertum zu verpflanzen oder sie mit einem akademischen Titel zu schmücken. Ich weiß nicht, ob der Versuch schon einmal unternommen wurde, denke aber, dass er mit Sicherheit scheitern müsste. Das Gleiche gilt gewiss auch für Antek und Frantek in Schlesien.

Eigenartigerweise haben die Wiener eine Witzfigur geschaffen, die der obersten gesellschaftlichen Schicht, uraltem Adel, angehört. Verbirgt sich in dieser Tatsache am Ende die Sehnsucht nach deren Lebenswelt, nach Tradition, Glanz und gesellschaftlicher Macht? Ist es so zufällig, dass die Wiener andere großzügig als «Frau Gräfin», «Herr Hofrat» oder «Herr Ingenieur» titulieren?

Nun, die Witzfigur ist der allseits bekannte Graf Bobby. Seine Vornehmheit steht in einem auffälligen Gegensatz zu seinen geistigen Fähigkeiten. Er wirkt degeneriert und ignorant. Politisch denkt er konservativ oder gar reaktionär.

In seinem Verhalten vereinigt er aber auch viele angenehme Eigenschaften seiner Herkunft. Es ist elegant und von guten Umgangsformen. Herren und vor allem Damen gegenüber benimmt er sich charmant und einfühlsam.

In seiner peinlichen Beschränktheit liegt oft ein Hauch von schlaglichtartiger Einsicht. Wer seine Witze genießt und durchdenkt, erkennt darin einen wahren Kern und reagiert mit Sympathie und Mitgefühl.

«Die Post heutzutage!», klagt Graf Bobby. «Denken Sie nur: Kommt mir da neulich ein Briefträger nachgelaufen, er habe ein Telegramm für mich: Großmutter gestorben. O weh! Und so überraschend? Zum Glück werfe ich eine Blick auf die Adresse: Er hat mich doch tatsächlich mit meinem Bruder verwechselt.»

Als Leser ist man geneigt zu ergänzen: «Da kamma nix machen ...»

Schade, dass es nicht möglich ist, die getragen-schleppende Sprechweise des Wieners auf dem Papier festzuhalten!

Es verwundert nicht, wenn Nostalgie und moderne Naturwissenschaft in einem eigenartigen Spannungsverhältnis zueinander stehen. Sicher, man kann auf die moderne Technik und den allgemeinen Fortschritt nicht verzichten. Aber man darf sich doch wohl – bitte schön! – kritisch damit auseinandersetzen:

«Wenn es das Gesetz der Schwerkraft nicht gäbe», erklärt der Professor, «würden wir alle in den freien Raum hinausfliegen.»

«Schrecklich», meint Graf Bobby. «Und wie war das früher, als dieses Gesetz noch nicht erlassen war?» (nach Röhrig S. 246) –

Das in Südtirol gesprochene Deutsch gehört zum Österreichischen. Bekanntlich wurde das Gebiet um Bozen, Meran und Bruneck herum erst nach dem Ersten Weltkrieg italienisch.

Die politische Entspannung zwischen Österreich und Italien sowie die fortschreitende europäische Einigung haben dazu geführt, dass es heutzutage wieder lebhafte gesellige und kulturelle Kontakte über die Brennergrenze hinweg gibt. Das ist auch für die Sprache wichtig.

Einzelne Wörter werden freilich nur in Südtirol verwendet. Hier heißt der Wein- und Almaufseher «Saltner» und die Weinpresse «Torkel» oder «Torggel». Südtiroltouristen erinnern sich gern an das «Torggelen», eine fröhliche und beschwingte Weinprobe auf einem Bauernhof.

Der Volksmund wird auch hier nicht müde, neue Situationen in neuen Wörtern oder Wendungen zu erfassen. Das heitere kleine «Lexikon Südtirolerisch-Deutsch» von Hanspeter Demetz verzeichnet u. a. folgende Vokabeln: «Bauernmozzarella – landschaftsverschönernde, in weißen Plastikplanen verpackte Heuballen», «Materiálhuestn – Erbrechen», «Rommel – bundesdeutscher Bergtourist mit Kartentasche, Fernglas, Kompass u. a. expeditionsmäßiger Ausrüstung» und «Spårgeltarzan – klapperdürrer Mensch».

Fromme und weniger fromme Sprüche

Dass die Schwaben ein ganz besonderer Stamm sind, hat sich in Deutschland längst herumgesprochen – und sicher nicht erst, seit Willy Reichert durch Rundfunk und Fernsehen populär wurde. «Spare, schaffe, Häusle baue» gilt als bewährter Grundsatz. Wer ihn noch nicht kannte, lernte ihn durch einen oft gesungenen Schlager kennen.

Die schwäbische Ernsthaftigkeit und Sparsamkeit, das sprichwörtliche Tüftlertum waren nicht einfach da, sondern Ergebnis einer langen Entwicklung. Vielen Menschen ging es über Jahrhunderte nicht gut in Schwaben – oder besser: in Württemberg. Entweder weil sie auf kargen Böden siedelten, z.B. auf der Alb, oder weil der eigene Grund durch fortgesetzte Erbteilungen zu einem schmalen Handtuch verkümmert war.

In Stuttgart und Ludwigsburg residierten absolutistische Fürsten, die nicht selten recht großzügig mit den Steuergeldern ihrer Untertanen umgingen. Davon gibt etwa das herrliche Barockschloss in Ludwigsburg Kunde.

Hinzu kam, dass der württembergische Pietismus großen Einfluss auf die Seelen gewann. Jedes Kind kannte das Bild vom richtigen und vom falschen Weg. Der eine führt zur ewigen Seligkeit. Der einfachere und angenehmere aber öffnet den Weg ins Höllenfeuer.

Wer den Willen Gottes erfüllen will, muss tugendhaft und enthaltsam leben. Geld und Gut, die Früchte des Feldes und das Vieh im Stall oder auf der Weide sind Gaben des Herrn, mit denen man sparsam und bedacht umgehen muss.

Protzertum ist verpönt, Understatement ein Teil des regionalen Volkscharakters. Vielleicht erklärt sich so die häufige Verwendung der Verkleinerungsform mit -le. Sie mag sehr lieb und zärtlich klingen: mei Schätzle, mei Dockele, mei Gietle oder mei Hondle. Gelegentlich wirkt sie auf Fremde aber auch störend und aufgesetzt und erinnert an die sogenannte «Tantensprache».

Eitle Beredsamkeit entfernt vom rechten Weg. Wer den Mund auftut, muss wissen, was er sagt, und darf nicht durch schönen Schein blenden. Ist das der Grund, weshalb aus Württemberg so viele Meister des Worts stammen – ein Schiller und ein Hölderlin, ein Mörike und ein Hesse?

Ein Witz karikiert fast zynisch die Tugend oder Untugend der Schwaben:

«Tät dir jetzt d' Marie it (nicht) gfalle?» fragte die Mutter ihren Sohn. «Se isch fleißig und reacht und stellt ebbes vor. Und es isch wohl au ebbes do.»

«Aber stottre tuet se», antwortete der Sohn. «Jetzt des tät di doch nie it schiniere», meinte darauf die Mutter. «Des merkt ma doch bloß, wenn sie schwätzt.» (nach Röhrig S. 251)

Zu den erwünschten Tugenden gehören Fleiß und gutes Aussehen, selbstverständlich auch die Tatsache, dass das Mädchen «Sach» mit in die Ehe bringt. Dagegen ist das Sprechen eher unwichtig oder gar unerwünscht – vor allem wenn es eine Frau betrifft. Allzu schnell wird ihre Meinungsäußerung als «saudumms Gschwätz» beiseite gewischt.

Ja, manchmal geht's ganz schön grob zu. Die Kargheit der Sprache steht in enger Verbindung mit der Landschaft. Fremde, die etwas anderes erwarten, müssen hier Lehrgeld zahlen.

In der Universitätsstadt Tübingen stoßen die Gegensätze unübersehbar aufeinander. Repräsentiert werden sie durch die dort ansässigen Weingärtner, die sogenannten Gôgen, auf der einen und die Professoren und Studenten auf der anderen Seite. Letzten Endes siegt in der Regel die Grobheit der «Ureinwohner».

Ein Professor trifft auf einen Weingärtner, der sich gerade mit einer Butte auf dem Rücken den Berg hinauf quält und sich über sein schweres Los beklagt. Der Professor versucht ihn mit dem Hinweis auf die gesunde Luft und den Aufenthalt in der Natur zu trösten.

Darauf der Gôg: «Ha no, Herr Professor, wenn Sie moinet, dass ii's besser häb' weden denn Sia, no traget Sia halt mein' Scheiß den Österberg nuf, dann trag i Ihr'n Scheiß em Kolleg vor.»

Drastik und höchste Anschaulichkeit bieten viele schwäbische Sprichwörter und Redensarten. Sie spiegeln zugleich oft das soziale Milieu, in dem sie entstanden sind.

«Leider hôt's en dr Welt meh' Hond als Knocha.» (Leider gibt's auf der Welt mehr Hunde als Knochen.) – «Dô kommet d'Mäus mit verheulte Auga d'Beenestiag râ.» (Da kommen die Mäuse mit verheulten Augen die Dachbodentreppe hinab.)

Hintergrund sind die agrarische Gesellschaft des Dorfes und der erzwungene bescheidene Lebensstil oder gar die Armut.

«Au a âlte Gôiß schlecket no gära Salz.» (Auch eine alte Geiß schleckt noch gern Salz.) – Hier wird eine (vermeintlich) allgemeingültige Lebenserfahrung, die man nicht gern ungeschminkt mitteilen möchte, klug und heiter verbrämt: Das Interesse am anderen Geschlecht bleibt auch im Alter lebendig.

Von der Drastik des Ausdrucks war mehrfach die Rede. An und für sich taucht die sogenannte Fäkalsprache eher in der Entwicklung des Kleinkindes auf. Im Schwäbischen des erwachsenen Sprechers, insbesondere bei den einfachen Leuten auf dem Land oder in der Stadt, hat sie freilich ihren festen Platz.

«Der hôt no da Hâfareng am Fiedle.» (Der hat noch den Abdruck des Kindertöpfchens am Hinterteil, d.h. er ist jung oder unerfahren.) – «Wenn dr s' Arschloch zuaschnâppt, nô hôsch am-a Fuffziger lang.» (Wenn dir das Arschloch zuschnappt, dann hast du lang an einem Fünfziger. Für den Tod hast du umsonst gespart.) – «Der putzt da Arsch, vor er gschissa hôt. Nô ka-ner s' Bâbeier zwômôl braucha.» (Der putzt den Hintern, bevor er geschissen hat. So kann er das Papier zweimal benützen. Er ist so geizig, dass er am Klopapier spart.)

Frommer, gottgefälliger Wandel verbietet es, dass man seiner Fantasie in geschlechtlichen Angelegenheiten allzu großen Spielraum zubilligt. Aber Ausnahmen müssen doch erlaubt sein?

«A Bettfläsch mit Aora» (eine Bettflasche mit Ohren) ist ein Mädchen, das man sich als Geliebte oder Ehefrau wünscht.

«Dui hengt d'Kuttla bâis raus!» (Die hängt die Kutteln bös heraus.) – Bei «Sauren Kutteln» handelt es sich um ein einfaches, aber schmackhaftes schwäbisches Gericht, das aus den Magenwänden von Kalb oder Kuh zubereitet wird. Allgemeiner steht das Wort «Kutteln» auch für Eingeweide. Vermutlich muss nicht näher erklärt werden, was dem Betrachter ins Auge fällt und ihn zu der deftigen Bemerkung veranlasst. –

Die sächsische Intonation ist unüberhörbar. Sie weckt Heimatgefühle, aber auch entschiedene Ablehnung. Irgendwie ähnelt die um Dresden und Leipzig herum, also im Obersächsischen, gesprochene Mundart damit dem Schwäbischen.

Freilich gibt es auch noch andere Parallelen: Der sächsische Menschenschlag gilt als intelligent und rührig. Von Sachsen ging die Reformation aus; Leipzig wurde zu einem der bedeutendsten Zentren deutscher Geistigkeit. Lange Zeit war es *die* Buchstadt Deutschlands. Ein großer Teil der Bevölkerung arbeitete in Verlagen, Druckereien und Buchhandlungen.

Klar, dass sich all das auch im Witz niederschlug und immer noch niederschlägt. Allerdings entstehen viele komische Situationen schon unmittelbar durch die Mundart oder die regional eingefärbte Umgangssprache.

Der Sachse spricht bei ö, ü und äu keine Rundung. Hinzu kommt, dass p, t und k zu b, d und g erweicht werden. Unglücklicherweise fallen so Wörter, die im Hochdeutschen lautlich klar unterschieden sind, in einem Wort zusammen. So könnten die

«Bienen» die Theater der Stadt (Bühnen) oder auch deren Freudenmädchen sein.

«Isst du Pflaumen gerne?» – «Nee, die spuck ich aus.» – Der nichtsächsische Leser hat erkannt, dass hier die beiden Wörter «gerne» und «Kerne» im Spiel sind.

Nicht ohne Grund riet ein Standesbeamter den Eltern davon ab, ihren Sohn «Günther» zu nennen. «Wenn Se nu emal Gindr rufn, da gomm doch alle Gindr gerannt.» – Zwischen «Günther» und «Kinder» gibt es eben keinen Unterschied in der Aussprache.

Zu Intelligenz, Findigkeit und Pfiffigkeit kommt die Verträglichkeit hinzu, auch der Drang, Konflikte friedlich zu lösen. «Ein Sachse kann keinen Widerspruch ertragen», hat irgendjemand einmal überspitzend formuliert. «Er ist sofort deiner Meinung.»

Ein Sachse erzählte, dass ein Engländer in einem Eisenbahnwagen seine langen Beine auf seine Knie gelegt habe. Es sei ihm nicht gelungen, sich davon zu befreien.

«Warum ham Se denn nischt gesaacht?» – «Nu, ich gonnte doch gee Englisch.»

Noch heute werden in Leipzig und Dresden, aber auch anderswo Anekdoten und Witze über den letzten sächsischen König Friedrich August erzählt. Sicher hat der Umgangston, den er pflegte, mit zu seiner großen Popularität beigetragen.

Bekannt ist die Reaktion auf die Revolution des Jahres 1918, die ihn den Thron kostete: «Da solln se ihren Dregg alleene machn!»

Während der DDR-Zeit waren viele Sachsen in einflussreichen Positionen. In Ostberlin und auf den Transitwegen durch die DDR schien es manchem Reisenden, als wenn das Sächsische auf dem besten Weg sei, zur neuen Staatssprache zu werden.

Über lange Zeit bestimmte der Sachse Walter Ulbricht als Erster Sekretär der Sozialistischen Einheitspartei Deutschlands und als Staatsratsvorsitzender weitgehend die Geschicke des kommunistischen deutschen Staates zwischen Elbe und Oder.

So konnte es nicht ausbleiben, dass auch über ihn viele – zumeist nicht sehr freundliche – Geschichten im Umlauf waren.

Aber das ist ja nun schon Geschichte. Der «Freistaat Sachsen» ist wiedererstanden. Die Menschen im Lande besinnen sich auf vieles, das Jahrzehnte lang verschüttet lag. Dazu gehört auch manche kulturelle Überlieferung. –

Der zwischen Duisburg und Dortmund gesprochene Dialekt lässt sich eigentlich nicht mit dem Schwäbischen oder Bairischen, dem Mecklenburgischen oder Hessischen vergleichen. Er ist erst im Zuge der ungeheuer raschen und ungeheuer folgenreichen Industrialisierung im Ruhrgebiet entstanden.

Ursprünglich gehört die Gegend zum westfälischen, d.h. niederdeutschen, und zum rheinischen Sprachgebiet. Bergbau und Schwerindustrie lockten am Ende des 19. Jahrhunderts und im 20. Jahrhundert aber Zehntausende und Aberzehntausende fremder Arbeiter an, die hier gutes Geld verdienten und sich heimisch machten.

Die Kolonisten kamen aus allen möglichen Gegenden und Ländern. Viele von ihnen waren polnischer Abkunft, was sich bis auf den heutigen Tag an den Telefonbüchern aus Essen oder Bochum, an den Namen der Fußballspieler aus Schalke oder Meiderich ablesen lässt. Da wimmelt es von Litbarskis und Schorowkis, Schimanskis und Wyschynskis.

Klar, dass alle ihre eigenen Idiome und Mundarten mitbrachten. Im Lauf der Zeit aber verschliffen sich die landsmannschaftlichen Besonderheiten und bildeten einen leicht zu artikulierenden sprachlichen Kompromiss in «höchst brauchbarer Mittellage» (Jürgen Lodemann).

Bereits früher war die Rede davon, dass die Mundart zur Kennzeichnung sozialer Unterschiede dient. Hier ist freilich Vorsicht geboten, weil sich allzu leicht Missverständnisse einstellen. Die Rechnung «Mundart heißt niedrige soziale Stellung oder gar Unbildung» geht nicht auf. Ein Bayer würde sich eine solche Zuordnung energisch und lautstark verbitten; der Schwabe verwiese auf die kultivierte und segensreiche Erfindung des «Honoratiorenschwäbischen», und der waschechte Kölner oder Düsseldorfer Großbürger würde das Problem gar nicht verstehen.

Hier mag der bekannte Vor- bzw. Nachkriegsoberbürgermeister von Köln und spätere erste Bundeskanzler Konrad Adenauer als Kronzeuge dienen. Sicher sprach er nicht Mundart, wie man das mit einem Glas Kölsch in der Hand im Früh oder Sion, im Päffgen oder im Bierbäumchen tut. Die rheinische Aussprache aber ließ sich nicht verhehlen.

Das Ruhrdeutsch in seiner geläufigen und vor allem von Jürgen von Manger über den Entstehungsraum hinaus bekannt gemachten Form ist aber die Sprache der einfachen Leute, der Kumpels und Walzwerker, der Straßenbahnfahrer und Kioskpächter. Hier sprechen die Wissenschaftler zu Recht nicht von einem Dialekt, sondern von einem «Soziolekt».

Einfache Leute sind es dann auch, die in der Mundartliteratur des Ruhrgebiets auftauchen. Der Redakteur der Westdeutschen Allgemeinen Zeitung, kurz Waz genannt, Wilhelm Herbert Koch, hat dem Kumpel Anton und seinem Freund Cervinski schon vor langen Jahren ein Denkmal gesetzt.

Hier geht es um den Wert der Mark:

«Aber Anton, wennze bloß zwei Maak auffe Joppe hass,
Da tuusse schon aufpassen, dattisch der Kellner
Nichen Glas Bier zufiel auffen Deckel malt,
Da tuusse schon mitti Groschens rechnen,
Untu kuxo stiekes (heimlich) durch dat Lokal,
Oppta nich ein sizzt, der dich ein ausgippt.»
(Wilhelm Herbert Koch: Kumpel Anton.
(Droste-Verlag) 7. Aufl., Düsseldorf 1984)

Von der Sprache und vom Wortschatz des Deutschen herkommend, sind wir bei den Mundarten verschiedener Landschaften und Städte gelandet. Viel ließe sich dazu noch sagen, weil die Dialektkarte viel farbiger ist, als es sich hier darstellen lässt.

Wer kennt nicht Witze über Klein-Erna, die in Hamburg erzählt werden, oder über Antek und Frantek aus Oberschlesien. Eine Zeitlang waren Friesenwitze groß in Mode. Bekanntlich lässt sich auf Kosten anderer besonders gut lachen.

Nicht selten sind Wortschatz und Aussprache von Ort zu Ort, ja von Stadtteil zu Stadtteil verschieden. Die Einheimischen hören die Unterschiede sehr wohl. Nicht selten weckte der vertraute oder der fremde Klang Zuneigung und Ablehnung.

In Köln heißt die rechte Rheinseite abwertig «de schäl Sick» (die scheele Seite). Ich denke, dass die Einwohner von Deutz, Kalk oder Mülheim diese Bezeichnung insgesamt mit Gelassenheit ertragen.

Wer als «Pimmock» bezeichnet wird, hat es nicht so leicht. Mit diesem Begriff sind die Fremden insgesamt gemeint. Vielleicht bezog er sich ursprünglich auf die italienischen Gastarbeiter, die «Piemontesen». Heute wird er auch für Zuwanderer aus den neuen Bundesländern Ostdeutschlands verwendet. Ob solche diskriminierenden Kennzeichnungen berechtigt sind, steht auf einem anderen Blatt.

Noch einmal sei an das Zeugnis der Bibel, in der Urerfahrungen der Menschheit niedergeschrieben wurden, erinnert. Gelegentlich verwenden wir heute noch das im Alten Testament gebrauchte Wort «Schibboleth». Es bedeutet Erkennungszeichen oder Losungswort.

Die Bibel berichtet im Buch «Richter» vom Kampf der Gileaditer gegen die Ephraimiter. Als letztere besiegt waren und flüchteten, stellten sich ihnen die Sieger in den Weg und ließen sie ein einziges Wort sagen: Schibboleth. Wenn sie es falsch aussprachen, waren sie als Ephraimiter erkannt und wurden gnadenlos niedergemacht. Angeblich starben auf diese Weise 42 000 Menschen.

Sprache, die als Verbindendes, Kommunizierendes gedacht ist, wurde hier und wird gelegentlich bis in unsere Zeit hinein als Vorwand für Hass und Vernichtung missbraucht. Und das ist gar nicht mehr witzig.

Jüdisch-deutsches Erbe

Eine bemerkenswerte Entwicklung hat eine spätmittelalterliche bzw. frühneuzeitliche Nebensprache des Deutschen durchgemacht. Das Jiddische wurde ursprünglich von den in Deutschland, vor allem in den Städten ansässigen Juden gesprochen. Die antisemitischen Pogrome, die unter anderem durch die Kreuzzugshysterie und die verheerende Pestepidemie ausgelöst worden waren, führten dazu, dass viele Juden zwischen 1300 und dem 17. Jahrhundert nach Osten, nach Polen, Litauen und Russland auswanderten. Sie nahmen ihre «deutsche» Sprache als Muttersprache mit und nützten sie in der neuen Heimat als Verkehrssprache.

Das spätmittelalterliche bzw. frühneuzeitliche Deutsch vermischte sich mit zahlreichen Wörter aus dem Hebräischen, der liturgischen Sprache des Judentums, und aus den slawischen Sprachen.

Seit dem Ende des 19. Jahrhunderts vollzog sich eine neue Völkerwanderung. Wegen der Verfolgungen im zaristischen Russland, aber auch aus wirtschaftlichen Gründen siedelten viele Juden in die Vereinigten Staaten von Amerika über. Heute sind die USA ein neues Zentrum jüdischer Kultur und auch jiddischer Sprachpflege.

In Osteuropa wurde das Jiddische von Millionen von Menschen gesprochen und geschrieben. Übrigens werden dabei nicht lateinische oder kyrillische, sondern hebräische Schriftzeichen verwendet. Die Sprache entwickelte auch eine reiche Literatur. Besonders bekannt ist wohl der Schriftsteller Scholem Alejchem (1859–1916). Sein Roman «Tewje, der Milchmann» wurde zur Vorlage für das weltberühmte Musical «Anatevka», das einen kennzeichnenden Einblick in die Lebenswelt des osteuropäischen Judentums, vor allem auch der einfachen Leute, gestattet.

Sicher ist es reizvoll, einmal eine Probe der gleichzeitig vertrauten und fremden Sprache zu versuchen. Dazu diese Anekdote:

Herschls wajb hot gehat in Osstropolje a klejn kreml (Krämel, Kramladen). *Is si geworn a bal-chojw* (hebräisch Schuldner). *Amol hot Herschl untergeschribn a wekssl far ss'chojre* (hebräisch Ware), *un, farschtejt sich, nischt ojssgekojft dem wekssel zum termin.*

Kumt zu im der ssojcher (hebräisch Kaufmann)*:*

«Herschl, farwoss hosstu nischt ojssgekojft dem wekssl?»

«Ich zol nischt.»

«Hosstu doch alejn untergeschribn dem wekssl!»

«Ich zol nischt. Woss-sche (was + polnisch also) *is? Majn wort is hejliker fun majn unterschrift. As ich sog, ich zol nischt, zol ich nischt.»* (Salcia Landmann: Jiddisch, Abenteuer einer Sprache. dtv. 3. Auflage 1968, S. 136)

Der nationalsozialistische Holocaust führte zur weitgehenden Vernichtung des osteuropäischen Judentums. Heute wird das Jiddische nur noch von etwa zwei Millionen Menschen gesprochen.

Ein Zentrum jüdischer Kultur und Sprache ist das seit 1934 existierende Jüdische Autonome Gebiet von Birobidschan. Hier gilt Jiddisch – nach dem Russischen – als zweite Amtssprache. Das Gebiet liegt an der Trasse der Transsibirischen Eisenbahn in der Nähe von Chabarowsk im fernen Sibirien.

Fachleute unter sich

Seit unserer Schulzeit sind wir es gewöhnt, in Fächern zu denken. Da stehen Deutsch und Geschichte, Religion und Musik, Erdkunde und Biologie, Mathematik und Physik auf dem Stundenplan. In den beruflichen Schulen wird das Menu noch um eine Reihe weiterer Fächer ergänzt.

Unversehens, Schritt für Schritt lernen die Jungen und Mädchen ein beachtliches Repertoire von Fachbegriffen kennen. Da ist im Deutschen von Substantiv (Hauptwort) oder Subjekt (Satzgegenstand) die Rede. Später kommen Begriffe wie «Exposition» oder «auktorialer Erzählstil» hinzu. Sie beinhalten verhältnismäßig komplizierte Sachverhalte, die aber für das Verständnis von Literatur wichtig sind.

In der Exposition werden Personen und Orte einer Handlung vorgestellt. Der Zuschauer oder Leser erfährt, worum es in dem jeweiligen Werk geht. Bei der auktorialen Erzählweise wird aus der Sicht eines allwissenden Autors (lat. auctor) erzählt.

In Geschichte spricht man von einer «Quelle» oder dem «Hellenismus» (Nachwirkung der griechischen Kultur und Sprache im Mittelmeerraum); in Religion von «Verbalinspiration» (wörtliche Eingebung des Bibeltextes an deren Verfasser) oder von «Sakrament».

Die Musik kennt Begriffe wie «Sonate» oder «Kontrabass». In Erdkunde gibt es die «Isobaren» (Linien gleichen Luftdrucks) oder die «Schwellenländer» (an der Schwelle zwischen Entwicklungs- und Industrieland), in der Biologie die «Infusorien» (Aufgusstierchen) und den «Melanismus» (dunkelfarbige Abart von Tieren).

In der Mathematik lernen die Knirpse, was eine «Gerade» ist und dass diese – im Gegensatz zur Strecke – keinen Anfang und kein Ende hat. Später müssen sie mit «Potenzen» und «Integralen» umgehen. Das gilt auch für das Fach Physik. Allerdings kommen hier noch zahlreiche eigene Fachbegriffe hinzu. Hier bedeuten «Masse» und «Resonanz» (Mitschwingen) etwas anderes als in der Umgangssprache.

Leicht ließe sich die Aufzählung um einzelne Fächer und Begriffe erweitern. Im Zweifelsfall gibt es ja Fachbücher und Fachwörterbücher, die Klarheit schaffen.

Tatsächlich scheint es unausweichlich zu sein, dass mit zunehmender Spezialisierung ein immer speziellerer Wortschatz entsteht. Wir wissen, dass die Entfaltung des Handwerks im Mittelalter fortlaufend neue Berufsbezeichnungen hervorbrachte.

Der Nachhall dieser Entwicklung ist bis heute in den überkommenen Familiennamen zu finden. So waren z.B. an der damals so wichtigen Waffenproduktion Hauben- bzw. Helmschmiede, Harnisch- und Spießmacher, Schwertfeger und Plattner (für die Eisenrüstung), Armbrust- und Bogenmacher, Bartenschlager (mhd. Barte = Streitaxt) und Sarwerker (mhd. sar = Rüstung) beteiligt.

Verständlicherweise entwickelten die einzelnen Gewerke eine Reihe von neuen Wörtern oder Wortbedeutungen, die für Außenstehende ohne Belang waren. Es genügte, wenn der Lehrling sie sich im Lauf seiner jahrelangen Ausbildung aneignete und später als Geselle oder Meister damit umgehen konnte.

Bleiben wir noch einen Augenblick bei der ritterlichen Rüstung des Mittelalters. Viele der Fachbegriffe sind ohne weiteres verständlich; andere haben den Weg in die Umgangssprache nicht gefunden.

Zum Helm gehören die Helmglocke, die Sehschlitze, das Visier und die Atemlöcher. Der Kragen sichert den Hals. Dann kommen die Schulter, der Rüsthaken, das Bruststück und am Arm die Armkachel, die Unterarmröhre und die Hentze. Den Oberschenkel schützen die Beintasche und der Diechling, den Unterschenkel und den Fuß der Kniebuckel, die Beinröhre und der Schuh. Mit Sicherheit gab es bei den Harnischmachern noch Dutzende anderer Fachwörter, die uns heute längst fremd sind.

Dass sich die Spezialisierung heute in ähnlicher Weise auswirkt, sei an einem aktuellen Beispiel gezeigt. Wer einmal in einem Baumarkt eine bestimmte Schraube gesucht hat, weiß um die verwirrende Vielfalt des Sortiments. Da gibt es Holz-, Gewinde- und Blechschrauben unterschiedlichster Abmessungen, Materialien und Formen.

Die Holzschrauben haben einen Senk- oder Linsenkopf, einen Rund- oder Sechskantkopf. Zusätzlich gibt es Spiegelschrauben und Schrauben mit unterschiedlichen Zierköpfen, Doppelschrauben und Holzschrauben mit Maschinengewindeoberteil.

Bei den Gewindeschrauben geht es weiter. Sie haben einen Zylinder- oder Linsenkopf, einen Senk-, Sechskant- oder Sechskantinnenkopf. Besondere Formen zeigen die Schlossschraube oder Flügelschraube, die Rändel- oder Madenschraube. Gelegentlich wird der Handwerker auch eine Buch- oder Verbindungsschraube, eine Haken- oder Ringschraube benötigen.

Zu den Gewindeschrauben gehören unverzichtbar die Muttern, evtl. auch unterschiedlichste Unterlegscheiben, Federringe oder Zahnscheiben hinzu.

Normal ist die Sechskantmutter. Doch bereits hier existieren verschiedene Ausformungen. Dann kommen die Flügel- und Rändelmutter, die Hutmutter und die Kronenmutter, die Nylon-Stopp-Mutter und die Hülsenmuffe.

Unterschiedliche Ausführungen gibt es ebenfalls von den Blechschrauben usw.

Es wäre vermessen, wenn man einen Gesamtüberblick über die unterschiedlichsten Fach- und Sondersprachen versuchen wollte. Deshalb begnügt sich diese Darstellung mit einigen wenigen Beispielen. Interessant ist, wie sich Seeleute in der eng umschlossenen Welt ihres Schiffes verständigen. Vielleicht erweckt dieser Teil der Betrachtung bei dem einen oder anderen Leser romantische Erinnerungen. – Einen wesentlich anderen Stellenwert hat wohl die Jägersprache mit ihrem ganz eigenen Vokabular. – Die Fachsprache des Arztes interessiert wegen ihrer begrifflichen Genauigkeit, aber auch deshalb, weil sie für den uneingeweihten Hörer so verschlüsselt und geheimnisvoll klingt.

Es beginnt mit den unterschiedlichen Schiffstypen, welche die Ozeane und Meere der Erde befahren. Jeder hat schon einmal von einer Galeere oder einer Karavelle, von einer Fregatte oder einem Klipper gehört. Dutzende anderer Begriffe wären hier ohne Mühe zusammenzutragen.

Der Interessierte sei hier auf die einschlägige Fachliteratur oder auf ein leistungsfähiges Lexikon verwiesen. Klar ist, dass sich die einzelnen Schiffstypen in baulicher Hinsicht, aber oft auch in Bezug auf ihre Nutzung unterschieden. So hat die babylonische Sprachvielfalt irgendwie ihren Sinn.

Doch schauen wir uns an Bord eines Schiffes ein wenig um. Der Seemann spricht nicht von rechts und links, sondern von «Steuerbord» und «Backbord». Tatsächlich ist Steuerbord, von hinten betrachtet, die rechte Seite des Schiffes. Hier war ursprünglich das Steuerruder angebracht. Der linken Seite wandte der Schiffer seinen Rücken (niederdeutsch back, engl. back) zu.

Vorn ist der «Bug». Das Wort hat mit dem Verb «biegen» zu tun und selbstverständlich auch mit den Schulterteilen von Schlachttieren, die als «Bug» verkauft werden. Anscheinend erinnerte das Schiff, das sich seinen Weg durch die Wellen bahnte, an ein lebendes, vorwärtsdrängendes Tier.

Beim «Heck» am Ende des Schiffes wird's noch komplizierter: Der Sitzplatz des Schiffers war früher mit einem Gitter oder einer Brüstung umgeben, um ihn vor Sturzwellen zu schützen. Mit einiger Fantasie lässt sich so die Verbindung zu unserem Wort «Hecke» (Einfriedung) herstellen.

In der Sprache des Seemanns heißt «hinten» «achtern». Wer denkt noch daran, dass es dem hochdeutschen Wort «After» entspricht! Die derbe Bedeutung führte dazu, dass das Wort in anderen Zusammenhängen ausstarb. So wurde z.B. das Wort «Aftermiete» längst durch «Untermiete» ersetzt.

Auf dem Schiff gibt es «Kajüten» für den Kapitän und die Passagiere. Vielleicht ist dieses Wort aus einer Vermischung von «Kabine» und «Hütte» entstanden. Ganz sicher ist diese Herkunft freilich nicht. Da tut man sich schon etwas leichter, wenn es um die Schlafstätten der Mannschaften geht. «Koje» stammt aus der niederländischen Sprache des Mittelalters und bezeichnete einst – durchaus nachvollziehbar – einen Verschlag oder Stall.

Interessanterweise hatte das Wort «Kombüse» für die Schiffsküche ursprünglich eine nahezu übereinstimmende Bedeutung. Vielleicht wirft all das ein bezeichnendes Licht auf die hygienischen Verhältnisse, die in früher Zeit auf den Schiffen, «Seelenverkäufern», herrschten.

Das Wort «Deck» gehört zu «Decken» oder «abdecken». Es dient dazu, den Schiffskörper nach oben hin zu verschließen. «Reling» ist, wie viele andere Ausdrücke der Seefahrt, aus dem Niederländischen auf uns gekommen. Vergessen wir nicht, dass die «Fuhrleute des Meeres» den Warentransport auf den Meeren des Nordens über lange Zeit beherrschten. Das Wort bedeutet «Querholz» und entspricht damit dem deutschen «Riegel».

Mit Masten und Segeln könnte man weitermachen. Manchem Jungen, aber auch manchem jung gebliebenen Erwachsenen geht das Herz auf, wenn er auf freiem Wasser, im Film oder im Fernsehen ein voll getakeltes Segelschiff sieht. Dabei ist es nicht wichtig, ob er ein Besansegel oder ein Großmarssegel von einem Großreuel oder einem Klüver unterscheiden kann. Wer will, mag sich hier auf eigene etymologische Forschungen begeben.

Noch zu ein paar Zeitwörtern, die bei der Jugendbuchlektüre in fiebrigen Nächten auftauchten. Da «entern» die Matrosen die «Wanten». Wer denkt schon daran, dass hier ein ursprünglich spanisches Wort (entrar = hineingehen, überfallen) durchschimmert, das sich seinerseits von lateinisch «intrare» (hineingehen) herleitet.

Die Matrosen müssen die Segel «hissen» (aufziehen) oder «reffen» (die Segelfläche verkleinern, die Segel einholen), vielleicht auch «brassen» (die Segelstellung ändern).

Da wird ein Seemann «angeheuert», was ursprünglich so viel wie «mieten» heißt, und als Lohn erhält er die «Heuer». Vielleicht wird er aber auch «schangheit», d.h. im sturztrunkenen Zustand oder unter Vorspielung falscher Tatsachen an Bord eines Schiffes gelockt. Anscheinend kam so etwas in chinesischen Hafenstädten und besonders in Schanghai des Öfteren vor.

Das ist nur eine kleine Kostprobe aus dem Sprachschatz der christlichen Seefahrt. Sie zeigt aber, wie vielfältig und wie präzise die Sprache des Fahrensmanns war und ist. Schließlich ging es darum, ein schwierig zu handhabendes, oft riesengroßes Schiff mit kostbarer Ladung sicher durch Wind und Wellen ans Ziel zu bringen.

Die Sprache des Waidmanns hat über Jahrhunderte ebenfalls eine Fülle eigener Ausdrücke hervorgebracht, die zunächst nur im engsten Kreise verstanden werden. Sicher, auch hier kommt es gelegentlich auf genaue Unterscheidung an. Die Fachleute wissen, was ein «Spießer» oder ein «Schmaltier» ist. Im ersten Fall handelt es sich um einen Hirsch mit unverzweigtem Geweih; im zweiten ist ein weibliches Tier gemeint, das sich zwischen April des zweiten Kalenderjahres und dem Zeitpunkt der Geburt des ersten Kalbes befindet.

Eine Geheimsprache ist das Idiom des Waidmanns nicht. Dennoch, man fühlt sich wohl in dieser (weitestgehend) männlichen Gesellschaft und genießt deren Ausschließlichkeit. Auch heute ist es noch gar nicht leicht, einen Jagdschein zu erwerben. Zunächst muss das «grüne Abitur» abgelegt werden; finanzielle Gründe machen es manchem unmöglich, sich in die erlauchte Waidgesellschaft einzureihen.

Auch hier mögen einige Beispiele aus der Jägersprache genügen. Da geht es zunächst um das Äußere von Hirsch und Reh. Was eine «Decke» (Felle) ist, wissen die meisten. Vielleicht gilt das auch für die «Lichter» (Augen) und den «Windfang» (Nase), das «Geäse» (Maul) und die «Lauscher» (Ohren). Bei anderen Teilen der Tieranatomie beginnt vermutlich ein wildes Rätselraten: Was z.B. ist eine «Brunftmähne» oder ein «Ziemer», ein «Waidloch» oder eine «Spinne»? Hier ist vom langen Halshaar des Hirschs und vom Rücken, vom After und von den Milchdrüsen des weiblichen Tiers die Rede.

Natürlich sind die auf das Rotwild bezogenen Wörter nicht einfach auf andere Wildarten übertragbar. Beim Schwarzwild, also dem Wildschwein, werden «Keiler» (männlich) und «Bache» (weiblich) unterschieden. Die «Frischlinge» mit ihrer charakteristischen Zeichnung sind Wildschweine im ersten Lebensjahr.

Beim Hasen oder beim Kaninchen heißt das Fell «Balg». Die Ohren werden als «Löffel», der Schwanz als «Blume» bezeichnet. Das Tier «äugt» oder «sichert»; es «bekommt Wind» von etwas und «macht den Absprung». In der «Rammelzeit» erfolgt die Begattung durch den «Rammler»; schließlich «setzt» die Häsin ihren «Satz».

Der Jagdfalke ist eine «Nestling» (aus dem Nest genommen), ein «Ästling» (beim Flugbarwerden eingefangen) oder ein «Wildfang» (als erwachsenes Tier eingefangen). Seine Füße heißen «Hände». Hiermit erbeutet er die «Atzung» (Nahrung). Im «Horst» bebrüten die Greifvögel ihr «Gelege».

Der Jäger «bringt das Wild zur Strecke». Sein Hund verfolgt die «Schweißfährte» (Blutfährte) und «verbellt» die Beute. Das Tier wird «aufgebrochen» und «aus der Decke geschlagen». Zuletzt wird das abgehäutete Tier «zerwirkt». – Über den festlichen Ausklang eines erfolgreichen Jagdzuges schweigt das Lexikon. Aber sicher könnten die erfahrenen Waidleute hier noch manches ergänzen.

Krankheit und Heilung

Die Fachsprache des Arztes hat sich über die Jahrhunderte, nein, über zweieinhalb Jahrtausende herausgebildet. Auch hier geht es um äußerste Präzision. Nicht nur, dass der menschliche Körper aufs genaueste beschrieben werden muss. Hier geht es um physiologische und biochemische Prozesse, in zunehmendem Maß auch psychische Sachverhalte.

Anders als der Biologe, der forscht und beschreibt, hat es der Arzt mit Abweichungen von der Normalität, mit Störungen und Krankheiten zu tun. Allenfalls muss er vorsorgen, dass solche Störungen gar nicht erst eintreten.

Die alten Kulturvölker verfügten bereits über hervorragende medizinische Kenntnisse, die vielfach empirisch, d.h. durch Beobachtung und Experiment, gewonnen worden waren. Die abendländische Medizin ist ohne dieses Vorwissen nicht zu denken. So verwundert es nicht, dass zahlreiche Begriffe des Faches aus dem Griechischen stammen. – Vergessen wir in dem Zusammenhang auch nicht, dass der berühmte «Hippokratische Eid», der das Berufsethos der Ärzte festschreibt, aus dem antiken Griechenland stammt: «... Meine Verordnungen werde ich treffen zu Nutz und Frommen der Kranken, nach bestem Vermögen und Urteil; ich werde sie bewahren vor Schaden und willkürlichem Unrecht ...»

Heute besinnen sich viele Forscher auch auf das medizinische Erfahrungswissen der Naturvölker. Freilich liegt es im Wesen der Sache, dass sie unseren Sprachschatz kaum beeinflusst haben. Lange Zeit war man nicht gesonnen, sich von den «Wilden» oder «Barbaren» irgendetwas beibringen zu lassen.

Barbaren: Auch dieses Wort stammt aus dem Griechischen. Es meinte den Fremden, der mit der eigenen Sprache nicht vertraut war, den Stammler. Vorschnell folgerten die Hellenen, dass er ungebildet und roh sei. Das vermutlich lautmalende Wort ist übrigens mit unserem Verb «babbeln» verwandt: Das Baby babbelt fröhlich vor sich hin. – Was babbelst du da für einen Unsinn!

Verständlicherweise orientiert sich der Wortschatz des Arztes zunächst am menschlichen Körper: Da ist der Kopf und der Rumpf; da sind die verschiedenen Gliedmaßen. Griechische Ausdrücke finden sich z.B. in Bezug auf das Auge. Die «Ophthalmologie» ist die Augenheilkunde. Der erste Bestandteil dieses Wortes kehrt in zahlreichen anderen Zusammensetzungen wieder. So wird die Lähmung des Augenmuskels als «Ophthalmoplegia» bezeichnet. Wörter mit «ot(o)» weisen auf das Ohr. So ist der «Otologe» ein Ohrenarzt und die «Otitis» eine Ohrenentzündung.

Mit der Nase geht's weiter. Die «Rhinitis» ist ein hundsgemeiner Schnupfen. Dagegen bezeichnet der Begriff «Rhinophym» die unübersehbare und unschöne Knollen- bzw. Pfundnase.

Nun ist es hier wohl nicht möglich, alle Organe, die griechische Namen tragen, abzuhandeln. Der besonders neugierige Leser findet in Pschyrembels «Klinischem Wörterbuch» alles, was er sucht. Vorsicht nur: Bei allzu genauem Studium wird der «Philologe» (griech. Freund der Wissenschaft bzw. der Sprache) zum «Hypochonder» (griech.-lat. eingebildeter Kranker).

Ein Organ sollte in diesem Zusammenhang nicht vergessen werden. Wenn's um die Galle geht, taucht immer die Silbe «chol-» auf. So ist die «Cholezystitis» eine Entzündung der Gallenblase; die «Cholelithiasis» das Vorkommen von Gallensteinen.

Für manchen Zeitgenossen hat das «Cholesterin» etwas durchaus Bedrohliches. Dagegen hat die «Cholera» (Gallenbrechdurchfall), eine mörderische Infektionskrankheit vergangener Jahrhunderte, – zumindest in unseren Breiten – ihren Schrecken verloren.

Einige Begriffe gehören nicht im engeren Sinne zur Medizin, weil sie auch in der Umgangssprache heimisch geworden sind. So fällt der «Choleriker» durch sein «galliges» Temperament, seinen ungezügelten, unberechenbaren Jähzorn auf. Er hat dann, wie man sagt, seinen «Koller».

Anders der «Melancholiker» (griech. Schwarzgalligkeit). Nach griechischer Auffassung führte das Einfließen schwarzer Gallflüssigkeit ins Blut zur Schwermut.

Viele hier noch nicht genannten Krankheiten, unabhängig davon, ob sie sich einem bestimmten Organ zuordnen lassen, tragen griechische Namen. Das gilt für «Katarr(h)» (griech. Herabfluss, Schnupfen) oder «Rheuma» (griech. Fluss, Strömung), «Diarrhö» (Durchfluss, Durchfall) und «Arthritis» (Gelenkentzündung).

Die zweite Muttersprache des ärztlichen Fachvokabulars ist das Latein. Fangen wir beim Kopf an. Die «Dentalgie» (lat. dens = Zahn) bezeichnet den Zahnschmerz. Die Zunge heißt in der medizinischen Fachsprache «Lingua». Davon wird das Adjektiv «lingual» (die Zunge betreffend) abgeleitet. Interessant ist, dass im Lateinischen das Wort für «Zunge» auch «Sprache» bedeutet. Wir nennen die Sprachwissenschaft heute «Linguistik».

Die Brust heißt im Lateinischen «pectus». Die gefürchtete

Krankheit «Angina pectoris» geht sowohl auf eine griechische als auch eine lateinische Wurzel zurück. Gemeint ist ein Gefühl des Erwürgt- und Erdrosseltwerdens in der Brust.

Klar, dass das Herz im medizinischen Sinne besondere Aufmerksamkeit verdient. Das griechische Wort «kardia» hat eine Reihe von Ableitungen hervorgebracht. Vielleicht ist «Elektrokardiogramm» (EKG) die bekannteste. Hier werden elektrische Impulse des Herzens gemessen und aufgezeichnet.

Der medizinische Fortschritt brachte es mit sich, dass immer wieder neue Ausdrücke erforderlich wurden. Heute hat sich die Aufmerksamkeit stark den Kranzgefäßen des Herzens zugewandt. Das lateinische Wort für «Kranz», «Ring» heißt «corona». Es findet sich in Ausdrücken wie «Koronarchirurgie» oder «Koronarinfarkt» wieder.

Auch «Insuffizienz» (insufficiens = unzureichend) und «Dilatation» (dilatare = erweitern), «Puls» (pulsus = Schlag) und «Transplantation» (plantare = pflanzen) entstammen dem Lateinischen.

Jedermann kennt Begriffe wie «Tumor» (Geschwulst) und «Fraktur» (Bruch), «Inkubationszeit» (incubare = brüten) und «Rekonvaleszenz» (convalescere = gesund werden).

Es versteht sich fast von selbst, dass viele Heilmittel lateinische Namen tragen. Das beginnt bereits mit den Oberbegriffen «Medizin» (medicina) und «Medikament» (medicamentum). Da gibt es z. B. verschiedene Arten von «Tinkturen» (tinctum = benetzt, gefärbt). – Übrigens ist unser Wort «Tinte» damit verwandt. – Der Arzt verordnet «Pillen» (pilula = kleiner Ball, Kügelchen) und «Tabletten» (tabula mit der französischen Verkleinerungsendung). Er arbeitet mit «Pflastern» (emplastrum) und «Kompressen» (comprimere = zusammendrücken). Dem aufmerksamen Betrachter fällt sogleich auf, dass einige der Wörter bereits in unserer Umgangssprache heimisch sind und dieser in ihrer Form angepasst wurden.

Also noch einmal zurück zu Arzneimitteln mit eher exotischem Klang. Hier ist zu beachten, dass die genannten Vokabeln auf lateinischer Grundlage künstlich gebildet wurden. Da gibt es «Sedativa» (sedatus = beruhigend) und «Stimulanzien» (stimulare = anstacheln), «Penicillin» (penicillus = Pinsel, nach einem pinselförmigen Schimmelpilz) und «Vakzine» (vacca = die Kuh, aus infizierten Kühe gewonnener Impfstoff).

Markennamen entstehen immer wieder nach demselben Grundsatz: «Dolomo» und «Dolormin» (dolor = Schmerz) und «Dentinox» (dens = Zahn, nox = Nacht).

Vergessen wir nicht, dass der Arzt das letzte Wort hat: Exitus oder Exitus letalis (tödlicher Ausgang).

Sehr früh wusste der Mensch um die lebenserhaltende oder lebensbedrohende Macht von Heilern und weisen Frauen, schließlich von Ärzten. Es verwundert nicht, dass deren Tun unter dem Schleier des Geheimnisses ruhte. Man schrieb ihnen magische Kräfte zu, Zauberkünste, die sie für oder gegen die Kreatur nützen konnten.

Bis auf den heutigen Tag hat die Sprache der Medizin einen Hauch von Geheimnis, von stillem Einverständnis und Abgeschlossenheit bewahrt. Wer kennt nicht die Situation am Bett eines Schwerkranken, der Leben oder Tod aus den Worten der Ärzte zu lesen versucht und doch – fürs Erste zumindest – scheitert, weil er deren Sprache nicht versteht.

Wer hat nicht schon einmal erlebt, wie ein Kranker oder der Angehörige eines Kranken den verschlossenen Brief eines Arztes über heißem Wasserdampf zu öffnen versuchte und mit zitternden Händen die Diagnose las. Vielleicht gab der Text Klarheit; vielleicht blieb er auch ein Buch mit sieben Siegeln, das ohne die Hilfe eines Eingeweihten nicht zu entziffern war. –

Von Gaunern und fahrendem Volk

Geheimsprachen! Niemand wird auf den Gedanken kommen, unsere Ärzte der Geheimbündelei zu bezichtigen, sie als eine Berufsgruppe zu brandmarken, die etwas zu verheimlichen hat.

Freilich, es gibt Sprachen, deren Sprecher sich ganz bewusst diesen Zweck gesetzt haben. Sie sollen etwas verbergen, sie sollen für Außenstehende nicht nur geheimnisvoll und fantasieanregend, sondern unverständlich sein.

Mit den Geheimschriften fängt es an. Wer hat nicht schon einmal als Kind damit experimentiert! Es ist ein bewährtes Verfahren, mit Milch auf Papier zu schreiben und den so präparierten Zettel über einer Kerzenflamme zu erhitzen. Hobbyalchimisten verwenden unsichtbare Tinten, die sich dann beim Überstreichen mit einer anderen chemischen Substanz plötzlich blau oder rot färben.

Das eine oder andere junge Mädchen notiert seine intimsten Gedanken oder Herzenswünsche mit der Hilfe von Stenografie. Andere verwenden griechische oder kyrillische Buchstaben, vielleicht sogar ein selbst erfundenes Alphabet, das nur die Betroffenen zu entziffern vermögen.

Diebe und Gauner hatten leicht nachvollziehbare Gründe, sich vor der Umwelt zu tarnen und eine eigene Sprache zu entwickeln. Bereits im Mittelalter gab es dafür das Wort «Rotwelsch», das man wohl recht gut mit «Gaunersprache» übersetzen kann.

Der Wortteil «welsch» klingt bekannt. Vielleicht hat der eine oder andere den Südtiroler Ortsnamen «Welschnofen» oder die landschaftlich gebräuchliche Bezeichnung «Welschkraut» (Wirsing) im Ohr. Es steht stellvertretend für «romanisch», «französisch» oder «italienisch». Jedenfalls hatten die Zuhörer in Deutschland den Eindruck, dass das Rotwelsche südländisch fremd klang.

Bei näherem Hinsehen zeigen sich in dieser Sprache zahlreiche Entlehnungen aus dem Hebräischen und aus der Zigeunersprache. Tatsächlich war es ja auch so, dass die Juden sowie die Sinti und Roma jahrhundertelanger Verfolgung und gesellschaftlicher Diskriminierung ausgesetzt waren.

Als Vermittler betätigte sich oft die Studenten- und Schülersprache bzw. die Soldatensprache. Es liegt im Wesen der Sache, dass hier – wie heute im Jugendjargon – Wörter und Ausdrücke aufgenommen wurden, die in der wohlgeordneten bürgerlichen Welt als unfein, unpassend und ordinär galten. Ganz bewusst wollten die jungen Leute ja provozieren; ganz bewusst befleißigten sich die Soldaten eines rauen, vermeintlich besonders männlichen Tons.

Das Rotwelsche hat keine nennenswerte eigene Grammatik entwickelt. Schließlich ging es ja auch darum, einen eigenen Wortbestand zu schaffen, d.h. die Dinge und Sachverhalte richtig, aber gleichzeitig unverständlich zu bezeichnen.

Natürlich waren nicht alle Sprecher dieser soziologisch so interessanten Sondersprache Diebe und Räuber, Brandstifter und Mörder. Viele verdienten als Höker und Landfahrer ihr hartes Brot. Da, wo viele von ihnen beisammen wohnten – vielleicht weil sie von ihren jeweiligen Landesherren angesiedelt oder zur Sesshaftigkeit gezwungen wurden – wurde das Rotwelsch zur gemeinsamen Umgangssprache.

Übrigens ist es auch unter dem Begriff «Jenisch» bekannt, das zu dem zigeunerischen Verb für «wissen» und «kennen» gehört. Jenisch bedeutet demnach so viel wie «Sprache der Schlauen».

Manche Wörter der Gaunersprache sind trotz allem leicht zu entziffern und auch leicht zu lernen, z.B. «Flössling» (Fisch), «Stichling» (Nadel, Gabel), «Laller» (Zunge) oder «Bohne» (Gewehrkugel, vgl. «blaue Bohne»).

Für uns ist hier interessant, dass die exklusive Sondersprache ihre Spuren in unserer Umgangssprache bzw. in der Schriftsprache hinterlassen hat. Das Verb «blechen» wurde von dem rotwelschen Substantiv «Blech» (Geld, kleine Münze) abgeleitet. Das Wort «foppen» bedeutete ursprünglich «lügen», wurde aber dann zu «an der Nase herumführen», «necken» abgeschwächt. Zu ergänzen sind «schnorren» (betteln), «schwänzen» (herumschlendern, eine Vorlesung oder den Schulunterricht versäumen) und «schachern», das auf das hebräische Wort für «mieten», «anstellen» zurückgeht.

Aus der Gaunersprache stammen auch das Substantiv «Kluft» in der Bedeutung von «Kleidung» oder «Uniform». Man sieht ihm heute nicht mehr an, dass es ebenfalls hebräischen Ursprungs ist. Das entsprechende Wort meinte «Schale» oder «Rinde». In diesem Zusammenhang kommt eine Wendung in den Sinn, die bis heute in unserer Umgangssprache gebräuchlich ist: «Ich muss mich für heute Abend noch ‹in Schale werfen›.»

Im Hebräischen hieß Griechenland «jawan». Daraus entwickelte sich das rotwelsche Wort «Jauner» bzw. «Gauner» im Sinne von «Falschspieler». Gemeint ist eben, dass ein Gauner wie ein Grieche im Spiel betrügt.

Mit «Kies» und «Moos» wird das Geld bezeichnet. Während sich das erste der beiden rotwelschen Wörter vermutlich von dem gleichlautenden Wort in der Bedeutung von «Schotter» herleitet, geht das zweite wiederum auf ein hebräisches beziehungsweise jüdisches Wort in der Bedeutung «Pfennige», «Kleingeld» zurück.

Ein «Stromer» ist ein Herumtreiber, das «Kittchen» ein Gefängnis. «Schickse» leitet sich von dem hebräischen Wort für «Gräuel» her. Es wurde in der Bedeutung von «Gaunerin» oder «unzuverlässige Weibsperson» gebraucht, gelegentlich auch in der abwertig gemeinten Bedeutung «Judenmädchen».

Anschaulich sind die aus der Gaunersprache übernommenen Umdeutungen. Das Wort «Bauernfänger» entstammte der Berliner Szene und wurde zusammenfassend für die Diebe in der preußischen Hauptstadt verwendet. Dass es heute eine allgemeinere Bedeutung hat, leuchtet sicher allgemein ein. «Die neue Gebührenordnung ist die reinste Bauernfängerei.»

Auch «Hochstapler» bezog sich zunächst auf das Milieu und meinte den Bettler, der gegenüber seiner Kundschaft besonders vornehm auftrat. Heute ist mit dem Wort allgemein ein Mensch gemeint, der andere über seine wahren Verhältnisse zu täuschen versucht, vielleicht weil er Wohlstand oder Reichtum vorgaukelt oder weil er sich unerlaubterweise mit einem Adelstitel oder einem akademischen Grad schmückt.

Aus dem Rotwelschen stammen auch Bezeichnungen wie «Dachhase» (Katze) und «Pinselquäler» (Anstreicher) und wahrscheinlich «Dietrich» im Sinne von Nachschlüssel. Hier liegt ganz offensichtlich der gleichlautende Vorname zu Grunde.

Gewusst, wie!

Gesellschaftliche Rollenspiele

Von unterschiedlichsten Sprachen war die Rede. Da gibt es die Mundarten und die Umgangssprachen, schließlich die Hochsprache oder die Schriftsprache, die sich von den eben genannten deutlich unterscheiden. Einzelne Berufsgruppen verfügen über ihr je eigenes Vokabular. Das Gleiche gilt für Menschen, die sich einem besonderen Zeitvertreib widmen, für Jäger und Angler, für Fußballfans und Segelflieger, für Briefmarkensammler und Funkamateure.

Sprachen sind nicht angeboren, sondern werden erlernt. Durch Vorbild und eigenes Bemühen erlernt das Kind, wie es zu sprechen hat. Wenn es Fehler macht, wird es korrigiert. Begierig erlauscht es neue Wörter und begreift, wie sie miteinander zu verbinden sind. Ganz spielerisch erwirbt es so einen mehr oder weniger umfangreichen Wortschatz, eine mehr oder weniger ausgefeilte Grammatik.

Wir alle wissen aus Erfahrung, wie mühevoll es ist, in reiferem Alter, z.B. als Jugendlicher oder gar als Erwachsener, eine Fremdsprache zu lernen: ancilla, ancillae, ancillae, ancillam, ancilla ... – Dabei sind diese Formen doch noch verhältnismäßig leicht einzuprägen und anzuwenden.

Es ist ein grober Irrtum anzunehmen, dass innerhalb eines Sprachgebiets – etwa in Deutschland – alle Kinder und Jugendlichen das Gleiche lernten, den gleichen Wortschatz und die gleiche Grammatik.

Das Erlernte zeigt nicht nur mundartliche Abweichungen; da gibt es auffällige Unterschiede in Wortschatz und Grammatik.

Natürlich sind nicht alle Menschen, die sprechen und schreiben, gleich intelligent, gleich gewandt und gleich sorgfältig im Umgang mit der Sprache. Schon so ließen sich auffällige Unterschiede erklären.

Aber das ist es nicht allein. Wissenschaftliche Untersuchungen haben gezeigt, dass Wortschatz und Sprachfähigkeit in einem engen Zusammenhang zur sozialen Herkunft, zur gesellschaftlichen Stellung eines Menschen und zu seinem sozialen Umfeld stehen. Ein Bauer spricht anders als ein Arbeiter am Fließband, ein Friseurmeister, der einen gut besuchten Salon unterhält, anders als ein Professor für Kirchenrecht.

Die Gründe dafür sind verschieden. Teilweise liegen sie bereits in der Kindheit. Manche Mütter und Väter sprechen sehr viel mit ihren Kindern. Sie zeigen Zuwendung durch Sprache und bauen gleichzeitig ein umfangreiches Repertoire an sprachlichen Ausdrucksmitteln auf.

Das Kind versucht es ihnen nachzutun, wird dabei Schritt für Schritt ermuntert, gefördert und im Zweifelsfall berichtigt. Jedermann weiß aus eigener Erfahrung, dass die Lernfähigkeit im frühen Kindesalter besonders ausgeprägt ist.

In anderen Familien spielen Sprache und Sprechen eine unverhältnismäßig geringere Rolle. Das Leben ist weitgehend normiert. Keiner der Beteiligten hat ein höherrangiges Interesse daran, sich besonders gewählt und «umständlich» auszudrücken. Kurze Meinungsäußerungen und Aufforderungen werden rasch verstanden und umgesetzt. Vielleicht regiert der Fernsehapparat den Abend und die Freizeit am Wochenende.

Man versteht sich – oder auch nicht. Mehr ist nicht gefordert.

Nicht selten haben Mundfaulheit und Spracharmut verheerende Wirkungen. Einer Meldung der Deutschen Presseagentur zufolge zeigt jedes zehnte Kind in Deutschland Sprachstörungen. Die Jungen und Mädchen im Vorschulalter haben Probleme mit der Lautbildung, stottern und sind nicht in der Lage, vollständige Sätze zu bilden.

Psychotherapeuten kennen das Krankheitsbild des Hospitalismus und erinnern sich dabei vermutlich an eine uralte Geschichte: Um 1200 herum wollte Kaiser Friedrich II. von Hohenstaufen erkunden, welche Ursprache den Kindern eingegeben sei. Vielleicht würden sie – unbeeinflusst von ihrer Umgebung – hebräisch, griechisch, lateinisch oder arabisch sprechen.

Er befahl deshalb, Neugeborene mit Milch zu nähren, zu baden und zu pflegen. Allerdings wurde den Ammen verboten, mit den

Säuglingen zu kosen und zu sprechen. Alle Kinder starben, weil sie ohne ihre Bezugspersonen nicht lebensfähig waren.

Allerdings ist dies nicht das eigentliche Thema. Hier geht es darum, Unterschiede aufzuzeigen, die sich durch ganz bestimmte soziale Bindungen ergeben.

Gleich am Anfang sei gesagt, dass die Einteilung nicht unproblematisch ist. Die hier vorgetragenen Einsichten wurden vor allem in England gewonnen. Die Beobachtungen beziehen sich auf ein gesellschaftliches Milieu, das durch starke Klassenunterschiede gekennzeichnet ist. Für manche verhältnismäßig mobile Gesellschaften des Kontinents gilt das zu Sagende nur mit erheblichen Einschränkungen.

Der Sprachforscher Basil Bernstein hat Sprache und Lebensweise der Unterschichten einerseits und der Mittel- bzw. Oberschichten andererseits untersucht. Generell stellt er fest, dass hier ganz erhebliche Unterschiede bestehen. Mit dem eher bescheidenen Lebensstil der Arbeiter und Kleinbürger korrespondieren bestimmte Erziehungsweisen. In der Regel hat das Kind das, was ihm aufgetragen worden ist, zu tun. Lange Diskussionen sind untypisch.

In den Mittel- und Oberschichten haben Erwachsene und Kinder viel größere Möglichkeiten, Lebens- und Bildungserfahrungen zu sammeln. Ganz bewusst werden Gelegenheiten gesucht und genutzt, z. B. indem man die Kinder und Jugendlichen in die Erwachsenengesellschaft einführt oder ihnen Sprach- und Erlebnisaufenthalte im Ausland ermöglicht.

Die Kinder und Jugendlichen erwerben so eine verfeinerte Sprach- und Sozialkompetenz. Sie haben es leichter, mit Gleichaltrigen oder auch mit Erwachsenen umzugehen. Wer aus anderen gesellschaftlichen Verhältnissen kommt, kann in unserer mobilen Gesellschaft vergleichbare Ziele erreichen. In aller Regel ist dazu aber ein gesteigerter Kraftaufwand erforderlich.

Doch zurück zur Sprache! Angehörige der Mittel- und Oberschicht sind zumeist sprachlich vergleichsweise stark gefordert. Der Arzt spricht mit Patienten unterschiedlichster Herkunft und Mentalität. Er muss – durch das Wort – eine vertrauensvolle Atmosphäre schaffen und ggf. das Wort auf die Goldwaage legen. Ein unbeabsichtigter Misston kann den Kranken in eine schwierige seelische Lage versetzen.

Ein wesentlicher Teil der Tätigkeit von Rechtsanwälten und Pfarrern, Lehrern und Versicherungsvertretern, Bürgermeistern und Zeitungsredakteuren ist sprachlicher Art. Einige Berufsgruppen, z.B. Journalisten oder Museumsführer, werden geradezu an ihrer Sprachfertigkeit gemessen.

Zum Erziehungsstil der Mittel- und Oberschichten gehört die Verbalisierung von Problemen. Das sagt nichts über den einzelnen Vater oder die einzelne Mutter aus, dürfte aber – statistisch betrachtet – insgesamt zutreffen.

Man spricht die Probleme an und hofft darauf, den ungeratenen Zögling so auf den rechten Weg zurückzuleiten: Was hast du denn da angestellt? – Was hast du dir dabei gedacht? – Warum hast du uns nicht vorher gefragt? – Ahnst du überhaupt, wie das auf die anderen wirkt? – Wie willst du das wieder gut machen? – Können wir dir eigentlich noch vertrauen? – In Zukunft musst du zu uns kommen, wenn du mit deinen Schwierigkeiten nicht zurecht kommst. – Wenn du einsiehst, dass du dich falsch verhalten hast, dann kommst du für diesmal, aber nur für diesmal noch ungeschoren davon!

Natürlich muss sich der arme Tropf sprachlich rechtfertigen. Wenn er sich trotzig verweigert, dann reizt er seinen Vater zur Weißglut. Mag sein, dass er sich gelegentlich einmal nach einer Backpfeife sehnt, weil dadurch die verbale Tortur abgekürzt werden könnte.

Verbale Tortur! – Richtig ist, dass man einen Menschen mit Worten zumindest ebenso «fertig machen» kann wie mit Körperstrafen. Schlimm wird's, wenn sich Vorwürfe mit Zynismus oder gar mit Sadismus paaren.

Kurz und gut: Unterschiedliche Lebenserfahrungen und Lebensauffassungen führen dazu, dass in den Unterschichten der «restricted code» verbreitet ist. Die sprachlichen Möglichkeiten sind einfacher, eingeschränkt. Der Wortschatz ist nicht sehr umfangreich, die Grammatik wenig differenziert.

In den Mittel- und Oberschichten wird der «elaborated code» verwendet. Hier findet sich ein großer, sorgfältig nach Nuancen unterschiedener Wortschatz. Die Grammatik achtet ebenfalls auf kleinste Bedeutungsvarianten. Schludrigkeiten sind verpönt; Präzision ist Pflicht. Gelegentlich wird diese Sprache – bei allzu gründlichem Vorgehen – als die Sprache der Studienräte und Pfarrer belacht. Das gilt besonders dann, wenn sie in ihrer Ausdrucksweise altertümlich wirkt.

Natürlich war das Phänomen im Grunde bereits bekannt, bevor Basil Bernstein und andere Sprachforscher sich wissenschaftlich mit den sogenannten «Soziolekten» befassten.

Ganz bewusst wurde hier ein neuer Begriff geprägt. Die «Dialekte» beziehen sich auf sprachliche Besonderheiten in unterschiedlichen Landschaften. Der Bayer spricht anders als der Franke, der Rheinländer anders als der Westfale, der Mecklenburger anders als der Ostfriese.

Freilich gibt es auch innerhalb eines größeren Dialektgebietes mundartliche Unterschiede. So lässt sich für den geschulten Zuhörer die Sprechweise in München oder in Landshut sehr wohl auseinanderhalten. Das Gleiche gilt für die rheinischen Idiome, die in Köln oder in Aachen gesprochen werden.

Bei den «Soziolekten» geht es mehr um die soziale, um die vertikale Gliederung. Hier ist nicht die landschaftliche, sondern die Schichtzugehörigkeit ausschlaggebend.

Die sozial bedingte Ausdrucksweise wurde immer wieder von Schriftstellern zur Kennzeichnung von Personen und Situationen benützt. Es liegt im Wesen der Sache, dass dies vor allem in der Zeit des Realismus und dann – geradezu mit programmatischem Anspruch – in der Zeit des Naturalismus geschah.

Ein frühes literarisches Beispiel ist das als Fragment überlieferte Schauspiel «Woyzeck» von Georg Büchner (1813–1837). Der Soldat Woyzeck wird von seinen Vorgesetzten schamlos ausgenützt und erniedrigt. Als sein einziger Besitz auf dieser Erde, seine Geliebte Marie, sich dem stärkeren und männlicheren Tambourmajor hingibt, wird er zum Mörder. Aus Verzweiflung ersticht er die Geliebte.

In Woyzecks Worten vermischen sich Unwissenheit und Angst: «Sehn Sie, Herr Doktor, manchmal hat einer so 'en Charakter, so 'ne Struktur. – Aber mit der Natur ist's was anders, sehn Sie; mit der Natur das ist so was, wie soll ich doch sagen, zum Beispiel ...»

Der Doktor ist zufrieden: «Woyzeck, Er hat die schönste Aberratio mentalis partialis (teilweise Geistesverwirrung), die zweite Spezies, sehr schön ausgeprägt. Woyzeck, Er kriegt Zulage! Zweite Spezies: fixe Idee mit allgemein vernünftigem Zustand.»

Während der arme Soldat nicht weiß, wie er sich erklären soll, verfügt der Arzt über ein entwickeltes fachliches Vokabular. Allerdings gilt nicht ihm unsere Sympathie, sondern der missbrauchten und gequälten Kreatur.

Bekanntlich war dies auch beherrschendes, sich durch viele seiner Werke hindurchziehendes Thema bei Gerhart Hauptmann (1862–1946). Als Beispiel sei hier das ergreifende naturalistische Drama «Rose Bernd» genannt. – Der Erbscholtiseibesitzer Flamm ist mit einer seit langem gelähmten Frau verheiratet. Obwohl er sie liebt, lässt er sich mit der schönen Bauerntochter Rose Bernd ein. Die unerwünschte Schwangerschaft bringt das Mädchen in eine aussichtslose Lage. Als Rose Bernd keinen Ausweg mehr sieht, erwürgt sie ihr neugeborenes Kind. «Ich bin ganz klar! Ich bin ni besessen! Ich bin ganz klar bin ich uffgewacht! – 's sullde ni laba! Ich wullte 's nie!! 's sullde ni meine Martern derleida! 's sullde durt bleib'n, wo's hiegeheert.»

Sicher hat der geübte Leser längst bemerkt, dass eine scharfe Trennung zwischen Dialekt und Soziolekt gar nicht möglich ist. Auch im Dialekt lassen sich Schicht- und Standesunterschiede festmachen. Wer denkt hier nicht sogleich an das sogenannte «Honoratiorenschwäbisch»!

Bislang war von Literatur die Rede. Stets ist die Hand des Autors im Spiel. Er macht die Sprache, so wie er sie durch intensive Beobachtung und durch stetigen Gebrauch kennen gelernt hat, seinen Zwecken nutzbar.

Selbstverständlich geht die soziologische Sprachforschung nicht vom Roman, vom Schauspiel oder vom Gedicht aus; sie schaut dem Volk aufs Maul. Ein bekanntes Ergebnis sind die «Bottroper Protokolle», die Erika Runge vor langen Jahren aufgezeichnet (und dann leider für den Druck bearbeitet hat). Sie geben ein recht authentisches Bild von der durch soziale Verhältnisse bedingten Sprache des Ruhrgebiets wieder.

Für das Büchlein schrieb Martin Walser seinerzeit ein Vorwort unter dem Titel «Berichte aus der Klassengesellschaft». Ob dieser Begriff hier zutrifft, sei dahingestellt.

Hier eine kurze Probe, die das Obengesagte unterstreichen soll: «Drei Jahre war ich dann in ne Strickfabrik, zwei Jahre Lehrzeit, und dann noch ein Jahr so. Im Haushalt war ich auch noch tätig, das kann man ja immer gebrauchen, nicht. Im Haushalt hatt ich auch mehr gehabt, da hatt ich freie Kost, und ich konnte da meine Wäsche waschen, alles, und hab 100 Mark gekriegt im Monat. Das war nur für mich. Da war ich 17 und hatte 100 Mark gehabt, das war viel. Die ham alle gesagt. Das war viel gewesen.» (Erna E., Hausfrau)

Stilfragen

Dass soziale Schichtung und die gesellschaftlich bedingte Sprachkompetenz etwas mit unterschiedlichen Ausdrucks- oder Stilebenen zu tun haben, leuchtet unmittelbar ein. Es wäre aber sicher falsch, die Begriffspaare einfach gleichzusetzen.

Jeder Mensch spielt unterschiedliche Rollen, und dazu gehört unter anderem, dass er seine Sprechweise und sein Verhalten der jeweiligen Situation anpasst.

Nehmen wir einmal den Tagesablauf eines Architekten: Beim Aufstehen wechselt er mehr oder weniger freundliche Worte mit seiner Frau. Er lobt ihr frisches Aussehen oder nörgelt über das Frühstücksei, das wieder einmal zu hart geworden ist. Den Kindern, die in die Schule drängen, begegnet er mit freundlicher Strenge. «Habt ihr eure Schultaschen gepackt?» – «Ohne Butterbrot geht mir keiner aus dem Haus!»

Im Büro begrüßt ihn die Sekretärin mit düsterem Blick. Ein Bauherr hat um Punkt sieben angerufen und sich darüber beschwert, dass die Maurer nicht erschienen sind. Der Architekt greift zum Telefonhörer, beißt die Zähne zusammen, solange bis drüben abgehoben wird. «Wenn ich in einer halben Stunde auf der Baustelle vorbeikomme, dann will ich Ihre Leute bei der Arbeit sehen. Das ist mein letztes Wort!»

Eine halbe Stunde später sitzt ein junger Familienvater vor dem Schreibtisch und erzählt, dass er eigentlich kein Geld zum Bauen habe, dass er vielleicht irgendwann einmal über ein billiges Fertighaus nachdenken werde. Irgendwann einmal ...

Sein Gegenüber lehnt sich – freundlich lächelnd – zurück und schüttelt versonnen den Kopf: «Das Geld kriegen Sie von der Sparkasse. Und im Übrigen verspreche ich Ihnen ein Haus zu bauen, das keinen Pfennig teurer ist als ein Fertighaus. Nicht teurer, aber besser – stabiler, zweckmäßiger, individueller.»

Nach langem Arbeitstag geht der Architekt noch auf ein Bier ins «Lamm». Weil er nicht allzu lange bleiben möchte, rückt er an der Theke zu zwei Bekannten, denen er schon oft in diesem Gasthof begegnet ist. Mit dem pensionierten Briefträger Müller und dem Friedhofsgärtner Karg diskutiert er über das Wetter, über das Intimleben amerikanischer Präsidenten und über die neuesten Ergebnisse in der Bundesliga. Das Gespräch ist so anregend und gehaltvoll, dass es bei einem Bier nicht bleibt ...

Endlich belehrt ihn ein Blick auf die Uhr, dass es höchste Zeit zum Gehen ist. Eine Stunde später sitzt er frisch rasiert und frisch angezogen im Gemeindehaus und diskutiert mit anderen Kirchengemeinderäten über die Einstellung einer neuen Erzieherin. Er weiß, dass er seine Auffassung nur durchsetzen kann, wenn es ihm gelingt, die Bedenken des Pfarrer zu zerstreuen.

Der hier kurz angerissene Tagesablauf soll zeigen, wie eine und dieselbe Person in mehrere Rollen schlüpft. Das ist Teil ihrer sozialen Kompetenz: Wer sich wechselnden Situationen geschickt anzupassen vermag, tut sich insgesamt leichter.

Das hat u.a. Folgen für den Wortschatz. Der vielseitig versierte Sprecher verfügt – wie oben bereits erwähnt – über ein umfangreiches Repertoire an Ausdrucksmöglichkeiten. Wie so etwas aussehen kann, wird an möglichen Synonymen für das Verb «sterben» sichtbar: hinscheiden, entschlafen, eingehen, verrecken, krepieren, ableben, entschlummern, heimgehen, enden, verenden, zugrunde gehen, dahingerafft werden, von hinnen scheiden, abberufen werden, erlöst werden, tödlich verunglücken, umkommen, abkratzen, abschnappen, abnibbeln, draufgehen.

Damit ist die Liste noch lange nicht vollständig. In Verbindung mit einem Substantiv sind weitere Möglichkeiten denkbar: sich den Tod holen, vom Tode ereilt werden, das Leben aushauchen, das Leben verlieren, den Geist aufgeben, die Seele aushauchen, aus dem Leben scheiden, die Augen für immer zumachen, sein Dasein vollenden, das Zeitliche segnen, den Weg allen Fleisches gehen, in die Ewigkeit abberufen werden, seine letzte Reise antreten, in die ewige Ruhe eingehen, aus der Mitte gerissen werden, ums Leben kommen, zu Tode kommen, in den letzten Zügen liegen, zu Ende gehen usw.

Bei näherem Betrachten zeigt dieses umfangreiche Lexikon gewisse Besonderheiten. Klar, dass sich hier eine Reihe von Wörtern und Wendungen findet, die den Tod in einem etwas freundlicheren Licht erscheinen lassen. An anderer Stelle ist von den sogenannten Euphemismen die Rede. Das Wort «sterben» klingt hart und unerbittliche; «das Zeitliche segnen» verheimlicht das eigentliche Geschehen und gibt ihm eine religiöse Weihe.

Die Liste wäre unvollständig ohne eine Reihe eindrucksvoller metaphorischer Wendungen. Sie sollen wenigstens teilweise hier genannt werden: in die Grube fahren, in die ewigen Jagdgründe eingehen, ins Gras beißen, den Löffel wegwerfen, den Arsch zukneifen, ein nasses Grab finden, zur großen Armee abgehen, den Heldentod erleiden, von der Bühne abtreten, aus dem letzten Loch pfeifen.

Bei einigen dieser Redensarten ist die Herkunft unübersehbar. Vermutlich waren Bergleute oder Soldaten, Schauspieler oder Musiker die Erfinder.

Oben war von schönfärbenden Euphemismen die Rede. Doch auch die andere Seite lässt sich aus diesem Vokabular ablesen: Das Sterben wird mit höchster Drastik und nicht selten mit abstoßender Kaltschnäuzigkeit dargestellt. Wer «abkratzt» oder «verreckt», wer «den Arsch zukneift» oder «den Löffel wegwirft» stirbt einen schlimmen, würdelosen Tod.

Hier brauchte nicht eigens gesagt zu werden, dass Synonyme keineswegs gleichwertig sind: Nach einem bewegten Leben hat der Verstorbene die ewige Ruhe gefunden. – Die Verwandten versammelten sich in dem Haus, in dem er draufgegangen war.

Der Stil einer Aussage ist nicht in Formeln zu fassen. Nach wie vor kommt dem Sprachgefühl große Bedeutung zu. Dennoch soll hier versucht werden, einige unterschiedliche Stilebenen zu benennen.

- Die Gassensprache zeichnet sich durch Grobheit und Respektlosigkeit aus.
- Die Alltagssprache dient der anspruchslosen Verständigung und verzichtet auf besonderen Schmuck.
- Dagegen bemüht sich die Sprache der gepflegten Unterhaltung um Anerkennung und Sympathie beim Gesprächspartner. Der Sprecher muss sich anstrengen.
- In der Sprache der Geselligkeit sind Einfallsreichtum und flotte Sprüche gefragt. Schließlich wollen die Anwesenden unterhalten werden.

- Die Sprache des Pedanten ist ein ständiger Vorwurf und in ihrem Hang zur Haarspalterei nur schwer zu ertragen.
- Ähnliches gilt für die moralisierende Sprache des erhobenen Zeigefingers mit ihrem oft süßlich-säuerlichen Unterton.
- Die Amts-, Rechts- und Verwaltungssprache bemüht sich um Genauigkeit und Sachlichkeit. Gerade deswegen wird sie gelegentlich als hölzern und verschroben charakterisiert.
- Die gleichen Absichten verfolgt die Sprache der Wissenschaft und der Technik. Allerdings besitzt sie eine vergleichsweise geringe Breitenwirkung und ist deshalb allgemeinem Spott wenig ausgesetzt.
- Der flotte Zeitungsstil versucht den Leser für sich und für die berichteten Ereignisse zu gewinnen. Bisweilen wirkt er unseriös und anbiedernd.
- Die Sprache der Werbung soll überzeugen und überreden. Jedes sprachliche Mittel, das in dieser Hinsicht Wirkung verspricht, kommt gerade recht.
- Die Sprache des Gottesdienstes und der offiziellen Feier pflegt eine gediegene Wortwahl und anspruchsvolle rhetorische Formen. Sie vermittelt Gefühl und Betroffenheit.
- Die Sprache der Dichtung, insbesondere der Lyrik, bedient sich einer metaphernreichen Ausdrucksweise und eröffnet dem Leser vielfältige gedankliche oder emotionale Assoziationen.

Oben wurde bereits ein drastisches Beispiel für einen Stilbruch genannt. Unser Sprachgefühl ist ein stets aufmerksamer Richter. Wenn wir sorgfältig mit unseren Worten umgehen, wenn wir gelegentlich auch einmal eine Formulierung auf die Goldwaage legen, dann sind wir in der Regel in der Lage, stilistisch gutes von stilistisch schlechtem Deutsch zu unterscheiden. Das hilft uns Peinlichkeiten zu vermeiden.

Im Zweifelsfall bringen Ersatzproben weiter: Die Gäste versammelten sich im Spiegelsaal zu einem festlichen Gericht / Schmaus / Gelage / Abendbrot / Vesper / Snack / Imbiss / Abendessen / Bankett / Diner – zu einer festlichen Mahlzeit / Nahrungsaufnahme / Jause. – Es wird nicht schwer sein, hier die passenden Ausdrücke herauszufiltern.

Ähnliches gilt für andere Wortarten, insbesondere auch für Verben und Adjektive: Ich bechere / pichele / saufe / verlöte einen /

genehmige mir einen / gieße mir einen hinter die Binde / spüle die Gurgel / trinke auf euer Wohl!

Susanne ist trotz ihrer vier Jahre ziemlich ungesittet / schamlos / pampig / unverschämt / unverfroren / kess / naseweis / rotzig / vorlaut / keck / dreist / frech.

Der geübte Leser hat seine Entscheidung sicher gefällt. Vielleicht bleibt aber auch die eine oder andere Unsicherheit. Wer hat nicht schon einmal einen Geburtstags- oder einen Beileidsbrief wieder aufgerissen und seine Formulierungen kritisch überprüft! Kann ich das so stehen lassen? Sind meine Worte der Situation angemessen? Könnte der Empfänger sie evtl. falsch verstehen? – Dafür gibt's ja gerade genug Beispiele.

In Bildern sprechen

Es ist ein schwieriges Unterfangen, die Welt so abzubilden, wie sie wirklich ist. Längst wissen wir, dass selbst moderne technische Mittel in aller Regel Unvollkommenes liefern. Eine Postkarte von der Isola Bella zeigt nur bedingt das, was ich als empfindsamer Reisender erlebe und fühle; Fernsehsendungen, auch wenn sie den Anspruch auf Authentizität erheben, zeigen nur Ausschnitte der Realität.

Wer will behaupten, dass er nach fünfundvierzig oder neunzig Minuten ein umfassendes Bild von Tibet oder Oman, vom tropischen Urwald Brasiliens oder von den Eiswüsten der Antarktis erhalten habe! Letzten Endes erleben wir die genannten Gegenden der Erde doch wieder nur mit den Augen des Kameramanns oder seines Regisseurs.

Die Sprache bemüht sich um Präzision und Authentizität. Freilich ist das kein Selbstzweck. Die kurze, genaue Anweisung des Arztes kann lebenswichtig sein. Der Ingenieur muss einen Vorgang oder eine Konstruktion so beschreiben können, dass sie für andere bis in die Einzelheiten hinein nachvollziehbar sind. Der Jurist ist genötigt, Sachverhalte genau, d.h. möglichst unzweideutig zu erfassen, um auf diese Weise Rechtssicherheit zu gewährleisten.

Manchmal erzeugen die Pedanterie und die Umständlichkeit der juristischen Fachsprache beim Publikum Heiterkeit. Als

Beispiel mag hier die berühmt-berüchtigte Begriffsbestimmung von «Eisenbahn» dienen, die seinerzeit vom hochwohllöblichen Reichsgericht in Leipzig formuliert wurde:

«Eine Eisenbahn ist ein Unternehmen, gerichtet auf wiederholte Fortbewegung von Personen oder Sachen über nicht ganz unbedeutende Raumstrecken auf metallener Grundlage, welche durch ihre Konsistenz, Konstruktion und Glätte den Transport großer Gewichtsmassen beziehungsweise die Erzielung einer verhältnismäßig bedeutenden Schnelligkeit der Transportbewegung zu ermöglichen bestimmt sind, und durch diese Eigenart in Verbindung mit den außerdem zur Erzeugung der Transportbewegung benutzten Naturkräften – Dampf, Elektrizität, tierische oder menschliche Muskeltätigkeit, bei geneigter Ebene der Bahn auch schon durch die eigene Schwere der Transportgefäße und deren Ladung usw. – bei dem Betriebe des Unternehmens auf derselben eine verhältnismäßig gewaltige, je nach den Umständen nur bezweckter Weise nützliche oder auch Menschenleben vernichtende und menschliche Gesundheit verletzende Wirkung zu erzeugen fähig sind.»

Puh, das war's fürs Erste! Wer Zeit und Lust hat, darf diese Definition gern einmal auf ihre Stichhaltigkeit untersuchen: wiederholte Fortbewegung, metallene Grundlage, Naturkräfte, nützliche oder menschliche Gesundheit verletzende Wirkung?

Wie arm wäre unsere Sprache allerdings, wenn sie sich nur auf die präzise Wiedergabe von Sachen und Sachverhalten beschränkte! Sprache ist Leben, Ausdruck, Gefühl – und das zeigt sich vor allen an den Bildern, die sie benützt, die wir benützen.

Das Wörtchen «wie» schafft Möglichkeiten des anschaulichen Vergleichs: Hugo ist ein Kerl wie ein Baum. – Er arbeitet wie ein Berserker und isst bzw. frisst anschließend wie ein Scheunendrescher.

Wir freuten uns wie die kleinen Kinder. – Wir lebten wie im Paradies. – Du stehst da wie ein Ochse vor dem Scheunentor.

Auch andere Wortarten sind möglich: Wir lauschten der Musik wie verzaubert. – Er lag da wie tot. – Ralf tobte wie verrückt.

Das Wetter ist genauso wie gestern. – Wir trafen uns wie immer. – Wir froren wie noch nie.

Selbstverständlich beinhaltet die Steigerung des Eigenschaftsworts auch einen Vergleich. Freilich ist es nicht damit getan, schulmäßig die drei bekannten Formen, den Positiv, den Komparativ und den Superlativ, aufzuzählen: Klaus ist groß; Hans ist größer; Rainer ist am größten. Joghurt ist gut; Schokolade ist besser; Pudding ist am besten.

Wieder kommt das «wie» ins Spiel: Klaus ist so groß wie Beate. Götterspeise ist so gut wie Pudding.

Vorsicht: Im Hochdeutschen dürfen gleichrangige Adjektive nicht durch «als» verbunden werden. Das bleibt der Steigerung im eigentlichen Sinne, dem Komparativ, wie die Grammatiker sagen, vorbehalten: Flensburg ist weiter entfernt als Halberstadt. – Das Ulmer Münster ist höher als der Kölner Dom. – Mineralwasser ist erfrischender als Kaffee.

Schon sind wir bei der dritten und höchsten Vergleichsstufe, dem Superlativ: Jürgen ist (von allen Schülern der Klasse 7b) am faulsten. – Dein Vortrag war am gelungensten.

Am Rande sei bemerkt, dass es neben den vielen regelmäßigen Steigerungsformen auch Ausnahmen gibt, die gelegentlich Schwierigkeiten bereiten. Bei gut, besser, am besten oder bei hoch, höher, am höchsten wird kaum ein Sprecher straucheln.

Wenn jemand einen anderen als «mein Gutester» anredet, dann gehört das nicht in die Hochsprache, sondern in die mundartlich geprägte Umgangssprache. Nicht ganz ernst zu nehmen und durchaus zweideutig ist die Anrede «mein Allerwertester».

Unregelmäßigkeiten finden sich auch bei viel, mehr, am meisten, bei oft, öfter, am häufigsten oder bei gern, lieber, am liebsten.

Zu Farbigkeit und Präzision der Sprache gehören feststehende Wendungen, die in der Regel so und nicht anders auftreten: Die angelieferten Zuckerrüben waren von minderer (geringerer) Qualität. – Mehr oder minder begeistert machten wir uns auf den Weg.

Das alles klingt noch sehr nach Schulgrammatik und lässt wenig Raum für eigene sprachliche Gestaltung und den Ausdruck feiner Nuancen.

Dabei lässt sich die Höchststufe auf vielfältige Weise ausdrücken. Wieder hilft die Möglichkeit, durch Wortzusammensetzungen Neues zu schaffen: bärenstark, eiskalt, haushoch, steinhart, todtraurig, staubtrocken, blitzschnell.

Ein Bauwerk kann «ungeheuer beeindruckend» sein. – Seine Wahl zum Landrat ist «höchst zweifelhaft». – Unsere Sonderangebote sind «supergünstig». – Der Verstorbene war «allseitig beliebt». – Die Nachricht ist «zu schön», um wahr zu sein. – Von seinem Verhalten bin ich «allzu enttäuscht». – Wir führen in unseren Geschäften nur «allerbeste» Qualität. – Auf «allerhöchste» Weisung wird das Verfahren eingestellt. – Dem «Allerhöchsten» hat es gefallen, unseren lieben Großvater in die Ewigkeit abzuberufen.

Freilich lassen sich Zusammensetzungen wie die eben genannten auch wieder auseinander nehmen: Max ist groß wie ein Riese, stark wie ein Bär und faul wie ein Hund. – Vom Ballon aus wirkten die Menschen wie Ameisen.

Steigerungsformen sind wie Salz in der Suppe. Allerdings kommt es auf die richtige Dosierung an. Oft unterlaufen Fehler, weil der Sprecher oder Schreiber nicht nachgedacht hat: Diese Aussage trifft in «keinster» Weise zu. – Michael ist der «einzigste», der seine Turnschuhe vergessen hat. – Logisch, dass sich das Zahlwort «einzig» nicht mehr steigern lässt!

Das würde auch bei «der Letzte» gelten. Hier bleibt aber ein Türchen offen: Die Letzten sammeln sich um 18 Uhr an der Bushaltestelle. – Der «Allerletzte» schließt bitte das Hoftor zu.

Heiter und fast philosophisch klingt ein Satz in der amerikanischen Filmkomödie «Mondsüchtig»: «‹Nie› ist ein dehnbarer Begriff.» Wie oft beruft sich irgendjemand auf die Ausschließlichkeit seiner Entscheidung und ist doch nicht in der Lage, sie durchzuhalten. Das gilt wohl insbesondere dann, wenn es – wie in dem Film – um die Liebe geht.

Die unterschiedlichen Arten der Steigerungen haben einen hohen stilistischen Wert. Das wissen Schriftsteller und Werbefachleute. Wie raffiniert ihre Mittel sein können, zeigt Werner Bergengruen in seinem Roman «Der Großtyrann und das Gericht». Es geht um einen Bestechungsversuch: «Diomede zahlte, Teresa fuhr fort zu schreien. Diomede zahlte wieder, und ihr Geschrei ging in ein mildes Klagen über. Diomede zahlte abermals, und sie verstummte ...»

Nicht immer wird ausdrücklich durch «wie» und «als» auf den Vergleich hingewiesen. Der Hörer und Leser ist aber sehr wohl in der Lage zu erkennen, dass die Äußerungen nicht wörtlich gemeint sind: In unserer Baseballmannschaft ist Martin der King. – Herr Siebel ist ein schlechter Diplomat. – Unser Bäcker ist ein richtiger Künstler.

Solche Vergleiche tauchen auch – mehr oder weniger ernst gemeint – in Anreden auf: He, Chef, wo sollen wir die Pakete abstellen? – Du, Professor, kannst du mir deine Hausaufgaben ausleihen?

Klar, dass hier ein Vergleich zugrunde liegt. Der Chef hat das Sagen, und sicher tut man sich bei dem Handlanger leichter, wenn man ihn entsprechend hebt. Der Mitschüler wird deshalb Professor genannt, weil er schon im Kindesalter eine Brille trägt und sich Nachmittag für Nachmittag hinter seinen Büchern vergräbt. Entsprechend imponierend ist das Wissen, das er sich in Erdkunde und Biologie, in Physik und Chemie angeeignet hat.

Schon hier wird deutlich, dass es nicht mehr nur um einen einfachen Vergleich geht: Dein Gesicht ist rot wie eine Tomate. – Diese Kartoffel sieht aus wie ein Nashorn.

Immer wieder bedient sich die Sprache des Mittels der Bedeutungsübertragung. Das wird auch in zahlreichen anderen Kapiteln deutlich. Die Bildhaftigkeit wird durch sogenannte Metaphern belebt, die ihrerseits Vergleiche beinhalten.

Bedeutungsübertragung: Ein Bergrücken kennt keine Schmerzen; das Auge an einem Rosenstock sieht nichts; das Tischbein leidet nicht an gelegentlichen Wadenkrämpfen.

Sicher ist es nicht verwunderlich, wenn immer wieder Körperteile in übertragener Bedeutung verwendet werden. Der menschliche Körper ist zwar nicht das Maß aller, aber doch vieler Dinge. Man denke nur an die Maßeinheiten: Ich weiche keinen Fingerbreit zurück. – Das Schwert war vier Spannen lang. – Das Wasser stand vier Fuß hoch. – Schneiden sie mir acht Ellen von diesem Tuch ab. – Ich verkaufe zehn Klafter Fichtenholz zu günstigen Preisen.

Das deutsche Wort «Meile» geht auf «lateinisch «milia passuum» zurück und bedeutet «tausend Doppelschritte».

Selbstverständlich sind Metaphern auch aus allen anderen Bereichen der Sprache bekannt. Die Wörter «Schneckenhaus» und «Baumkuchen», «Schwertfisch» und «Kredithai», «Pferdestärke» und «Bierblume» bilden eine zufällige Auswahl, die sich ohne Schwierigkeiten verhundertfachen ließe.

Klar ist, dass Metaphern oft dann weiterhelfen, wenn neue Wörter und Begriffe dringend gebraucht werden: Das Fahrrad fährt bekanntlich auf Reifen. Der Begriff bezeichnet ein kreisrundes Etwas und erinnert ohne weiteres an den Arm- oder Stirnreif. Nur, dass er nicht aus Silber oder Gold, sondern aus Gummi geformt wurde.

Für den Fahrradreifen sind aber auch noch die Begriffe «Decke» oder «Mantel» im Gebrauch. Die Bedeutungsübertragung lässt sich leicht erklären: Da ist irgendwas, der empfindliche Schlauch nämlich, nach außen hin zu schützen. Alle Radfahrer können ein Lied davon singen.

Ansonsten hat der Fahrradreifen wohl kaum noch Ähnlichkeit z.B. mit einer Bettdecke oder einem Wintermantel.

Weitere Beispiele lassen sich mit einigem Nachdenken finden. Eine Birne spendet elektrisches Licht. Der Glühfaden leuchtet nur deshalb, weil sein Widerstand besonders groß ist. Wer mit der verhältnismäßig neuen Energie allzu sorglos umgeht, bekommt einen Schlag.

Beim Telefon liegt – besser: lag – der Hörer auf der Gabel. Die Stimme des Gesprächspartners ist in der Muschel zu hören – vorausgesetzt, dass der Anschluss funktioniert.

Das Flugzeug wird vom Piloten gesteuert. Dieses Wort bezeichnete ursprünglich den Steuermann oder Lotsen. Verständlicherweise wurde es dann auf den Luftschiffer bzw. den Flugzeugführer übertragen.

Das Flugzeug hat Flügel und ähnelt damit einem Vogel. Es startet und landet in einem Flughafen, obwohl es doch weit und breit kein Wasser gibt. Immerhin: Gelegentlich gibt es ja auch einmal Wasserflugzeuge, die nicht mit Rädern, sondern mit Schwimmkörpern ausgestattet sind. Sie «landen» nicht, sondern sie «wassern».

Hier sind nur wenige Bereiche technischer Neuerungen beispielhaft angesprochen. Ohne weiteres aber ließe sich das Spiel auf andere übertragen. Das gilt auch für die elektronische Datenverarbeitung und Datenübertragung, wie an anderer Stelle bereits zu lesen ist.

Das Wort «Maus» klingt noch sehr vertraut. Dann aber kommen englische bzw. amerikanische Ausdrücke. Mancher Leser denkt bei «Menü» vor allem an ein gutes Essen und einen wohlschmeckenden Wein.

Der «Scanner» skandiert keine Verse. Er zerlegt Schriften und Bilder in winzig kleine Punkte und bringt sie elektronisch aufs

Papier oder den «Monitor». Wer denkt heute noch daran, dass dieses Wort auf das englische «monition», Mahnung oder Warnung, zurückgeht!

Wie gesagt, Wörter und Wendungen im übertragenen Sinn sind aus unserer Sprache nicht mehr wegzudenken. In Zeitungen und Zeitschriften, in Rundfunk und Fernsehen erweisen sie sich als allgegenwärtig: «Wirtschaftexperten melden: Die Talsohle ist durchschritten» – «Kühler Empfang für englischen Außenminister» – «Boxweltmeister sieht rot» – «Defizit wächst unaufhörlich» – «Die letzten Paradiese dieser Erde sind bedroht».

Es liegt im Wesen der Sache, dass die Metaphern vor allem in Literatur und Dichtung ihren Platz haben. Hier geht es nicht nur darum, ein von der alltäglichen Umgangssprache abgehobenes Deutsch zu schreiben. – Viele Autoren distanzieren sich ja auch ganz bewusst von diesem Anspruch.

Bilder, Vergleiche und Metaphern, geben der Sprache Anschaulichkeit und Leben. Sie öffnen Assoziationsräume, die vom Leser mit Fantasie und Einfühlung erschlossen werden können – vielleicht auch erschlossen werden müssen. Das wird bei der Lyrik, beim Gedicht, ganz besonders deutlich.

Beispielhaft sollen hier einige wenige Sätze aus Romanen unser Zeit zitiert werden. Der Leser mag entscheiden, ob es den Verfassern gelungen ist, durch die ungewöhnliche Wahl ihrer Bilder Qualität des Ausdrucks zu vermitteln.

«Große Dinge geschahen, während Hanno spielte. Der Krieg entbrannte, der Sieg schwankte und entschied sich, und Hanno Buddenbrooks Vaterstadt blickte ... nicht ohne Genugtuung auf das reiche Frankfurt.» (Thomas Mann: Buddenbrooks)

«In der Geradwegigkeit dieser Frage lag etwas Bestürzendes.» – «Es hatte geregnet bis ans Vergilben der Nacht.» (Werner Bergengruen: Der Großtyrann und das Gericht)

«Aber vielleicht brauchte Ivy es schwarz auf weiß.» – «Ich bin nun einmal ein Typ, der mit beiden Füßen auf der Erde steht.» (Max Frisch: Homo Faber)

«Der Wind saß im Ofen und paffte uns das Haus voll.» – «Wir können auch nicht aus unserer Haut – wir aus Glüserup.» (Siegfried Lenz: Deutschstunde)

Vermutlich macht es keine Mühe, die verwendeten Bedeutungsübertragungen zu entschlüsseln. Dass Kämpfe, Kriege und

Schlachten entbrennen, ist ein verhältnismäßig herkömmliches Bild. Dass der Wind im Ofen sitzt und den Rauch nicht abziehen lässt, so dass er in die Stuben dringt, Augen und Nasenschleimhäute reizt, wirkt schon kühner. Aber bereits gemachte Erfahrungen helfen uns hier weiter.

Die Metaphern des Gedichtes, vor allem auch des modernen Gedichts, sind oft schwieriger zu deuten. Auch dazu einige Beispiele:

«Der Mond von einem Wolkenhügel
Sah kläglich aus dem Duft hervor,
Die Winde schwangen leise Flügel,
Umsausten schauerlich mein Ohr;
Die Nacht schuf tausend Ungeheuer,
Doch frisch und fröhlich war mein Mut:
In meinen Adern welches Feuer!
In meinem Herzen welche Glut!»
(Goethe: Willkommen und Abschied)

«Und meine Seele spannte
Weit ihre Flügel aus,
Flog durch die stillen Lande,
Als flöge sie nach Haus.»
(Eichendorff: Mondnacht)

«Schwarze Milch der Frühe wir trinken sie
abends
wir trinken sie mittags und morgens wir
trinken sie nachts
wir trinken und trinken.»
(Paul Celan: Todesfuge)

«Sprache
abgehetzt
mit dem müden Mund
auf dem endlosen Weg
zum Hause des Nachbarn.»
(Johannes Bobrowski: Sprache)

Wer die eigentümliche Verbindung «schwarze Milch» entziffern möchte, der sollte sich für das Celan-Gedicht Zeit nehmen. Gewiss erschließt es sich nicht so rasch wie ein Zeitungstext über Lohnverhandlungen oder über ein lokales Unwetter.

Da lassen sich die Metaphern von Johannes Bobrowski vielleicht eher deuten. Die Sprache ist Mittel der Verständigung – zwischen den Menschen insgesamt, aber auch zwischen Verwandten, Bekannten und Nachbarn. Warum ist der Mund oft müde, und warum erscheint der Weg zum doch so nahen Haus endlos lang? Fragen, über die es sich nachzudenken lohnt!

Von der Lyrik mit ihrer sprachlichen Dichte und ihrem oft verschlüsselten Gehalt wieder ein Stück zurück – zur Werbung. Mehr als einmal bleibt festzustellen, dass sie in der Wahl der Stilmittel ganz ähnliche Wege geht wie die Dichtung. Ihr Ziel ist freilich ein anderes: Sie will Aufmerksamkeit und Sympathie wecken, letzten Endes den Leser, Hörer und Zuschauer zum Kauf einer Ware oder Dienstleistung bewegen.

«Der Lichtblick des Alltags: Osram.» – «Möbel, die leben. Team 7.» – «Raue, brennende Füße? Nehmen Sie Ihr Fußproblem in die Hand.» (Neutrogena) – «Leidenschaft ist unser Antrieb. Fiat.» – «Früher ging man für seine Ideale auf die Straße. Daran hat sich im Prinzip nichts geändert. Der BMW 5er.»

Bleibt die Frage, ob sich der flüchtige Leser noch die Zeit nimmt, die klug formulierten Sätze und Satzbruchstücke zu hinterfragen. Vermutlich gibt er sich in den allermeisten Fällen mit den großzügig gedruckten Fotos zufrieden. Genaueres – aus dem Kleingedruckten – will er erst dann wissen, wenn er schon an der Angel hängt.

Mitschwingender Sinn

Die Bedeutungen einzelner Wörter sind durch den Sprachgebrauch geregelt. Um Irrtümer zu vermeiden und dem Sprecher oder Schreiber behilflich zu sein, haben kluge Köpfe über Jahrhunderte den Wortschatz in Lexika und Wörterbüchern gesammelt und für die Benutzer erläutert.

Verschiedentlich wurde deutlich, dass damit nicht alle Probleme aus der Welt sind. Wir merken das vor allem dann, wenn wir eine fremde Sprache lernen oder wenn wir uns mit unseren bescheidenen Fremdsprachenkenntnissen im Ausland verständigen müssen. «This house is great/large/huge/big.» – Was stimmt denn nun eigentlich? Oder: «We were under/below/among other people.»

An anderer Stelle war bereits davon die Rede, dass einzelne Wörter unterschiedliche Bedeutungen haben können. Diese Mehrdeutigkeit (Polysemie) bereitet in der Regel kein Kopfzerbrechen, weil der Kontext, in dem ein Wort steht, Klarheit schafft: Die Bank steht am Fuß der tausendjährigen Linde. – Erkundigen Sie sich über die Vertragsbedingungen bei Ihrer Bank.

Umgekehrt wird ein und dieselbe Sache, ein und derselbe Sachverhalt durch mehrere Wörter erfasst (Synonymie): Ein Königreich für eine Pferd! – Michael Kohlhaas verdiente seinen Lebensunterhalt als Rosshändler. – Ich möchte den Gaul nicht missen!

Hier soll noch von einer anderen Sache die Rede sein. Wörter haben eine lexikalisch erfasste Bedeutung: Bauer – in der Landwirtschaft Tätiger; die Geliebte – geliebte weibliche Person; Kapitalismus – eine Form der Wirtschaft und Gesellschaft auf dem Boden des freien Wettbewerbs und des Strebens nach Kapital des Einzelnen (DUDEN Bedeutungswörterbuch); Zigeuner – Angehöriger eines meist nicht sesshaften, ursprünglich aus Indien stammenden Volkes (DUDEN Bedeutungswörterbuch).

Man könnte hier von einer Grundbedeutung oder ursprünglichen Bedeutung sprechen. Dem aufmerksamen Leser ist vielleicht schon aufgefallen, worum es geht. Bei allen genannten Wörtern schwingen, mehr oder weniger deutlich, Nebenbedeutungen mit. Der Hörer oder Leser muss sich klarmachen, ob diese Nebenbedeutungen beabsichtigt sind, ob sie zufällig durchschimmern oder ob sie vernachlässigt werden können. Er muss es lernen, zwischen Gesagtem und Gemeintem zu unterscheiden. Nicht ohne Grund meinte Goethe: «Keiner versteht den anderen ganz, weil keiner bei demselben Wort genau dasselbe denkt wie der andere.»

Hier einige Beispiele: Die Bauern protestierten gegen die niedrigen Weizenpreise. / Dieser Bauer soll mich in Ruhe lassen! – Meine Geliebte, ich warte voller Ungeduld auf deine Rückkehr. / Weiß Ihre Frau von Ihrer Geliebten? – Der Kapitalismus ist die Voraussetzung für wirtschaftliche Expansion. / «Der Imperialismus als höchstes Stadiums des Kapitalismus» (Lenin) – Der Zigeuner führte einen Tanzbär an der Kette. / Mit diesen Zigeunern will ich nichts mehr zu tun haben!

In allen genannten Fällen beinhaltet die Nebenbedeutung etwas Negatives. «Bauer» und «Zigeuner» werden zu Schimpfwörtern; die Geliebte unterhält mit einem Mann ein gesellschaftlich abgelehntes sexuelles Verhältnis; der Kapitalismus ist Ausdruck der Unterdrückung und – nach wissenschaftlicher Einsicht – verdienterweise dem Untergang geweiht.

Die genannten Beispiele zeigen das Problem deutlich. Nach dem Gesagten wird verständlich, warum der Begriff «Zigeuner» heute bevorzugt durch die Wörter «Sinti» und «Roma» ersetzt wird, warum sich farbige Amerikaner gegen die Bezeichnung «Neger» wehren.

Welche schrecklichen Wirkungen die politisch-soziale Propaganda hervorrufen kann, wenn sie bestimmte Wörter mit bestimmten negativen Inhalten füllt, lässt sich an vielen Beispielen belegen. Bis zum heutigen Tag zeigt die von den Nationalsozialisten verwendete Formulierung «polnische Wirtschaft» ihre Wirkung.

Der Antisemitismus hat in Deutschland, aber auch in zahlreichen anderen Ländern eine lange Geschichte. So verwundert es nicht, wenn das Wort «Jude» bei vielen Menschen immer wieder negative Assoziationen erweckte. Da ist von «jüdischer Hast» die Rede oder von der «Judenschule», in der es angeblich drunter und drüber ging.

Die Nationalsozialisten nützten den überkommenen Antisemitismus, gaben ihm aber eine neue, mörderische Schärfe. Adolf Hitler nannte den Juden – man beachte den verallgemeinernden Singular – in seinem Buch «Mein Kampf» «einen ewigen Parasiten, einen Schmarotzer, der wie ein schädlicher Bazillus sich immer mehr ausbreitet».

Die Folgen dieser verhängnisvollen Geisteshaltung sind bekannt. Bis zum heutigen Tag ist es für die meisten Menschen in Deutschland und Österreich unmöglich, das Wort «Jude» unvoreingenommen zu verwenden.

Geschichtliche Erfahrungen sind es, die uns heute hellhörig machen – auch wenn es nur um Worte geht. Im Jahr 1958 sagte der Schriftsteller Heinrich Böll: «Der politische Akzent solcher Beschwörungen und Erinnerungen, das Mahnende und Drohende, kommt aus dem Wissen, dass Politik mit Worten gemacht wird, dass es Worte sind, die den Menschen zum Gegenstand der Politik machen und ihn Geschichte erleiden lassen.»

Natürlich hat die Konnotation, die Ausstattung von Wörtern mit zusätzlichen Begriffsinhalten, auch ihre heiteren Seiten. Wer hat nicht schon einmal den Satz «Kinder sind eben Kinder» gehört! Hier soll herausgestrichen werden, dass man von einem Vier- oder Zehnjährigen ein anderes Verhalten erwarten muss als von einem Erwachsenen. Das Wort «Kind» ist einmal ohne und einmal mit Nebenbedeutung verwendet worden.

Das Gleiche gilt für eine Wendung, die von der seinerzeit bekannten Komikerin Gisela Schlüter stammt: «Ihre Apotheke ist aber eine Apotheke!» Hier wird – wie übrigens gelegentlich in der Umgangssprache – unterstellt, dass eine Apotheke ein besonders teures Geschäft sei.

Schmunzeln erzeugt eine Überlegung der chinesischen Parteiführung von vor einigen Jahrzehnten: Überall bedeutete die Farbe Rot Sozialismus, Fortschritt, Solidarität und Menschlichkeit. Mao Tse-tung ließ sein «Rotes Buch» millionenfach verbreiten.

Bei den Verkehrsampeln in Peking oder in Shanghai sprach das Rot allerdings ein unerbittliches «Halt!». Ernsthaft wurde darüber nachgedacht, ob man nicht die Bedeutung der Signalfarben ändern sollte. Dann hätte das rote Lichtzeichen logischerweise «freie Fahrt» bedeutet.

Gesagtes und Gemeintes

So wie die Sprache als Mittel zur Klärung von Sachverhalten dient, ist sie auch Anlass für vielerlei Missverständnisse. Wer war nicht schon in der Situation, eine arglos gemachte, vom Gesprächspartner aber falsch verstandene Aussage deuten, korrigieren oder einschränken zu müssen!

Vorsicht, hier gibt es einen schwerwiegenden Unterschied zwischen dem gesprochenen und dem geschriebenen Wort. Der Sprecher «inszeniert»; er gibt durch akustische Signale zu erkennen, wie er seine Aussage verstanden haben will. Beim geschriebenen Wort helfen allenfalls die Situation und der Kontext weiter.

Der genannte Unterschied wird besonders bei der Ironie deutlich. Hier ist die Abweichung bzw. der Gegensatz zwischen dem Gesagten und dem Gemeinten von vornherein als Stilmittel eingeplant: Ein fantastisches Wetter ist das heute! – Dabei regnet und stürmt es. – Ich weiß, dass Sie keiner Fliege etwas zuleide tun können! – Der Kriminalkommissar spricht mit einem mutmaßlichen Mörder, der allerdings immer noch hartnäckig leugnet.

Die Ironie ist beißend und aggressiv. Kein Wunder, wenn sich Betroffene immer wieder, bisweilen bis in den Kern ihres Wesens hinein, verletzt fühlen: Sie können sich denken, dass es für mich ein besonderes Vergnügen war, zwei Jahre mit Ihnen zusammenzuarbeiten! – Die ganze Zeit über gab es dauernd Beschwerden und Streit. – Auf dich haben wir schon immer gewartet! – Dabei ist Peter der größte Störenfried in der Klasse.

Schriftsteller benützen die Ironie, um bestimmte Missstände besonders drastisch zu entlarven. Kurt Tucholsky hat dieses Sprach- und Stilmittel besonders eindrucksvoll angewendet. Seine Satiren, auch die durchaus zeitbezogenen sind bis zum heutigen Tag lesenswert. Die «Ratschläge für einen schlechten Redner» könnten, wenn sie richtig verstanden werden, vor mancherlei Peinlichkeiten bewahren: «Sprich nie unter anderthalb Stunden, sonst lohnt es gar nicht erst anzufangen. Wenn einer spricht, müssen die anderen zuhören – das ist deine Gelegenheit! Missbrauche sie!»

Der Unterschied zwischen Gedachtem und Gesagtem wird auch in zahlreichen beschönigenden Wörtern und Wendungen, in den sogenannten Euphemismen, deutlich. Natürlich geht es hier nicht darum, einen Missstand zu geißeln oder irgendjemand anzugreifen. Vielmehr soll ein unangenehmer, vielleicht peinlicher Sachverhalt «verhüllt» werden.

Krankheit und Tod erwecken bei vielen Menschen verständlicherweise unangenehme Gedanken und Empfindungen. Aus verschiedenen Gründen steht heute an den Gebäuden der AOK «Ihre Gesundheitskasse». Dass sie ursprünglich «Krankenkasse» (Allgemeine Ortskrankenkasse) hieß, wird durch die nicht mehr aufgeschlüsselte Abkürzung verdeckt.

Freilich geht es hier nicht darum, nur Sympathiewerbung zu betreiben und dem zahlenden Publikum Sand in die Augen zu streuen. Ganz bewusst stellen die Kassen die Gesundheitsvorsorge neben die im Krankheitsfall notwendige Hilfe.

Auffällig oft wird das Wort «sterben» mildernd umschrieben. Da ist von «entschlafen» und «ableben» die Rede, von «hinscheiden» und «erlöst werden». Der Verstorbene hat «das Zeitliche gesegnet» oder «den Geist aufgegeben».

Für «Tod» stehen zum Beispiel «Abschied aus dem Leben» oder «Heimgang», «ewige Ruhe» oder «Weg alles Irdischen». Da taucht – nicht selten völlig unerwartet – «Freund(!) Hein» oder «der stille Mann» auf.

Sicher, nicht immer wirken die verwendeten Hüllwörter tröstlich. Den «Sensenmann» mit Hippe und Sanduhr kennen wir von vielen Bildern und Totentänzen. Bauern und Bürger, aber auch Bischöfe und Fürsten fallen ihm zum Opfer. Vielleicht holt gar der «Würger» oder «der Würgengel» sein Opfer.

In diesen Ausdrücken werden Angst und Ungewissheit deutlich. Für viele Menschen stellt sich auch die Frage, ob sie sich richtig auf das Jenseits vorbereitet haben. Immerhin besteht ja die Möglichkeit, dass man «vom Teufel geholt» wird oder «in die Hölle fährt».

Bei den genannten Ausdrücken geht es – im wahrsten Sinne des Wortes – um existenzielle Fragen. Vielleicht können wir uns heute gar nicht mehr so recht vorstellen, wie Menschen anderer Epochen gedacht und empfunden haben.

Gehen wir wieder einen Schritt zurück zu unserem Alltagsleben. Die gepflegte, den Gesprächspartner schonende Konversation kommt ohne Euphemismen nicht aus. Wer möchte dem anderen gegenüber schon grob erscheinen!

Dass die Werbung den möglichen Kunden oft wie ein rohes Ei behandelt, liegt im Wesen der Sache. Schließlich will man ja in allem «sein Bestes». Gemeint ist natürlich das Geld.

Keine Verkäuferin wird auf die Idee kommen, ihre Kundin als dick zu bezeichnen, auch wenn die Pfunde und die Speckwülste eine deutliche Sprache sprechen. Allenfalls ist die Dame «etwas fülliger», vielleicht ein wenig «korpulent», im Extremfall «etwas stark». Ob die «große Oberweite» als Kritik oder als Kompliment zu verstehen ist, mag offen bleiben. Hier streiten sich bekanntlich nicht nur männliche Bewunderer, sondern auch die maßgeblichen Modeschöpfer.

Wenn der Kauf dann «unter Dach und Fach» ist, wird nicht bezahlt, sondern die Rechnung «beglichen».

Mag sein, dass man die nötigen Mittel nicht hat, um sich regelmäßig nach der neuesten Mode zu kleiden. Dann ist man nicht arm, sondern «unvermögend». – So wie Tischdecken oder Betttücher nicht dreckig, sondern «unsauber» sind.

Vor mehr als einhundertfünfzig Jahren begann in Deutschland die Industrialisierung. In den Zeiten des ungebändigten wirtschaftlichen Wettbewerbs herrschten zwischen den Unternehmern (Fabrikanten, Kapitalisten) und den Arbeitern (Proletariern) Misstrauen und Kampf. Auf dieser Grundlage entwarf Karl Marx seine Lehre vom «Klassenkampf» und von den Entwicklungsgesetzen in Gesellschaft und Menschheitsgeschichte.

Wir sind heute stolz darauf, dass die vielfach menschenunwürdigen Zustände der Vergangenheit angehören. Freilich müssen wir darauf achten, dass sie nicht wieder durch die Hintertür Eingang finden. In diesem Zusammenhang lohnt es sich, den Sprachgebrauch im wirtschaftlich-sozialen Bereich besonders aufmerksam abzuhorchen.

Wir leben in einem «Sozialstaat». Hier gibt es keine Ausbeuter und Ausgebeuteten mehr, sondern «Arbeitgeber» und «Arbeitnehmer». Sie sind «Sozialpartner». Arbeiter und Angestellte werden als «Mitarbeiter» bezeichnet.

Leider kommt es bei aller Harmonie dann doch einmal vor, dass Frauen und Männer entlassen werden müssen. In den Zeitungen steht es dann allerdings anders: Da werden Mitarbeiter «entpflichtet» oder «freigestellt». Der arglose Leser träumt vielleicht vom Angeln an einem schattigen Flussufer oder von einem Ferienaufenthalt auf Mallorca.

Seien wir ehrlich: Gelegentlich droht uns der selbst verursachte Müll über den Kopf zu wachsen. Die Deponien werden zu Bergen; die Verbrennungsanlagen bedrohen die Umwohner mit tückischen Giften.

Ganz so schlimm und unappetitlich scheint die Sache aber dann doch nicht zu sein. Die Abfälle werden «entsorgt» und in einem «Entsorgungspark» sicher verwahrt.

Von Krankheit und Tod war schon die Rede. Dabei sollte man nicht das von vielen als belastend empfundene Alter vergessen. Man ist «bejahrt» oder «hochbetagt», verfügt freilich über die Weisheit und Abgeklärtheit des Alters. Wer noch voller Energie steckt und etwas für seinesgleichen tun möchte, gesellt sich vielleicht zu den «grauen Panthern».

Natürlich geht er nicht ins Altersheim; auch lässt er sich nicht von seinen Verwandten in eine derartige Einrichtung abschieben. Auf ihn wartet das «Seniorenstift» oder gar die «Seniorenresidenz». Hier kann er den «Lebensabend» mit Gleichgesinnten unbeschwert verbringen. Das «Essen auf Rädern» erspart eigene Einkaufs- und Kocharbeit. Die Speisen sind so gewählt, dass sie für empfindliche Mägen und die «dritten Zähne» zuträglich sind.

Wer die Sprache hat, der kann über Menschen verfügen. Das gilt im Positiven für Eltern und Erzieher. Bei Werbung, politischer und weltanschaulicher Propaganda sind Fragezeichen angebracht. Nicht selten werden Denk- und Verhaltensweisen aufgezwungen; der Mensch wird – oft ohne dass er es ahnt – manipuliert.

Die nationalsozialistische Propaganda bediente sich der Verschleierung, um das Volk zu täuschen. Ganz offensichtlich waren sich die Verantwortlichen aber der Tatsache bewusst, dass ihr Handeln göttlichen und menschlichen Geboten widersprach. Das Gewissen ließ sich nicht völlig zum Schweigen bringen.

Schon zu Beginn der nationalsozialistischen Herrschaft wurde die «Schutzhaft» eingeführt. Hier fragt sich sogleich, wer vor wem geschützt werden sollte.

In der zweiten Hälfte des Krieges wurde die Wehrmacht mehr und mehr zum Rückzug gezwungen. In der offiziellen Berichterstattung war von «Frontbegradigungen» die Rede. In einer Presseanweisung hieß es: «Der Ausdruck ‹Partisan› ist nicht mehr als Bezeichnung für das Heckenschützentum zu verwenden. Die richtigen Ausdrücke sind ‹Stalinbanditen›, ‹Plünderer›, ‹Räuber›, ‹Mordpreller›.»

Eine andere Presseanweisung verbot die Formulierung «sowjetrussische Soldaten». Der Ehrentitel «Soldat» sollte den Kriegern der Wehrmacht, allenfalls noch der Verbündeten vorbehalten bleiben. Stattdessen wurden die Wörter «Sowjetarmisten» und schließlich gar «Bolschewisten», «Bestien» und «Tiere» vorgeschlagen.

Die Verbrechen gegen Kriegsgefangene, Juden, Zigeuner und andere Gruppen wurden als «Sonderbehandlung», «Endlösung» oder «Euthanasie» getarnt. Davon war schon an anderer Stelle die Rede.

Machen wir uns noch einmal klar, dass auch wir in einem aufgeklärten Zeitalter und unter rechtsstaatlichen Verhältnissen Lebenden vor Verbiegungen durch Sprache nicht gefeit sind. Einzelne Beispiele klangen bereits an.

Sicher war es nicht ohne tieferen Sinn, dass die Frankfurter Rundschau seinerzeit von der Baader-Meinhof-Gruppe, die Springer-Presse, unter anderem die BILD-Zeitung, dagegen von der «Baader-Meinhof-Bande» sprach.

Nachdenkliche Zeitgenossen wehren sich gegen das Wort «Asylant», weil es wie «Denunziant» oder «Simulant» klingt. Sie möchten es durch «Asylbewerber» ersetzen. Auch «Sympathisant» kommt in den Sinn. Es wurde vor Jahren gern im Zusammenhang mit verfassungsfeindlichen und terroristischen Organisationen genannt. Jemand war Sympathisant der RAF (Rote Armee Fraktion) oder der NSDAP-Aufbauorganisation. Heute können wir dieses Wort kaum noch unbeschwert verwenden.

Bundeswirtschaftsminister und Bundeskanzler Ludwig Erhard hat sich während seiner Amtszeit unbestritten große Verdienste für unser Land erworben. Schlecht beraten war er wohl, als er im Jahr 1965 den Schriftsteller Rolf Hochhuth (und wohl auch andere gesellschaftskritische Autoren) als «Pinscher» beschimpfte: «Da hört bei mir der Dichter auf, und es fängt der ganz kleine Pinscher an, der in dümmster Weise kläfft.»

Durch die Milliardenpleite des «Baulöwen» Jürgen Schneider gerieten die Großbanken, die ihm gutgläubig gewaltige Darlehen eingeräumt hatten, in das Schussfeld öffentlicher, aber auch gerichtlicher Kritik. Ein Sprecher der Deutschen Bank tat die Verluste beschönigend als «peanuts» (engl. Erdnüsse) ab. Er wollte damit sagen, dass es sich dabei um eine kaum der Erwähnung werte Kleinigkeit handle. – Das gut informierte Publikum gab sich freilich mit dieser Ausflucht nicht zufrieden.

Gut oder schlecht?

Sprache dient der Beschreibung von Sachen und Sachverhalten. Immer wieder ist größte Genauigkeit gefordert. Wen wundert es, dass insbesondere die Naturwissenschaften hier mit gutem Beispiel vorangehen! Oft werden Mathematiker und Physiker, Mediziner und Ingenieure wegen ihrer vermeintlichen Pedanterie belächelt. Sie selbst wissen gut, warum sie hart gegen sich selbst sind und das Wort auf die Goldwaage legen.

Ähnliches gilt bekanntermaßen auch für das Rechtswesen. Die komplizierten Formulierungen wirken auf den ersten Blick schwer verständlich. Sie tragen aber dazu bei, Rechtssicherheit zu schaffen.

Als Beispiel sei hier ein Abschnitt aus der Eisenbahnverkehrsordnung von 1909 zitiert: «§ 96 – Werden Gegenstände, deren Beförderung nach gesetzlicher Vorschrift oder aus Gründen der öffentlichen Ordnung verboten ist oder die von der Beförderung ausgeschlossen oder nur bedingungsweise zur Beförderung zugelassen sind, unter unrichtiger Bezeichnung aufgegeben oder werden die für diese Gegenstände vorgesehenen Sicherheitsmaßregeln vom Absender unterlassen, so ist die Haftung der Eisenbahn auf Grund des Frachtvertrags ausgeschlossen.»

Der Text schafft klare Verhältnisse. Der Bahnkunde weiß, was er darf und was er nicht darf; die Bahnbeamten können sich im Haftungsfall in aller Regel auf ihre Vorschriften berufen und so eine aufwendige gerichtliche Überprüfung vermeiden.

An anderer Stelle wird berichtet, dass Präzision im Ausdruck nicht immer angestrebt wird. Wir haben als Sprecher und als Schreiber viele Möglichkeiten, unsere Aussagen «abzutönen», und wir machen mehr oder weniger bewusst Gebrauch davon.

In der Umgangssprache wird manches gesagt, das eigentlich gar nicht gesagt wurde. Der Hörer oder Leser ist in der Lage, Unausgesprochenes zutreffend zu ergänzen. «Frau Zorn hat auch wieder einmal für ein paar Tage Urlaub genommen.» In Wirklichkeit opfert sie nicht ihre kostbaren Urlaubstage, sondern lässt sich vom Arzt – zum wiederholten Male – krankschreiben. Klar, dass die Sprecherin durch die Aussprache des genannten Satzes, durch ihren Gesichtsausdruck und durch ihre Gestik Verständnishilfen liefert. Man versteht sich.

Vergleichbares – wenn auch mit anderer Absicht – geschieht im Gedicht. Aussagen bleiben in der Schwebe, fordern die Fantasie des Hörers, indem sie einen weiten Vorstellungsraum öffnen.

«Ein Wort – ein Glanz, ein Flug, ein Feuer,
ein Flammenwurf, ein Sternenstrich –
und wieder Dunkel, ungeheuer,
im leeren Raum um Welt und Ich.»
(Gottfried Benn)

Auf- und Abwertung durch Sprache sind an der Tagesordnung. Dazu werden sehr unterschiedliche Mittel verwendet. Oft hilft das Wörterbuch weiter.

Wertneutral klingt die Bezeichnung «Pferd»: «Vor der Ankunft der Europäer kannten die Indianer keine Pferde.» Beim «Ross» handelt es sich um etwas Edleres: «Seine Majestät erschien hoch zu Ross auf dem Exerzierplatz.»

Ganz anders klingt das, wenn ich die Bezeichnungen «Mähre», «Klepper» oder «Karrengaul» verwende. Alle drei Begriffe sind eindeutig abwertig gemeint. Hier fällt schon auf, dass bestimmte Vokabeln über die Zeit ihre Bedeutung verändert haben. Das mittelhochdeutsche «merhe» bedeutete noch Stute, im übertragenen Sinn allerdings auch «Hure». Vermutlich wurde hierbei an das «rossende», d. h. paarungsbereite weibliche Pferd gedacht.

An anderen Wortkombinationen lässt sich Ähnliches zeigen. Während die Wörter «Schloss» und «Villa», «Herrenhaus» oder «Palast» eindeutig schöne, große und wertvolle Häuser bezeichnen, handelt es sich bei «Hütte», «Bruchbude» oder «Kate» um abwertende Formulierungen.

Natürlich gibt es so etwas auch bei Verben und Adjektiven. Die Nahrungsaufnahme erfolgt auf sehr unterschiedliche Art und Weise. Der eine liebt es, bei sanfter Musik und bei Kerzenschimmer zu «speisen», vielleicht sogar zu «tafeln» oder zu «dinieren». Einem anderen genügt es, wenn er etwas zu «futtern» oder zu «beißen» hat. Er «hält seine Mahlzeit», wobei es ihm Spaß bereitet, kräftig «einzuhauen». Statt «essen» wäre gelegentlich die Bezeichnung «fressen» angebracht: «Du frisst wie ein Schwein!» Sehr bildlich klingen die Verben «mampfen» oder das heute im Jugendjargon gebräuchliche «einwerfen».

Adjektive bezeichnen die Eigenschaften von Dingen und von Sachverhalten. Hier geht es von vornherein um das Wie, z. B. um gut und schlecht, um schön und hässlich. Ab- und Aufwertung lassen sich in manchen Wortfeldern wie in einer Skala anordnen. Das Wetter ist saumäßig, miserabel, schlecht, unfreundlich, unsicher – normal – beständig, freundlich, angenehm, gut, ausgezeichnet, herrlich, märchenhaft, unübertrefflich, paradiesisch. Das Wetter ist ein Märchen oder ein Traum; es herrscht – selbst in republikanischen Zeiten – Kaiserwetter!

Wie es bei einzelnen Beispielen schon anklang, werden Auf-

und Abwertung auch durch Zusammensetzung oder durch kennzeichnende Beifügungen (Attribute) bewerkstelligt. Noch einmal sei an die Steigerungsformen des Adjektivs erinnert: Jemand ist stark, stärker oder am stärksten. Natürlich kann ich auch sagen: Er ist bärenstark oder stark wie ein Löwe.

Hier ist allerdings Vorsicht geboten. So werden ganz bewusst verkleinernde Wortbestandteile gewählt, um eine Sache in einem besonders günstigen Licht erscheinen zu lassen. Dabei ist nicht nur an Kosenamen gedacht: «mein Täubchen» oder «mein Schätzle».

Jeder hat schon einmal Schilder mit der Aufschrift «Sparkauf» oder «Eurospar» gelesen. Eine andere bekannte Handelskette nennt sich «Minimal», um auf ihre niedrigen Preise hinzuweisen; die «Minox»-Kleinstbildkamera ist für Fotofreunde und Geheimdienstmitarbeiter ein fester Begriff.

Von weißen Raben

Menschliches Empfinden und Denken bewegt sich in Gegensätzen; eines erhellt am anderen. Da stehen Leben und Tod einander gegenuber, Liebe und Leid, Aufstieg und Untergang.

Die Sache wird dann besonders delikat, wenn Gegensätze, die sich eigentlich ausschließen, aneinander gekoppelt werden. Gurken schmecken «süßsauer». Jemand entwickelt «Schwarzweißfotos» oder geht im «Helldunkel» spazieren. Man spricht von «Hassliebe», von einem «Mannweib» oder einem «lebenden Leichnam». Ein großes Bauunternehmen heißt «Hochtief».

Sicher ist es nicht schwierig, die Wortbildungen zu entschlüsseln. Während z.B. einzelne Teile eines Fotos schwarz sind, schimmern andere weiß. Das genannte Unternehmen beschäftigt sich mit Hochbau und Tiefbau.

Nicht ganz so deutlich wird der Gegensatz, wenn von «geringer Lautstärke» oder von «geringer Geschwindigkeit» die Rede ist. Was versteht man unter «naher Entfernung» oder unter «jugendlichem Alter»? In Zeitungen oder Fachbüchern erscheint immer häufiger der Begriff des «Nullwachstums». Wie kann man von Wachstum sprechen, wenn gar keine Steigerung stattgefunden hat?

Bei anderen Gegensatzpaaren fällt die Lösung nicht so leicht. Ein «weißer Rabe» könnte ein Albino sein. Auf jeden Fall bleibt er in seiner Art, die im Prinzip durch schwarzes Gefieder gekennzeichnet ist, eine seltene Ausnahme. «Unter diesen Saufbrüdern bist du ein weißer Rabe.»

Auch in heiteren Redewendungen finden sich auffällige Widersprüche: Das ist doch klar wie dicke Tinte. Oder: Du bist sanft wie ein Elefant im Porzellanladen.

Was soll ausgesagt werden, wenn angeblich «beredtes Schweigen» herrscht? Der Beobachter begreift, warum der Angesprochene nichts mehr sagt oder nichts mehr sagen kann. Vielleicht hat er irgendetwas Belastendes zu verbergen.

In dem berühmten Trauerspiel «König Ödipus» von Sophokles erscheint der «blinde Seher» Teiresias. Der Widerspruch entschlüsselt sich nur dem aufmerksamen Leser. Sicher, Teiresias ist blind; er hat sein Augenlicht verloren. Zugleich aber wurde er «sehend» für die Dinge, die anderen Menschen verborgen sind. So wurde er zum Künder des Gottes Apollon.

Gegensatzpaare sind in der Barockdichtung des 17. Jahrhunderts ein beliebtes, da aussagekräftiges Stilmittel. Da schreibt z. B. Gerhard Tersteegen: «Ohn Sterben kommt man nicht zum Leben.» Naturgesetzlichkeit und Glaubensgewissheit werden hier gegeneinander ausgespielt.

Nicht ohne Tiefsinn – auch wenn er auf den ersten Blick nicht zum Vorausgehenden zu passen scheint – ist einer der zahlreichen Schülerwitze: Da sagt der Lehrer zu seinem Zögling: «In deinem Aufsatz kommen ja sechs Morde vor.» Darauf der Angesprochene: «Wissen Sie, ich wollte ein bisschen Leben reinbringen.»

Wieder einmal zeigt sich, dass sich Heiterkeit und Tiefsinn nicht unbedingt ausschließen müssen.

Faszinierender Wohlklang

Vergleiche und Metaphern erzeugen Anschaulichkeit. Sie bereichern unsere Ausdrucksmöglichkeiten und regen die Fantasie an.

Der Reim erzeugt Wohlklang. Formulierungen, in denen er auftaucht, sind gut zu behalten und in der Regel leicht wiederzuerkennen.

Wir haben uns angewöhnt, unter Reim den sogenannten Endreim zu verstehen: Herz – Schmerz, gebunden – Wunden, drei – frei.

Nicht selten sind Gedichte oder Gedichtstrophen von zwingender Einfachheit und Melodik:

«Schläft ein Lied in allen Dingen,
Die da träumen fort und fort,
Und die Welt hebt an zu singen,
Triffst du nur das Zauberwort.»
(Joseph von Eichendorff)

Der ursprüngliche germanische Reim war aber ein Anfangsreim. Sinnvollerweise reimten die sinntragenden Stammsilben der Wörter miteinander. Als Beispiel mag hier eine Gedichtstrophe aus dem Altisländischen dienen:

«Einen Saal sah ich, der Sonne fern
am Totenstrand, das Tor nach Norden:
tropfendes Gift träuft durch das Dach:
die Wände sind aus Wurmleibern.»
(Der Seherin Gesicht. Übersetzt von Felix Genzmer)

Nur noch ganz selten wird versucht, diese Reimart, der wir längst entwöhnt sind, in Gedichten neu zu beleben. Eine gewisse Bedeutung in diesem Zusammenhang haben die Operntexte von Richard Wagner. Bekanntlich war der Komponist stolz auf ihren dichterischen Rang: «Winterstürme wichen dem Wonnemond ...»

Aber dennoch: Das uralte Reimprinzip wird von uns immer noch wiedererkannt. Jedes Mal wenn eine entsprechende Wendung auftaucht, blinkt in unserem Gedächtnis ein Licht: Die Familie musste Haus und Hof mit Kind und Kegel (uneheliches Kind) verlassen. – Das Schiff ging mit Mann und Maus unter. – Wir waren samt und sonders bis auf die Haut durchnässt. – Was kümmern mich Tod und Teufel? –

Natürlich hat es keinen Sinn, hier von Versen zu sprechen. Es handelt sich um Alliterationen, wie gesagt: um Gleichklänge im Anlaut.

Als Besonderheit bleibt zu erwähnen, dass alle Selbstlaute so miteinander reimen: arm und alt, aber auch: arm und elend.

Die Sprache bedient sich dieses uralten Mittels bis auf den heutigen Tag mehr oder weniger bewusst: «Ein Tosen und Toben erfüllte den Raum.» – «In seinem Lichte sah man das Wühlen des Windes in den schwarzen Kronen der Kiefern. Die Blattgehänge der Birken am Bahndamm wehten und flatterten wie gespenstige Rossschweife.» – «kellerkalt» – «heiliger Himmel!» (Gerhart Hauptmann: Bahnwärter Thiel)

In der Lyrik tauchen Alliterationen immer wieder auf:

«Ich möcht als Spielmann reisen
Weit in die Welt hinaus ...»
(Joseph von Eichendorff)

«Die Flüsse wallen ans große Wasser,
und das Land legt Liebesversprechen
der reinen Luft in den Mund
mit frischen Blumen.»
(Ingeborg Bachmann)

Klar, dass sich auch die Werbung dieses Stilmittels bemächtigt hat: «Gartenmöbel beschwingt in Form und Farbe.» – «Denn Bauknecht weiß, was Frauen wünschen.» – «Ihr guter Stern auf allen Straßen. Mercedes Benz.» – «Endlich: Spürbar sicherer Schutz vor Sonnenallergien. Nivea Sun.» – «Twist Alea. Fröhliche Farben zum Frühstück.» – «Sicherheit macht sorgenfrei. Deutsche Telekom.»

Wie gesagt, der Endreim hat seinen Platz vor allem in der Lyrik. In unserer Kindheit hat er uns geholfen, Gedichte leichter und rascher auswendig zu lernen, uns gleichzeitig aber auch zum «Leiern» verführt. So in Goethes «Erlkönig»:

«Wer reitet so spät durch Nacht und Wind?
Es ist der Vater mit seinem Kind;
Er hat den Knaben wohl in dem Arm,
Er fasst ihn sicher, er hält ihn warm.»

Gelegentlich taucht der Reim aber auch – sicher nicht zufällig – in Prosatexten auf: «Ein Brausen und Sausen füllte sein Ohr.» – «Es war ein haltloses Streifen und Schweifen.» (Gerhart Hauptmann: Bahnwärter Thiel)

In Sprichwörtern und Redewendungen sind Reime überaus

zahlreich: «Ein gutes Gewissen ist ein sanftes Ruhekissen.» – «Wie gewonnen, so zerronnen.» – «Allen Leuten recht getan ist eine Kunst, die niemand kann.» – «Einem geschenkten Gaul guckt man nicht ins Maul.»

Oder in Werbeanzeigen: «Perfekt und Norm in neuer Form. Triumph.» – «Ja, Caro ist blitzschnell bereit! Versäumt sie nie, die Caro-Zeit.» – «Flower Power. Ajax.» – «Immer Zeit für Krönung light. Jacobs.» – «Ibiza Sun & Fun. Seat.»

Die so einprägsamen Wendungen haben noch einen – zunächst wohl nicht bedachten – Nebeneffekt. Sie laden «böse Buben» (und Mädchen) zur Nachahmung ein. Was dabei herauskommen kann, hat Peter Rühmkorf vor Jahren in seinem Buch «Über das Volksvermögen» dokumentiert:

«Der Mann ist tot, die Witwe kichert.
Hoffentlich Allianz versichert.»

«Zweimal Pepsodent am Tag
Löst die Zähne samt Belag.»

«Siehst du die Kreuze am Waldesrand?
Das sind die Raucher von Stuyvesant.»

«Naturana hebt mit Kraft
Die stark gesunkene Milchwirtschaft.»

Gelegentlich fühlt sich so mancher Unberufene als Dichter. Da wird zum Geburtstag oder zur Hochzeit, zum Arbeitsjubiläum oder zum Vereinsfest munter darauf los gereimt. Hauptsache, dass sich die Angesprochenen freuen, auch wenn die Werke gehobenen literarischen Ansprüchen nicht immer gewachsen sind: «Susi unser Sonnenschein, lud uns zum Geburtstag ein.» – «Onkel Hans, der Traktorist, fährt nun seinen eignen Mist.» – «Seit dreißig Jahren ohne Ruh klebst du Postpakete zu.»

Tatsächlich wagen Dichter bisweilen ganz unkonventionelle Reime. Oft wollen sie damit ganz bewusst die Herz-Schmerz-Seligkeit durchbrechen und in Frage stellen.

«Es sitzt ein Fräulein auf dem Altan
und liest eine Nachricht aus Ispahan.

Sie liest von einer Rebellion.
Bewegt, so hebt sich und senkt sich der Ton.

Drauf liest sie eine aus Engelland;
die andere Dame horcht gespannt.»
(Christian Morgenstern: Historische Bildung)

«ja ich glaube daß gott
ein vogel ist
und ich sein mist.»
(Ernst Jandl: vogelgott)

Mit Sprache spielen

Von hier aus ist es nicht weit zu den sogenannten Sprachspielereien, dem kreativen Umgang mit Wörtern und Wendungen. Oft haben die Ergebnisse keinen Sinn – außer dem, dass sie den Schöpfer und seine Zuhörer erheitern. Doch es gibt auch andere Beispiele, und darüber wird noch zu sprechen sein.

Kindern macht es Spaß, Wörter zu verdrehen: Das Pferd heißt «Pferd», weil es fährt. Der Löwe heißt «Löwe», weil er löft.

Wenn man wissen will, warum das Lexikon «Lexikon» heißt, dann braucht man das Wort nur herumzudrehen: «Nokixel»; es ist ein Buch zum Nachgucken.

In manchem Poesiealbum stehen diese Verse: «In unserer Küche rußt der Ofen; in meinem Herzen ruhst (!) nur du.»

Jeder Schüttelreim beschert ein kleines Aha-Erlebnis:

«Du bist Buddhist.» – «Anna aß Ananas.»

«Wenn kalter Regen nieder fließt,
Die Nachtigall im Flieder niest.»

«Zwecks Heirat fährt die Nichte Schi,
Doch klappt halt die Geschichte nie.»

Dass Sprachspielereien Aufmerksamkeit schaffen, wissen auch die Zeitungsredakteure: «Bierbrauer schäumen» heißt es da in einer

Überschrift (Heilbronner Stimme 27. 4. 1998). Der Leser denkt automatisch an ein kühles Blondes mit appetitlich weißem Schaum.

Auslöser der Verärgerung war die Tatsache, dass das Reinheitsgebot für deutsches Bier nicht aus dem Jahr 1516 und aus Bayern stammt, sondern dass es angeblich bereits im Jahr 1434 eine entsprechende Vorschrift in der Landgrafschaft Weissensee in Thüringen gegeben habe.

In der Werbung sind Wortspiele als Blickfang an der Tagesordnung: «Heißgeliebt und kalt getrunken. Doornkaat.» – «Macht Make-up ab.» – «Geht dem Schmutzrand an den Kragen.» (Saptil von Henkel) – «Viele Menschen haben 1997 ihr Herz verschenkt. 562 davon waren Organspender. Arbeitskreis Organspende.»

Eine Fast-Food-Kette, Burger King, ließ Plakate drucken und erweckte den Eindruck, als ob sich eine neue Partei am Bundestagswahlkampf beteiligen wollte. Bei genauerem Hinsehen wurde die eigentliche Absicht aber deutlich: «Freiheit. Gleichheit. Mahlzeit.» Oder: «Weg mit den Diäten!» – «Für eine satte Mehrheit.»

Auch ein anderes Unternehmen der Schnellrestaurantbranche, MacDonalds, gab sich politisch und startete eine «Burgerinitiative». Mancher Kunde musste wohl zweimal hinschauen, um zu begreifen, dass es hier um Hamburger und Cheeseburger und nicht um Mitspracherechte ging.

Mag sein, dass ein Wortspiel gelegentlich einmal dazu dient, einen anderen zu verletzen. Noch klingt mir ein holpriger Vers im Ohr, den unser Biologielehrer vor langen Jahren aus dem Stand formulierte: «Walter, / gleich knallt'er / dir einen / dann musst du weinen.»

In der Regel enthalten Wortspiele aber einen heiteren Überraschungseffekt: Nenne mir ein Substantiv, das sich konjugieren, wie ein Verb beugen lässt: Essigsaure Tonerde – ess ich saure Tonerde, isst du saure Tonerde, isst er saure Tonerde usw.

Witze leben vom Überraschungseffekt. Nicht selten entsteht er durch die Mehrdeutigkeit von gesprochenen oder geschriebenen Wörtern: Tausende standen an Hängen und Pisten (pissten). – Wegen Krankheit meiner Frau bleibt mein Hosenladen für vierzehn Tage geschlossen. – Im Zeugnis eines Metzgerlehrlings stand zu lesen: «Er war ehrlich bis auf die Knochen.»

Manchmal wird ganz bewusst mit diesem Sprachmittel gespielt:

Halbstarke «klaufen» eine CD. Das Wort ist aus «kaufen» und «klauen» zusammengezogen. Ein bekanntes Buch des Liedermachers Wolf Biermann heißt «Mit Marx- und Engelszungen». Auch hier sind zwei Wendungen ineinandergeschoben: Jemand redet «mit Engelszungen» auf einen anderen ein – wahrscheinlich ohne Erfolg. Gleichzeitig werden die Begründer des wissenschaftlichen Sozialismus, das berühmte Freundespaar Karl Marx und Friedrich Engels, zitiert.

Die Fantasie fühlt sich offensichtlich da besonders angesprochen, wo es um die heitere Verpackung sexueller Sachverhalte geht: «Diese Frau ist gut zu Vögeln.»

«Tünnes ist arbeitslos und kann keine Stelle finden. Da macht ihn Schäl auf ein Zeitungsinserat aufmerksam: ‹Arbeit für Personen beiderlei Geschlechts.› Meint Tünnes: ‹Na und? Wer hat das schon?!›» (Röhrig 167)

Uralt ist der Witz, der sich auf den Deutschunterricht an der Schule bezieht: «Meier, sie haben bei Maria Stuart geschlafen. Die Folgen werden sich am Ende des Schuljahres zeigen.»

Hier kann von Zufall wohl kaum die Rede sein. Witze werden erdacht und gemacht. Sie wandern von Mund zu Mund, werden verfeinert oder abgeflacht; Namen und Landschaften ändern sich nach Bedarf. Mal sind die Preußen oder die Bayern an der Reihe, mal die Rheinländer oder die Sachsen, mal die Graubündner oder die Friesen.

Natürlich gibt's auch unfreiwillige Komik, z.B. dann, wenn sich der Rundfunkmoderator verspricht: Da ist im Wetterbericht von «schwachen Lustbewegungen» oder von «schauderhaften (schauerartigen) Niederschlägen» die Rede. An anderer Stelle heißt es. «Die Worte zur Fastenzeit spricht nun Prolet Meier.» Es wird berichtet, dass sich Prälat Meier über diesen Lapsus köstlich amüsiert habe.

Klar, dass der Sprecher, wenn er seinen Irrtum erkennt, sich kaum fassen kann. Nicht selten geht die Ansage schließlich in Prusten oder unbezwingbarem Lachen unter.

Disziplinierter war da vor langen Jahrzehnten der Ansager eines Wiener Senders. Stets verabschiedete er sich zum Ende der Sendezeit freundlich von seinem Publikum, wartete, bis das Mikrofon abgeschaltet war, und gab dann seiner Müdigkeit und vielleicht auch mancher Enttäuschung drastischen Ausdruck.

«So, jetzt könnt ihr mich alle am Arsch lecken ...» Wie Kollegen manchmal so sind: Sie schalteten den Sender eben nicht ab, und ein verblüfftes Millionenpublikum hörte aus dem Lautsprecher den unerwarteten Götz-Gruß. Leider weiß der Autor nicht, wie die Geschichte dann ausging.

Zum Schluss noch ein heiter-besinnliches Missverständnis, das zum deutschen Wortschatz und zu den Wortbedeutungen zurückführt.

Ein Ausländer hatte sich ein Fahrrad gekauft. Stolz erzählte er davon seinen deutschen Arbeitskollegen: «Gutes Rad sein teuer.»

Eines Tages wurde das Fahrrad gestohlen. Nun tröstete er sich selbst, indem er seinen Kollegen mitteilte: «Kommt Zeit, kommt Rad.» – Er hatte zwei allgemein bekannte deutsche Sprichwörter verwendet und sich – wie er meinte – idiomatisch korrekt ausgedrückt. Freilich ahnte er nicht, dass er die beiden völlig gleich klingenden Wörter «Rad» und «Rat» miteinander verwechselt hatte.

Irren ist menschlich

Wer spricht oder schreibt, macht Fehler – und das auch dann, wenn er meint, unfehlbar zu sein. Vieles muss nicht weiter aufregen. Es wird gelesen und wieder vergessen. Vielleicht, dass man sich über den ungebildeten oder allzu sorglosen Schreiber ärgert.

In Einzelfällen werden Schreibfehler sogar als stilistisches Mittel verwendet. Wer hat nicht schon über Ludwig Thomas herrliche Sammlung unter dem Titel «Filsers Briefwexel» geschmunzelt! Da wird der bayerische «Oegonohm» (Ökonom = Landwirt) Josef Filser in den Landtag gewählt. In seinem Vorwort an die Leser schreibt er: «Ich habe als Man des Folkes nichd gewisst das ich zur Regirung beruffen bin sontern inser hochwirninger Her Bfarrer hat es entdekt. Seit 1899 gehere ich zum Barlamend und ist es mein Bemiehen gerechd zun regihren.»

Gelegentlich führen orthografische Fehler zu groben, manchmal gefährlichen Missverständnissen. Inzwischen wurde die über Generationen gültige Legende von der Nützlichkeit des Spinats für Kleinkinder, weil er angeblich einen so hohen Eisengehalt besitze, entlarvt. Irgendein Trottel hatte irgendwann einmal beim

Untersuchungsergebnis das Komma um eine Stelle zu weit nach rechts verschoben. Die instinktive Gegenwehr von Millionen Babys wurde schnöde unterdrückt, obwohl der Fehler bereits in den Dreißigerjahren unseres Jahrhunderts entdeckt worden war.

Viele Sprech- und Schreibfehler führen zu peinlichen oder gar peinlichsten Situationen; manche fordern zu Lachen heraus. Bei unfreiwillige Komik, die so gar nicht zur jeweiligen Situation passt, gibt es bisweilen kein Halten mehr. Wer hat nicht schon einmal Rundfunkansager und Rundfunkansagerin, Fernsehansager oder Fernsehansagerin erlebt, die sich vor Millionen von Zuschauern vor Lachen schütteln mussten! «... es singen die Münchener Vokalsozialisten!» Gemeint waren selbstverständlich die «Vokalsolisten».

Dass lustige Verwechslungen vor allem bei Kindern vorkommen, liegt nahe. So spricht die kleine Alexandra vom «Zucchini» und meint dabei den «Bikini». «Forenellen», «Kakterien» und «Abendteuer» sind falsche Analogien, die gelegentlich auch Erwachsenen unterlaufen.

Kritisch wird's, wenn zu ernstem Thema und in ernstem Ton Verwechslungen unterlaufen. Da spricht jemand vollmundig und Beifall heischend vom «Cromargan-Menschen» und meint den «Cromagnon-Menschen». Die «wissenschaftlichen Koniferen» sind eigentlich «Koryphäen». Oder ein Vereinsvorsitzender meint: «Ich wünsche Ihnen eine gute Heimfahrt und einen guten Heimgang.» Vielleicht zeigen ihm betretene Gesichter, dass «Heimgang» in diesem Zusammenhang nicht verwendet werden kann, weil es automatisch an den Tod erinnert.

Sicher gut gemeint waren diese Worte in einer Jubiläumsansprache. «Sie gehören inzwischen ja längst zum alten Eisen.» Die Geschichte ist nicht erfunden – und auch nicht das, was danach kam. Spontan rief einer der Anwesenden «Schrott, Schrott!» Der Redner hatte wohl gemeint, dass der zu Ehrende «zum alten Stamm» der Belegschaft gehöre oder so ähnlich.

Manche Irrtümer werden gar nicht, allenfalls von sehr aufmerksamen Zeitgenossen bemerkt. Legendär ist der «möblierte Herr» älterer Anzeigen. Gemeint ist der Mieter, der ein möbliertes Zimmer sucht oder bewohnt. Da gibt es auch keine «sitzende Tätigkeit», allenfalls Arbeiter oder Angestellte, die ihre Tätigkeit sitzend verrichten.

Da steht auf der Speisekarte «Schinkenbrot gekocht». Selbstverständlich ist nur der Schinken gekocht und damit eine falsche grammatische Beziehung offenkundig.

Nachdenklicher stimmt eine andere Aussage, die ebenfalls einer Speisekarte entnommen wurde: «frische Kasseler» – und in einer Fußnote steht dazu: «falls frische vorrätig». Verwirrt fragt sich der Gast, ob er gar nichts kriegt oder ob er sich gegebenenfalls mit überlagerten Kasselern zufrieden geben muss.

Auf den ersten Blick scheint der folgende Satz völlig korrekt zu sein; aber eben nur auf den ersten Blick: «Die Sendung war, wie geplant, nicht am vergangenen Donnerstag ausgestrahlt worden.» – Hätte sie oder hätte sie nicht am Donnerstag stattfinden sollen? Vermutlich war die Notiz so gemeint: «Die Sendung war nicht, wie geplant, am vergangenen Donnerstag ausgestrahlt worden.»

In einem renommierten historischen Sachbuch steht: «Sie gerieten zu Verbrechern.» Sicher, man kann in Gefahr, in Schwierigkeiten oder in schlechte Gesellschaft geraten. Zunächst einmal denkt man bei «geraten» – ohne «in» – aber daran, dass etwas zu einem guten Ende geführt wird: «Die Kartoffelknödel sind heute besonders gut geraten.» – «Trotz allem sind seine drei Kinder zufrieden stellend geraten.»

Das Wörtchen «zu» zeigt eine Richtung an, und zwar ebenfalls hin zum Guten oder Besseren. «Die alte Fabrik ist zu einem begehrten Jugendtreff geraten.» – «Das ursprünglich zufällige Zusammentreffen ist zu einer lobenswerten Tradition geraten.»

Zugegeben, ein wenig ist diese Konstruktion an den Haaren herbeigezogen. Vielleicht werden wir das eines Tages aber gar nicht mehr merken. Dann können wir auch sagen: «Die Versammlung geriet zu einem Chaos.» – «Peter geriet zum Klassenkasper.» – «Die Semmelknödel gerieten zu steinharten Wurfgeschossen.»

Muss man denn auch immer so genau hinschauen? Der Satz des ehemaligen Regierungssprechers ist doch ganz einleuchtend – oder? «Man darf nicht nur auf einem Auge blind sein.»

Eigentlich sollte man – politisch betrachtet – weder auf dem rechten noch auf dem linken Auge blind sein, weil man nur so zu einer wirklichkeitsnahen Sicht gelangen kann. Wie aber wirkt sich das am Ende aus, wenn man auf beiden Augen blind ist? –

Die Schreiber machen Fehler, die zu groben Missverständnissen oder auch zu unbeabsichtigter Komik führen. Davon war die Rede. Gelegentlich kommt es aber auch vor, dass wir Hörer «ein Brett vor dem Kopf» haben und richtig Gesagtes falsch verstehen. Irgendwie ist dann die «Feinabstimmung» zwischen Sprecher und Hörer gestört.

Wir stutzen zumindest, wenn wir im Prospekt des Archäologischen Museums in Bozen vom «Eismann» lesen. Vielleicht läuft uns – unkontrolliert – sogar das Wasser im Munde zusammen, weil wir Vanille- und Erdbeereis, Pistazien- und Bananeneis assoziieren.

«Der Mann im Eis» oder «der Mann aus dem Eis» ist der berühmte «Ötzi», ein jungsteinzeitlicher Jäger, der im ewigen Eis der Ötztaler Alpen gefunden wurde.

Schiller schrieb ein Werk über den «Abfall der Niederlande». Wer den Titel heute erwähnt, muss gelegentlich Verständnishilfe leisten, weil die ökologisch hellhörig gewordenen jungen Leute an weggeworfene Einwegflaschen und Plastiktüten denken.

Wen wundert es, wenn sich die Zuhörer Unverständliches passend und damit nachvollziehbar machen. Die sogenannte «Volksetymologie» kennt eine Reihe eindrucksvoller Beispiele. Zugegeben, manche Sprecher benützen diese Mittel, um ihre Rede mit Heiterkeit zu würzen. Da war vom «Buß- und Bett-tag» die Rede, als der Feiertag noch arbeitsfrei war, und an Weihnachten sang man – vielleicht schon mit zwei Gläsern Punsch im Leibe – «Es ist ein Ross entsprungen ...»

Aber zurück zum Ernst der Sache: Der «Friedhof» ist für uns tatsächlich ein Ort des Friedens. Auf vielen Grabsteinen steht: «Requiescat in pace (RIP) – Er/Sie möge in Frieden ruhen.» Tatsächlich bedeutete Friedhof ursprünglich «der eingefriedete, einhegte Hof».

Der «Maulwurf» häuft seinen Erdhügel nicht, wie man denkt, mit dem Maul auf. Das althochdeutsche «mû« bedeutet nichts anderes als «Haufen». Das Tier ist also ein «Haufen-aufwerfer». Bei «Maultier» oder der «Maulesel» liegt auch nicht das deutsche Wort «Maul» zu Grunde. Vielmehr wurde das lateinische «mulus», die Bezeichnung für die genannten Tiere, als Lehnwort übernommen.

Wer oft allein ist, hat Grund zum Trauern. Ganz besonders schlimm ist derjenige betroffen, der sich «mutterseelenallein» fühlt. Wie ließe sich das ursprüngliche Adverb noch stärker steigern!

Tatsächlich hatte das Wort zunächst weder mit der «Mutter» noch mit der «Seele» zu tun. Es hieß im Französischen «moi tout seul» (ich bin ganz allein). Immerhin dem Inhalte nach zeigen die beiden Formen doch auffällige Übereinstimmungen.

Das Wort «schachmatt» wird heute in doppelter Bedeutung verwendet. Es bezeichnet die Niederlage beim Schachspiel oder aber auch den Zustand völliger Entkräftung. «Nach dem Umzug war ich völlig schachmatt.»

Die Bezeichnung stammt aus dem Arabischen (schâch mâta) und bedeutete zunächst «Der König ist tot». Mehr und mehr verselbstständigte sich der zweite Teil und wurde zu unserem Eigenschaftswort «matt». Auch dieses hat heute noch zwei Bedeutungen: «Nach der Grippe fühlte ich mich sehr matt.» – «Die Bildoberfläche ist nicht glänzend, sondern matt.»

Mancher wird sich fragen, was die «Armbrust» mit dem Arm und der Brust zu tun habe. Zwanghaft herbeigeführte Erklärungsversuche führen in die Irre. Tatsächlich geht das Wort auf lateinisch «arcuballista» zurück. Der erste Teil meint den Bogen (arcus). Das ursprüngliche Grundwort ist z.B. in «Arkade» oder in englisch «arch» enthalten. Lateinisch «ballista» ist die Wurfmaschine. Dieses Wort taucht heute noch in «Ballistik» auf. Sie bezeichnet die Lehre von der Bewegung eines geworfenen oder abgeschossenen Gegenstandes.

Das Wort «Hängematte» erscheint jedermann verständlich. Hier handelt es sich um eine Matte, die z.B. zwischen zwei Bäumen aufgehängt wird. Früher diente sie vielfach als Schlafstätte für Matrosen und war an den Decksbalken und an den Decksplanken befestigt. Durch die Schwerkraft wurden die Bewegungen des Schiffes auf hoher See abgefangen.

Tatsächlich ist die vorgetragene Erklärung falsch. Im Jahr 1492, also auf seiner ersten Amerikafahrt, entdeckte Columbus die Hängematte auf Haiti und benannte sie mit dem dort gebräuchlichen westindischen Wort «hamaca». Über niederländisch «hangmak», später «hangmat» kam das Wort dann ins Deutsche.

Volksetymologische Umdeutungen und Verballhornungen aus Unverständnis – das zeigen die vorausgehenden Beispiele – sind nicht immer zu trennen. Bei vielen Wörtern merken wir heute nicht mehr, welch skurrilen Weg sie hinter sich haben.

Nehmen wir die «Kartoffel», die nur selten auf dem Mittagstisch fehlt. Die Italiener nannten die Knollen nach der Trüffel, dem kostbaren Speisepilz, der bei ihnen wuchs, «tartufo» oder «tartufolo». Daraus entstand mit der Zeit unser deutsches Wort. Allerdings hielten sich lange, ja bis in die Gegenwart hinein ernst zu nehmende Konkurrenten: «Erdapfel» (französisch pomme de terre), «Erdbirne», «Grundbirne» u.a. Einige Bezeichnungen wurden nicht mehr so recht verstanden und demzufolge verfälscht. Das gilt etwa für den «Herdapfel» oder die «Grumbirne» und die «Krumbiere».

Das italienische «patata» oder das englische «potatoe» können nicht aus der gleichen Quelle kommen. Sie entstammen dem Wort «patata» aus der Indianersprache von Haiti, das sich zunächst nur auf die dort wachsende Süßkartoffel bezog.

Ein weniger wertvolles Lebensmittel als die Kartoffel ist der Kaffee – vor allem auch der Malz- oder der Zichorienkaffee. Von vielen wird er abschätzig als «Muckefuck» bezeichnet.

Ursprünglich wurde dieses Wort auf das französische «mocca faux» (falscher Mokka) zurückgeführt und den Berlinern hugenottischer Herkunft zugeschrieben. Neueren Forschungen zufolge scheint es aber aus dem Rheinland zu stammen und aus «Mucken» (braune Erde) und «fuck» faul gebildet zu sein.

Viele haben sich schon den Kopf über das Wort «Fisimatenten» zerbrochen. «Mach mir nur keine Fisimatenten!» Damit sind Scherereien oder Ausflüchte gemeint. Um die Wahrheit zu sagen: Die Sprachforscher streiten sich noch immer über die Herkunft. Vielleicht geht es auf «visae patentes» (ordnungsgemäß verdientes Patent) zurück, wurde aber dann ins Lächerliche gezogen und als «überflüssiger bürokratischer Kram» gedeutet. – Manche erinnern an die Zeit der französischen Besatzung in den napoleonischen Kriegen und vermuten fantasievoll, dass das Wort auf «visite ma tente» (besuche mein Zelt) zurückgeht. Ein französischer Offizier lädt ein deutsches Mädchen zu sich ein – und was dann geschieht, wird unter dem Tabu- und Sammelbegriff «Fisimatenten» erfasst.

Natürlich gibt es Volksetymologien auch in anderen Sprachen. Ein berühmtes Beispiel ist der «Erlkönig», den Goethe durch seine dramatische Ballade international bekannt gemacht hat. Wir wissen, dass hier der «Elfenkönig» gemeint ist; Herrscher einer Märchenwelt, die zwischen Tag und Nacht ihr geheimnisvolles Leben entfaltet.

Der französische Übersetzer macht aus ihm einen «Roi des Aulnes». Zweifel drängten sich ihm nicht auf, weil die Bezeichnung so trefflich zu einer geheimnisumwitterten Landschaft mit gewundenen Wasserläufen, umsäumt von düsteren Schwarzerlen, passte.

*

Wir sind am Ende des Streifzugs durch Geschichte und Erscheinungsbild unserer Sprache. Sicher sind Ihnen, lieber Leser, erneut ihre Vielfalt, ihre Wandlungsfähigkeit – und auch ihre Geheimnisse bewusst geworden. Vielleicht hat die Lektüre Sie angeregt, selbst Forschungen anzustellen, Texte kritischer zu lesen und auch mit den eigenen Worten überlegter umzugehen.

«Wunder der Sprache», so hat Walter Porzig einst sein vielgelesenes Buch genannt. Ja, die Sprache ist ein Wunder. Sie ist das wichtigste Mittel, um anderen Menschen näher zu kommen und mit ihnen umzugehen. Sie fordert Wahrhaftigkeit und Klarheit; fordert immer neue Anstrengung, um dieses Ziel zu erreichen.

Literatur

Antonoff, Georg: Die Sprache des Waidmanns. 2. Aufl. München 1997

Bach, Adolf: Geschichte der deutschen Sprache. 9. Aufl. Heidelberg 1970

Basler, Otto: Der Große Duden. Grammatik der deutschen Sprache. Leipzig 1937

Baumann, Peter/Kaiser, Dieter: Die Sprache der Tiere. Stuttgart 1992

Behaghel, Otto: Die deutsche Sprache. Halle a.d.S. 1958

Bergsdorf, Wolfgang: Herrschaft und Sprache. Pfullingen 1983

Birle, Herbert: Die Sprache der Küche. 2. Aufl. Weil der Stadt o. J.

Bodmer, Frederick: Die Sprachen der Welt. Köln 1955

Bornemann, Ernest: Sex im Volksmund. Herrsching 1984

Brüggemann, Wolfgang: Anmerkungen zur politischen Sprache. 2. Aufl. Düsseldorf 1977

Brustgi, Franz Georg: Kleines Schwäbisches Wörterbuch. Reutlingen 1986

Carl, Helmut: Die deutschen Pflanzen- und Tiernamen. 2. Aufl. Heidelberg 1986

Constantin, Theodor: Plaste und Elaste. Ein deutsch-deutsches Wörterbuch. Berlin 1988

Dor, Milo/Federmann, Reinhard: Der politische Witz. München 1964

Dornseiff, Franz: Bezeichnungswandel unseres Wortschatzes. 6. Aufl. Lahr 1955

Drosdowski, Günther: Lexikon der Vornamen. Mannheim 1974

Der Duden in zwölf Bänden. Insbesondere 5. Fremdwörterbuch, 6. Aussprachewörterbuch, 7. Herkunftswörterbuch, 8. Sinn- und sachverwandte Wörter, 10. Bedeutungswörterbuch, 11. Redewendungen und sprichwörtliche Redensarten, 12. Zitate und Aussprüche. Mannheim (versch. Ausg.)

Ehlinger, Heinrich: Geschichtliche deutsche Lautlehre. 2. Aufl. München 1950

Ehmann, Hermann: Oberaffengeil. Neues Lexikon der Jugendsprache. München 1996

Ehmann, Hermann: Voll konkret. Das neueste Lexikon der Jugendsprache. München 2001

Eichenseer, Caelestis: Latein aktiv. 2. Aufl. Berlin 1985

Fleischer, Wolfgang u.a.: Kleine Enzyklopädie Deutsche Sprache. Leipzig 1983